权威·前沿·原创

皮书系列为
"十二五""十三五"国家重点图书出版规划项目

雄安金融蓝皮书

BLUE BOOK OF
XIONGAN'S FINANCE

雄安新区金融发展报告
（2019）

ANNUAL REPORT ON THE FINANCIAL
DEVELOPMENT OF XIONGAN NEW AREA(2019)

主　　编／李庆萍　何德旭
执行主编／常　戈　王朝阳

社会科学文献出版社
SOCIAL SCIENCES ACADEMIC PRESS (CHINA)

图书在版编目（CIP）数据

雄安新区金融发展报告.2019 / 李庆萍，何德旭主
编.－－北京：社会科学文献出版社，2019.3
（雄安金融蓝皮书）
ISBN 978－7－5201－4459－9

Ⅰ.①雄…　Ⅱ.①李…　②何…　Ⅲ.①地方金融事业
－经济发展－研究报告－雄安新区－2019　Ⅳ.
①F832.722.3

中国版本图书馆 CIP 数据核字（2019）第 047495 号

雄安金融蓝皮书

雄安新区金融发展报告（2019）

主　　编 / 李庆萍　何德旭
执行主编 / 常　戈　王朝阳

出 版 人 / 谢寿光
责任编辑 / 史晓琳

出　　版 / 社会科学文献出版社·国际出版分社 （010）59367142
　　　　　　地址：北京市北三环中路甲 29 号院华龙大厦　邮编：100029
　　　　　　网址：www.ssap.com.cn
发　　行 / 市场营销中心（010）59367081　59367083
印　　装 / 三河市东方印刷有限公司

规　　格 / 开　本：787mm×1092mm　1/16
　　　　　　印　张：23.75　字　数：354 千字
版　　次 / 2019 年 3 月第 1 版　2019 年 3 月第 1 次印刷
书　　号 / ISBN 978－7－5201－4459－9
定　　价 / 128.00 元

《雄安新区金融发展报告（2019）》
编　委　会

主编单位简介

中信银行石家庄分行成立于 2001 年 7 月 18 日，是中信银行设立的第 18 家一级分行。成立以来，始终坚持"立足全省、服务实体"的市场定位，充分发挥中信集团金融与实业并举的独特竞争优势，坚持"以客为尊"，大力支持地方经济发展，维护地方金融稳定，为企业和群众提供周到、细致、贴心的金融服务，具有较强的综合实力和品牌竞争力。下设唐山、保定、邯郸、沧州、承德、廊坊、张家口 7 家二级分行，雄安分行正在筹建中。辖内网点总数达 62 家，拥有员工近 1800 人。截至 2018 年末，表内外资产总额 922.77 亿元，其中，表内资产总额 725.72 亿元，表外资产总额 197.05 亿元。一般性存款余额 640.77 亿元，比年初增加 87.02 亿元，增幅 15.71%，各项贷款余额 627.64 亿元，较年初增长 86.15 亿元，增幅 15.91%。其中，各项贷款增量位居河北省股份制银行首位，一般性存款增量位居省内股份制银行前列。

中国社会科学院财经战略研究院成立于 1978 年 6 月，前身为中国社会科学院经济研究所财政金融研究组和商业研究组，初称"中国社会科学院财贸物资经济研究所"，后更名为"财贸经济研究所""财政与贸易经济研究所"。2011 年 12 月 29 日，作为中国社会科学院实施哲学社会科学创新工程的重大举措，以财政与贸易经济研究所为基础，组建综合性、创新型国家财经战略研究机构——财经战略研究院。财经战略研究院是拥有财政经济、贸易经济、服务经济和宏观经济等主干学科板块、覆盖多个经济学科领域的中国财经科学的学术重镇和颇具影响力的财经智库，致力于为国家经济决策服务，就国家经济改革和发展中的重大现实问题提供战略咨询与对策建议；致力于长期学术研究的积累，不断强化学术研究对于经济决策的基础支撑作用；致力于全局性、战略性、前瞻性、应急性、综合性和长期性经济问题的研究，提供科学、及时、系统、可持续的研究成果。

主要编撰者简介

李庆萍 毕业于南开大学国际金融专业，经济学硕士，高级经济师，现任中国中信集团有限公司党委委员、执行董事、副总经理，同时担任中国中信股份有限公司执行董事、副总经理、执行委员会成员，中国中信有限公司执行董事、副总经理，中信银行股份有限公司党委书记、董事长，中信国际金融控股有限公司董事长，中信百信银行股份有限公司董事长，中信保诚人寿保险有限公司副董事长。北京市第十五届人大代表。

何德旭 中国社会科学院财经战略研究院院长、研究员，中国社会科学院研究生院教授、博士生导师。兼任国家社会科学基金学科评审组专家、中国金融学会常务理事、中国农村金融学会副会长。享受国务院政府特殊津贴专家。入选国家"万人计划"哲学社会科学领军人才工程，入选中宣部文化名家暨"四个一批"人才工程。主要研究方向为金融制度、货币政策、金融创新、金融安全、资本市场、公司融资等。主持完成了国家社会科学基金重大项目、国家社会科学基金重点项目、中国社会科学院重大项目等十余项国家级和省部级重大课题的研究，出版和发表成果逾二百部（篇），多项研究成果获省部级优秀科研成果奖。

常　戈 经济学博士，金融学博士后，副研究员，现任中信银行石家庄分行党委书记、行长，中央财经大学业界导师，全国金融系统青年联合会委员，河北省第十二届政协委员。曾任中国农业银行个人金融部副处长、处长，中国农业银行潍坊分行党委委员、副行长，中信银行零售银行部副总经理、总经理，兼任私人银行部总经理。主要研究方向为商业银行发展与创新、零售业务经营管理、农村金融体系改革等。出版学术专著《论破解"三农"问题的正规商业金融路径选择》、博士后专著《中国村镇银行可持续发展研究》，在《财贸经济》《当代财经》《金融评论》《农村金融研究》《银行家》等核心期刊发表 30 余篇论文，曾获中国农村金融学会、中国第二届财经博士后论坛等优秀论文奖项。

王朝阳　中国社会科学院财经战略研究院副研究员，经济学博士、博士后，现任《财贸经济》编辑部主任，全国金融系统青年联合会委员。主要研究方向为宏观经济与金融改革、货币政策、金融市场、金融服务集群与金融中心、服务经济等。主持国家社会科学基金课题、中国社会科学院国情调研课题，参与多项国家社会科学基金重大课题、国家自然科学基金课题，主持和参与国家开发银行、中国保险保障基金公司等单位多项委托课题。在《经济研究》《中国工业经济》《世界经济》《经济学动态》《求是》以及 *China Finance and Economic Review* 等期刊发表论文 40 余篇，出版学术著作《金融服务产业集群研究：兼论中国区域金融中心建设》、译著《服务业的生产率、创新与知识：新经济与社会经济方法》等，主编《中国金融服务理论前沿（6）》《中国服务经济理论前沿（1）》等。

摘　要

　　《雄安新区金融发展报告（2019）》是中信银行与中国社会科学院财经战略研究院联合打造的年度报告，以金融支持雄安新区建设为切入点，致力于探索雄安新区金融发展的方向，记录新区建设进展与金融发展演变，总结金融服务实体经济的做法和经验，为相关部门决策提供参考，为区域经济发展提供借鉴。

　　《雄安新区金融发展报告（2019）》主要由"总报告""体制篇""服务篇""探索篇""案例篇""借鉴篇"组成。"总报告"从《河北雄安新区规划纲要》提出的任务入手，分析雄安新区建设对金融的需求，通过剖析现有资金供给方式与供需匹配，探讨金融支持雄安新区建设的目标，就如何把金融与土地、财税和科技相结合提出了政策突破的方向。"体制篇"对雄安新区绿色金融机制建设、绿色信贷机制建设、金融监管体系建设、多层次资本市场体系建设进行了较为系统的分析，提出了相应的对策建议。"服务篇"着眼于金融如何服务于基础设施建设，对雄安新区基础设施投融资模式、综合管廊项目投融资模式进行探讨，指出了其中值得注意的问题。"探索篇"考察了雄安新区金融发展的基础，在 SWOT 分析框架下，提出了新区金融发展与开放的一些方向，并就如何高标准建设雄安新区金融市场基础设施进行了讨论。"案例篇"结合中信集团的实践，研究了综合性企业集团与雄安新区的合作模式，提出了大型企业集团在新区建设相关中心的可能方案。"借鉴篇"对京津冀三地金融资源的空间布局进行比较，总结深圳特区金融改革创新的发展历程与主要经验，分析上海自贸区金融创新发展的模式，以期为雄安新区金融发展提供参考。

　　关键词：雄安新区　金融创新　金融开放　金融监管

序

一

本书是关于雄安新区金融发展的第一本蓝皮书。

2017年2月23日,一个春寒料峭的日子,习近平总书记来到河北省安新县考察雄安新区规划建设工作;4月1日,新华社受权发布:中共中央、国务院决定设立河北雄安新区。一时间,春潮涌动在燕赵大地,新时代的澎湃乐章已然奏响。

雄安新区是继深圳经济特区和上海浦东新区之后又一具有全国意义的新区,是以习近平同志为核心的党中央做出的一项重大的历史性战略选择,是"千年大计、国家大事"。中国特色社会主义进入新时代,我国经济由高速增长阶段转向高质量发展阶段,设立雄安新区,初心是作为北京非首都功能疏解集中承载地,目标是打造贯彻落实新发展理念的创新发展示范区,并让新区成为新时代高质量发展的全国样板。

在第五次全国金融工作会议上,习近平总书记强调,金融是现代经济的血脉,服务实体经济是金融的天职和宗旨,也是防范金融风险的根本举措。建设雄安新区,金融的角色至关重要。雄安新区涉及河北省雄县、容城、安新三县及周边部分区域,但这三地现有的金融基础显然难以支撑新区建设的初心与目标。金融有效支撑雄安新区建设,既要靠干,更要敢想。这正是本书作为蓝皮书与通常所见的发展报告类的蓝皮书的差异所在。在本书中,我们不试图总结现时三地的金融发展状况,而是致力于探索新区的金融发展趋势,尝试回答金融应该如何发展才能支撑新区建设的任务。

两年来,雄安新区建设的画卷已经展开。2018年4月14日,中共中央、国务院批复《河北雄安新区规划纲要》；2018 年 12 月 25 日，国务院正式批复《河北雄安新区总体规划（2018—2035 年）》；2019 年 1 月 24 日，《中共中央 国务院关于支持河北雄安新区全面深化改革和扩大开放的指导意见》正式对外发布。基于这三个文件，雄安新区建设的定位、任务和目标已然明确。文件也为雄安新区的金融发展提供了依据与方向。从金融的基本原理出发，结合中国特色社会主义的内在要求，或者在现行体制和政策框架内，或者打破当前制度规范的约束，只要有利于调动各方积极性，有利于提高资源配置效率，有利于实现新区建设的目标，金融发展的各种方式都值得尝试。39 年前，深圳经济特区从小渔村起步，引领了珠三角经济增长极的崛起；27 年前，上海浦东新区从一片旷野地蝶变，辐射带动长三角跻身世界六大城市群。回顾过往，总结经验，其要点在于创新突破，在于以实事求是为态度的解放思想，在于不断深化市场化改革和扩大高水平开放，这些都为金融支持雄安新区建设提供了根本遵循。

二

沿着上述思路，本蓝皮书关于雄安新区金融发展的内容大多是探索性和展望式的。

绿色发展是雄安新区打造创新示范区的重要体现，本书从绿色金融和绿色信贷入手探索金融支撑这一任务的方式。关于如何构建雄安新区绿色金融机制，书中提出了加强组织领导，完善政策顶层设计；坚持市场导向，鼓励开展绿色金融创新；依托规划纲要，突出绿色金融重点支持领域；守住风险底线，构建绿色金融风险防范机制等建议。按照市场化和商业可持续性原则，绿色金融创新的具体方向包括鼓励设立绿色金融特色或专营机构，大力发展绿色信贷，积极发展绿色债券，推动设立绿色产业基金，支持绿色保险，开展绿色金融对外合作交流等。就绿色信贷而言，现阶段还存在一些需要完善和解决的问题，包括如何发展多样化的第三方咨询、评级和认证机构，如何构建具有雄安新区特色的多重绿色评价体系和广泛的绿色信息共享机制等。高质量发展是雄安新区建设的目标,资本市场体系的建设完善与科学运用对此至关重要。为此,本书提出了做好"四篇文章"的建议,包括资本市场平台体系建设、政策体系建设、创新企业集群建设和上市/挂牌工作机制建设等。

金融发展必将对金融监管提出更高的要求,但雄安新区原有的金融监管组织架构、监管技术、监管人才等都无法与可以预见的金融发展相匹配。对此,本书提出了金融监管的五项基本原则,即事权划分原则、风险导向原则、功能监管原则、综合监管原则、科学监管原则;给出了完善金融监管体系的具体建议,包括探索多部门协同监管、加快监管科技应用、持续改善金融生态、积极推进国际金融监管合作等。金融市场基础设施是一国金融市场运行的核心支撑,也是跨市场、跨地域开展金融活动的主要载体。在借鉴金融市场基础设施建设国际经验的基础上,结合我国金融市场基础设施现状,就如何高标准构建雄安新区国家级金融市场基础设施,本书提出了制度规范先行、市场定位清晰、强化分工合作、完善内部治理的四项原则,并建议充分发挥成熟基础设施服务机构优势,助力雄安新区金融市场建设;建设新兴业态金融资产登记流转平台,助力雄安新区成为引领行业发展的创新中心;构建非标准化金融资产交易平台,充分吸收社会资本服务雄安新区建设。

推动雄安新区建设尽快起步,离不开对基础设施投融资模式的合理选择和大胆实践。本书提出,对市政道路、绿化景观、公共服务设施等公益性基础设施项目,应以财政投资为主;对综合管廊、轨道交通、污水给排水、燃气热力等准公益性项目,应以狭义的政府和社会资本合作模式为主;对可能存在的部分住宅、商业等市场化项目,应以政府引导下的市场化运作为主,即更广义的政府和社会资本合作模式。在此过程中,关键是要理顺新区管委会与雄安集团的关系,并以正式的制度性安排对二者的合作关系加以明确、规范和固化。考虑到综合管廊是雄安新区建设与发展的重要基础性工程,关系到新区建设的整体水平与可持续能力,书中还重点研究了 PPP 与 EPC 两种模式在综合管廊项目中的运用及模式,对 PPP + EPC 模式和 EPC + PPP 模式进行了区分,并就如何优化使用各种模式提出了建议。

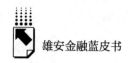

雄安新区设立两年来，在综合性企业集团与新区建设的互动中，中信集团逐渐形成一种"总部合作、内部协同、系统对接"的合作模式。与单一企业对接雄安新区相比，该模式具有对接层级高、政策支持力度大，"多对多"对接效率高、资源整合难度小、规模效益突出，以及双方合作稳步发展、持续深化等优势。通过坚持"金融板块率先发力，实业板块积极跟进"的策略，以高层对接、机制建设、机构入驻、授信支持、业务对接、项目合作等多种形式，中信集团积极推动集团总部和各子公司支持雄安新区建设，已经取得了一定的成效。从大型企业集团的视角，书中分别介绍了综合性企业集团在雄安新区设立创新中心的方案，以及综合性企业集团与雄安新区的合作模式。

除上述内容外，本书还一般性地探讨了雄安新区金融发展的基础与方向，在 SWOT 分析框架下对雄安金融业发展提出了建议，对新区金融开放的前景进行展望并提出相应的思考；对京津冀三地金融发展水平和空间布局进行比较分析，回顾了深圳特区金融改革与创新发展的历程和经验，并对上海自由贸易试验区金融创新发展的模式与问题进行了总结。我们希望，这些内容能为金融支持雄安新区建设提供镜鉴；但更希望的是，各方面能够进一步解放思想，勇于探索，敢于创新，积极整合土地、财税、金融、科技等要素，让雄安新区金融在真正意义上实现创新发展。

三

本蓝皮书由中信银行和中国社会科学院财经战略研究院合作完成，但作者不局限于这两家机构，其中不少是雄安新区金融建设一线的实践者。

2018 年 3 月 31 日，在雄安新区设立一周年之际，中信集团、中国社会科学院财经战略研究院、全国金融系统青年联合会主办了"新时代 新雄安 新金融——雄安中信金融峰会暨全国金融青联走进雄安"的活动。本书内容可以看作这一活动成果的延续。虽然其中一些内容可能囿于各种限制难以实现，但哪怕其中只有一条建议得到实施，只有一个火花得以绽放，都应该算是一种贡献。当雄安新区巍然屹立在燕赵大地，当新区已然成为样板和示范区，当新区金融发展引领时代进步潮流，那时我们的任务就不再是建议和展望，而是概括和总结，是归纳与推广，也就是一般意义上的发展报告。

在雄安新区设立两周年之际，我们编写这本蓝皮书，并以此祝福雄安！

是为序。

中信银行股份有限公司董事长　李庆萍

中国社会科学院财经战略研究院院长　何德旭

2019 年 3 月

目 录

Ⅰ 总报告

Ⅱ 体制篇

Ⅲ 服务篇

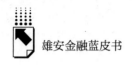
Ⅳ 探索篇

Ⅴ 案例篇

Ⅵ 借鉴篇

Ⅶ 附录

皮书数据库阅读**使用指南**

总 报 告

General Report

B.1

金融支持雄安新区建设：任务、目标与创新

常 戈 王朝阳*

摘 要： 建设雄安新区是重大的历史性战略选择，初心是打造北京非首都功能疏解集中承载地，目标是打造推动高质量发展的全国样板，成为贯彻落实新发展理念的创新发展示范区。金融发展是雄安新区建设的应有之义，更是落实新区各项建设任务不可或缺的重要支撑。针对新区建设中的各类资金需求，需要财政与金融共同发力，在加大中央财政转移支付规模的同时探索北

---

* 常戈，经济学博士，金融学博士后，副研究员，现任中信银行石家庄分行党委书记、行长，主要研究方向为商业银行发展与创新、零售业务经营管理、农村金融体系改革等。王朝阳，经济学博士、博士后，中国社会科学院财经战略研究院副研究员，现任《财贸经济》编辑部主任，全国金融系统青年联合会委员，主要研究方向为宏观经济与金融改革、货币政策、金融市场、金融服务集群与金融中心、服务经济等。

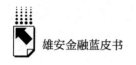
京对新区的横向财政支持，在吸引各类金融机构进驻的同时不断扩大开放和推进业务创新。更为重要的是应本着特事特办的原则，进一步解放思想，勇于探索，敢于创新，积极整合土地、财税、金融、科技等要素，在真正意义上做到创新发展。

关键词： 金融创新　转移支付　金融开放

2017 年 4 月 1 日，中共中央、国务院印发通知，决定设立河北雄安新区。这是继深圳经济特区和上海浦东新区之后又一具有全国意义的新区，是重大的历史性战略选择，是"千年大计、国家大事"。2018 年 4 月 14 日，中共中央、国务院批复《河北雄安新区规划纲要》（以下简称《规划纲要》）；2018 年 12 月 25 日，国务院正式批复《河北雄安新区总体规划（2018—2035 年)》；2019 年 1 月 24 日，《中共中央 国务院关于支持河北雄安新区全面深化改革和扩大开放的指导意见》（以下简称《指导意见》）正式对外发布。至此，雄安新区的发展轮廓得到明确，其功能定位、建设目标、重点任务和发展方向在上述文件中得到了较为清晰的描述。

金融是现代经济的核心，是服务实体经济的血脉。服务实体经济是金融的天职和宗旨，也是防范金融风险的根本举措。雄安新区要在白纸上画出最新最美的图案，新区建设本身就蕴含着金融建设，在其他方面的发展更是离不开金融的支持。单就现有规划空间内的金融资源来说，以其自身金融发展支持雄安新区建设的基础几近为零。因此，金融支持雄安新区建设的要点不在于对发展现状的讨论，而是基于总体规划对金融需求的考察，在京津冀一体化框架下对金融供给的分析及供需匹配的研究，特别是如何突破既有框架形成有真正意义的创新突破。

一　任务：对总体规划的解读与金融需求

雄安新区位于河北省保定市境内，地处北京、天津、保定腹地，规划范围涵盖河北省雄县、容城、安新三县及周边部分区域。规划建设雄安新区意义重大、影响深远。中国特色社会主义进入新时代，我国经济由高速增长阶段转向高质量发展阶段。一个阶段要有一个阶段的标志，雄安新区致力于在高质量发展方面成为全国的一个样板。

（一）雄安新区建设的规划目标与重点任务

《河北雄安新区规划纲要》对新区建设提出了总体要求，在构建科学合理空间布局，塑造新时代城市风貌，打造优美自然生态环境，发展高端高新产业，提供优质共享公共服务，构建快捷高效交通网，建设绿色智慧新城，构筑现代化城市安全体系，保障规划有序有效实施等方面进行了详尽的规划。

雄安新区着眼于打造北京非首都功能疏解集中承载地，致力于创造"雄安质量"，打造推动高质量发展的全国样板，建设现代化经济体系的新引擎，坚持"世界眼光、国际标准、中国特色、高点定位"，坚持生态优先、绿色发展，坚持以人民为中心、注重保障和改善民生，坚持保护弘扬中华优秀传统文化、延续历史文脉。按照规划要求，新区将突出七个方面的重点任务：一是建设绿色智慧新城，建成国际一流绿色现代智慧城市；二是打造优美生态环境，构建蓝绿交织，清新明亮，水城共融的生态城市；三是发展高端高新产业，积极吸纳和集聚创新要素资源，培育新动能；四是提供优质公共服务，建设优质公共设施，创建城市管理新样板；五是构建快捷高效交通网，打造绿色交通体系；六是推进体制机制改革，发挥市场在资源配置中的决定性作用和更好发挥政府作用，激发市场活力；七是扩大全方位对外开放，打造扩大开放新高地和对外合作新平台。

（二）基于总体规划的相关金融需求

就大类而言，城市建设可分为公共部门城市建设和私人部门城市建设两类，其中公共部门城市建设又可分为基础设施等硬件建设和民生教育等软件建设。城市基础设施的资产往往具有高资本成本投资和不灵活的特点，其位置和功能较为明确并呈现出较为显著的网络特征。基础设施一旦发起，资本成本基本上转变为沉没成本，很难或者说不可能重新恢复，后期通常需要较低但稳定的维护和再投资。基础设施是城市经济发展的硬件，仅仅是人类文化与经济发展的物质表现。相比之下，城市建设更多涉及的是软件，即基于人的建设。换言之，除了污水处理系统、供水、交通、电力、煤气、通信等基础设施之外，对诸如健康、教育、法律以及司法等方面的社会基础设施的需求是另一个重要的方面。城市建设与发展要形成高的效率，硬件的基础设施与社会软件建设需要协调一致。

罗兰—霍尔斯特认为，基础设施和基础设施投资对经济发展的影响主要体现在三个方面：一是通过直接的刺激促进经济增长，二是通过降低成本的方式提高交易与分配效率，三是通过刺激内生性增长因素的手段促进经济发展与社会进步。① 尽管任何基础设施投资的收益都是重要且有价值的，但当把基础设施视为独立的投资时，这些收益可能无法与基础设施的规划、构建和运营成本相匹配。因此，如何决定投资某一项城市基础设施而不是投资其他项目，是地方政府或企业等投资主体面临的难题。从对项目评估的角度来看，常见的方法比如财务评估法、成本收益分析以及多目标分析法等，无论何种具体方法，对融资方案的评估大都需要对四个主要组成部分进行评估，一是融资人从项目管理中得到的益处；二是来自资本提供者的资金成本，反映了所需的权益回报或投资于其他项目的机会成本；三是任何被保留的或有负债的风险加权值；四是融资工具的交易成本以及管理该工具的成本。

雄安新区建设要成为高质量发展的样本，绿色发展是第一位的要求。在雄安新区建设的七大重点任务中，首要任务即建设绿色智慧新城。在众多的项目建设中，必然会产生大量的投融资需求。金融体系是通过一系列的制度安排，以有效的投融资手段和工具，将资金和资源配置到项目设施上。雄安新区的绿色智慧城市建设，在污染治理、生态修复及保护性开发、基础设

---

① Roland-Holst, D., "Infrastructure as a Catalyst for Regional Growth, and Economic Convergence: Scenario Analysis for Asia", ERD Working Paper Series 91 (Manila, Philippines: Asian Development Bank, 2006).

施、建筑、清洁能源与资源节约利用等领域，均有大量的投资需求。根据初步估计，单在这个方面，新区的投资需求就达到万亿元以上的规模。

在基础设施建设之外，对于医疗、健康、教育、法律以及司法等方面的社会基础设施的需求，对于当地经济、产业发展项目的需求，都还有很大的规模。这些项目的投资或者来源于公共部门，或者来自私人部门，无论哪种方式都应符合项目评估的基本原则。总之，金融要有效地支持雄安新区建设，必然要求更好地发挥市场在资源配置中的决定性作用，同时更好地发挥政府作用。

二　目标：现有资金供给渠道及供需匹配

城市建设与城市管理需要一整套的手段集合，包括政策、立法和法规、财政措施、金融措施、制度安排、宣传以及知识管理等。① 具体来说，（1）政策声明本身就是城市管理的关键工具。政策的目的是就政府或相关组织的意图给出明确的陈述，其作用体现在许多层面上，从宏观层面的策略到操作层面的决策都需要相应的政策。（2）立法即法律的制定，法规是城市管理的规则和依据。在城市建设中，监管是政府行为的体现和社会演变的驱动力，对市场进行的监管并不是越少越好，而应遵循恰当的原则。（3）税收是财政的重要手段，税收结构及其对商品和服务的定价会影响城市发展的方向，也决定着城市持续增长的能力和演进路径。（4）金融措施方面，主管部门对支出优先顺序的安排会对每个城市的发展形式与运作方式产生影响。这在交通运输基础设施、公共便利设施、公共领域以及建筑环境等方面表现得尤为突出。（5）在制度安排方面，政府部门、私人部门和社区的作用与责任会根据地区文化呈现出很大的差异，这种差异将会导致不同的管理模式和发展结果。单就主管部门内部来说，职能、权力和责任在不同

---

① Neilson, L., "Instruments of Governance in Urban Management", *Australian Planner*, 39 (2002): 97 – 102.

组织中的分配方式就会对管理风格和能力产生显著影响，进而影响到城市的运作。（6）宣传会影响社区与商业行为，并影响着城市的表现方式。道路安全宣传、垃圾处理宣传以及水资源和能源保护的宣传等，都已经被证明可以针对公开目标来改变行为并提升城市表现。（7）知识管理方面，共享知识和经验会显著影响城市的发展。了解别人是如何成功的，并复制他们的努力是现代城市管理的重要内容。显然，金融措施在城市建设中固然重要，但也仅仅是城市建设的一部分。雄安新区建设需要金融支持，更需要各方面因素的综合作用。

在上述认识的前提下，这里仅从财政和金融两个层面对可能的供需匹配进行讨论，目标是在现行体制和政策框架下尽可能地以现有渠道满足新区建设的金融需求。事实上，《规划纲要》特别是后续出台的《指导意见》，已经对相关措施提出了较为明确的意见。金融支持雄安新区建设涉及金融机构、金融市场、金融产品、金融开放、金融监管等方方面面内容，本部分主要对有代表性的金融开放、金融产品等进行讨论。诸如绿色信贷、绿色金融、多层次资本市场体系、金融监管体系建设、金融基础设施运行等内容在本书其他报告中均有体现，因此这里不逐一讨论。

（一）以财政为依托建立长期稳定的资金筹措机制

第一，在起步阶段加大中央财政对雄安新区的支持力度，通过设立雄安新区综合财力补助、统筹安排各类转移支付资金等方式，逐步实现雄安新区的财政平衡。税收返还与转移支付是现阶段我国的基本财政制度，表1列出了中央对地方税收返还与转移支付的分地区情况。其中，现行中央对地方税收返还包括增值税和消费税返还、所得税基数返还以及成品油价格和税费改革税收返还等内容；一般性转移支付包括均衡性转移支付、民族地区转移支付等，主要是弥补财政实力薄弱地区的财力缺口，均衡地区间财力差距，实现地区间基本公共服务能力的均等化；专项转移支付重点用于教育、医疗卫生、社会保障、支农等公共服务领域，是中央财政为实现特定的宏观政策及事业发展战略目标，以及对委托地方政府代理的一些事务或中央地方共同承担的事务进行补偿而设立的补助资金。雄安新区建设的目标是成为北京非首都功能疏解集中承载地、京津冀城市群的重要一极、高质量高水平社会主义现代化城市，其在发展初期无疑需要中央财政的大力支持，特别是转移支付方面的倾斜。

表1　中央对地方税收返还与转移支付分地区情况

单位：亿元

地　区	税收返还		一般性转移支付		专项转移支付	
	2017 年	2018 年	2017 年	2018 年	2017 年	2018 年
北　京	531.49	536.57	56.93	50.00	237.86	164.52
天　津	196.68	201.24	234.86	230.84	118.21	62.54
河　北	331.50	347.71	1658.96	1685.36	911.52	547.94
山　西	141.66	161.14	1026.19	986.12	497.27	355.43
内蒙古	173.17	185.24	1284.31	1288.16	1071.91	843.44
辽　宁	293.49	302.97	1336.9	1270.29	621.67	444.44
吉　林	131.90	135.62	1167.07	1136.81	766.68	530.66
黑龙江	104.15	108.54	1664.29	1642.42	1229.00	771.04
上　海	412.67	415.12	58.65	53.26	111.66	70.78
江　苏	653.13	658.17	365.92	326.95	543.73	337.88
浙　江	355.60	359.58	246.28	222.78	375.60	239.27
安　徽	293.84	299.15	1690.48	1708.92	900.90	643.15
福　建	264.83	266.82	565.20	533.71	409.69	269.95
江　西	246.51	252.96	1373.28	1381.01	694.92	493.39
山　东	504.23	512.41	1084.18	1044.71	956.14	718.10
河　南	372.50	383.01	2455.62	2459.59	1141.70	894.37
湖　北	303.03	308.26	1733.11	1751.2	895.39	648.06
湖　南	282.52	290.30	1955.52	1988.38	1023.47	720.64
广　东	535.66	544.16	502.30	470.62	455.85	295.02
广　西	225.84	230.35	1658.71	1673.43	741.27	547.96
海　南	93.34	93.46	425.56	425.47	179.56	114.48
重　庆	212.65	214.03	884.72	890.85	616.05	421.38
四　川	458.66	462.41	2533.72	2589.71	1353.74	1129.29
贵　州	187.19	193.15	1536.58	1535.84	1034.04	793.74
云　南	336.96	338.92	1532.09	1508.34	1162.54	881.32
西　藏	47.35	47.42	892.23	927.02	542.79	530.55

地 区	税收返还		一般性转移支付		专项转移支付	
	2017 年	2018 年	2017 年	2018 年	2017 年	2018 年
陕　西	149.22	157.26	1301.99	1289.34	802.21	615.29
甘　肃	127.55	132.50	1277.67	1290.61	776.35	703.56
青　海	33.47	35.89	632.38	638.83	455.70	365.96
宁　夏	46.52	47.99	500.71	533.99	268.36	197.10
新　疆	116.28	122.62	1531.52	1601.34	990.83	952.20

注：（1）表中 2018 年预算数不包括未落实到地区数。（2）2017 年为执行数，2018 年为预算数。
资料来源：财政部预算司网站。

第二，探索推出北京等地区对雄安新区的横向转移支付安排，对北京市疏解迁入雄安新区的相关机构加大支持力度。横向转移支付与纵向转移支付相对应，是在同级政府、不同地区间的转移支付安排，通常由财力富裕地区向财力不足地区转移。从国际经验来看，德国是这种制度的代表，德国的州与州之间以及州内的市镇之间均有横向的转移支付机制。① 在我国，类似于援疆、援藏的做法均具有横向转移支付的特点，只是没有升级为固定的制度安排。省际生态补偿机制与省内地区之间的转移支付也有类似做法，比如，为了保证北京的大气质量和清洁水源，河北承德取缔了大批污染项目并发展节水农业，两地 2005 年签署的备忘录就明确北京对河北进行一定的生态补偿和农业经济补偿。广东省政府 2010 年颁布的《关于建立推进基本公共服务均等化横向财政转移支付机制的指导意见》提出，在确保省对市县纵向财政转移支付力度继续加大的同时，逐步建立区域间横向财政转移支付制度，强化发达地区对欠发达地区的财政帮扶，以提高欠发达地区的公共服务水平和实现区域协调发展。从表 2 的数据可以看出，京津冀之间具有较为明

① 关于横向转移支付制度，2017 年 8 月，《地方财政研究》编辑部曾推出一组专题文章，包括《我国横向转移支付依据、目标与路径选择》（谷成、蒋守建），《横向财政转移支付：理论、国际实践以及在中国的可行性》（李万慧、于印辉），《激励机制、协同治理与横向转移支付》（成丹），《"对口支援"不宜制度化为横向财政转移支付》（王玮），《生态补偿横向转移支付制度探讨》（郑雪梅）等文章。

显的财政收入差距，如果考虑到人均因素，差距将会更为显著。因此，在加大中央对雄安新区纵向转移支付力度的同时，如果形成北京等地区对雄安三地的横向转移支付安排，那么必将有助于加快雄安新区的发展步伐。

表2　京津冀地方财政收入对比

单位：亿元

年份	北京		天津		河北	
	公共财政收入	政府性基金收入	公共财政收入	政府性基金收入	公共财政收入	政府性基金收入
2012	3314.93	580.70	1760.02	1080.00	2084.25	1216.58
2013	3661.11	799.68	2079.07	813.53	2295.62	1749.06
2014	4027.16	1200.55	2390.35	1050.64	2446.62	1611.19
2015	4723.86	622.23	2667.11	729.57	2649.18	1377.47
2016	5081.26	510.62	2723.50	918.80	2849.87	1581.23
2017	5430.79	1113.08	2310.36	1229.50	3233.83	2418.58
2018	5785.90	—	—	—	3513.70	—

注：地方财政收入通常包括公共财政收入、政府性基金收入、国有资本经营收入等，其中国有资本经营收入占比较低，且部分地区对于该数据列示不全，表中仅列出公共财政收入和政府性基金收入两项。

资料来源：Wind。

（二）吸引金融机构集聚与推动金融开放创新

第一，在金融机构集聚方面，承接银行、保险、证券等金融机构总部及分支机构的设立，在审批层面加快相关机构设立的节奏。从表3列出的金融机构网点数、从业人员数量来看，京津冀三地金融机构发展水平存在差异；如果从本外币存贷款规模（见表4）来看，则差距更为明显。《指导意见》对吸引金融机构入驻雄安新区给出了较为具体的鼓励措施，一是支持在雄安新区设立外商独资或中外合资金融机构，在符合条件的情况下尽快放宽或取消股比限制；二是允许在开展国际业务方面有优势的银行在雄安新区设立离岸业务管理总部；三是允许设立专业从事境外股权投资的项目公司，支持符

合条件的投资者设立境外股权投资基金。此外，还提出支持在雄安新区设立
住宅政策性金融机构，探索住房公积金制度改革。

表3 京津冀金融机构发展水平对比

单位：个、人、亿元

年份	北京			天津			河北		
	网点数	从业人数	资产总额	网点数	从业人数	资产总额	网点数	从业人数	资产总额
2012	3775	96509	131436	2768	57017	35115	9983	159758	41431
2013	3952	100723	135758	2850	59867	41271	10503	163317	47205
2014	4363	111520	163314	2966	62187	44137	10895	165848	52816
2015	4603	115084	196601	3039	64184	44906	11446	171202	58715
2016	4691	118583	215952	3174	64859	47038	11538	172740	68346
2017	4647	119505	221995	3129	64606	47929	11689	181096	74031

资料来源：Wind。

表4 京津冀本外币存贷款余额对比

单位：亿元

年份	北京		天津		河北	
	存款余额	贷款余额	存款余额	贷款余额	存款余额	贷款余额
2012	84837.30	43189.50	20293.80	18396.80	34257.20	21318.00
2013	91660.50	47880.90	23316.60	20857.80	39444.50	24423.20
2014	100095.54	53650.56	24777.75	23223.42	43764.02	28052.29
2015	128572.96	58559.40	28149.37	25994.68	48927.59	32608.47
2016	138408.85	63739.43	30067.03	28754.04	55928.87	37745.85
2017	144085.96	69556.23	30940.81	31602.54	60451.27	43315.28
2018	157092.23	70483.67	30983.17	34084.90	66245.21	48115.34

资料来源：Wind。

2017年11月，中国宣布将单个或多个外国投资者直接或间接投资证
券、基金管理、期货公司的投资比例限制放宽至51%，上述措施实施三年
后，投资比例不受限制；将取消对中资银行和金融资产管理公司的外资单一
持股不超过20%、合计持股不超过25%的持股比例限制，实施内外一致的
银行业股权投资比例规则；三年后将单个或多个外国投资者投资设立经营人

身保险业务的保险公司的投资比例放宽至 51%，五年后投资比例不受限制。2018 年 4 月，习近平总书记在博鳌亚洲论坛上宣布，在确保上述措施落地的同时，还将加快保险行业开放进程，放宽外资金融机构设立限制，扩大外资金融机构在华业务范围，拓宽中外金融市场合作领域。对于这些措施的落地，可以考虑基于雄安新区建设优先展开。

第二，创新本外币账户管理模式，允许跨国公司总部在雄安新区开展本外币资金集中运营。跨国公司人民币资金集中运营和外币资金集中运营是两类较为具体的业务，二者适用的办法有所不同，在适用对象、结算银行、业务类型和管理模式方面都还存在一些差异。简单来说，跨境人民币资金集中运营方面有两个政策规定，一是《中国人民银行关于进一步便利跨国企业集团开展跨境双向人民币资金池业务的通知》（银发〔2015〕279 号），二是《中国人民银行关于跨国企业集团开展跨境人民币资金集中运营业务有关事宜的通知》（银发〔2014〕324 号）。前者适用于跨境双向人民币资金池业务，即跨国企业根据自身业务发展需要，在境内外非金融成员企业之间开展的跨境人民币资金余缺调剂和归集业务；后者主要适用于对经常项目下跨境人民币收付款进行集中处理的业务。在外币资金集中运营方面，相关政策主要是国家外汇管理局 2015 年 8 月发布的《跨国公司外汇资金集中运营管理规定》（汇发〔2015〕36 号），其业务类型包括境外外汇资金境内归集、境内外汇资金集中管理、外债和对外放款额度集中调配、经常项下集中收付和经常项下轧差净额结算五类。现阶段，两类业务管理的具体操作中还有一些差异，今后对于雄安新区此类业务的开展可以进一步扩大开放力度。比如，在跨境双向人民币资金池业务方面，可以适当降低准入条件，包括对境内外成员企业经营收入的要求、对办理外债登记和境外放款登记的要求、对企业对外放款余额的要求等。在外汇资金集中运营方面可以进一步完善相关政策设计，比如对外债额度的管理、对跨境融资风险的管理等。在上述政策之外，还可以进一步支持雄安新区企业和金融机构利用境内境外两个市场发行人民币债券和外币债券。

第三，放宽外汇资金进出管制，促进雄安新区投融资汇兑便利化，稳步推进人民币资本项目可兑换。2013 年 12 月，《中国人民银行关于金融支持中国（上海）自由贸易试验区建设的意见》，从创新有利于风险管理的账户体系、探索投融资汇兑便利、扩大人民币跨境使用、稳步推进利率市场化和深化外汇管理改革等方面对自贸区建设的方向做出了说明。在探索投融资汇兑便利方面，上述意见提到了五点"便利"，包括促进企业跨境直接投资便利化、便利个人跨境投资、稳步开放资本市场、促进对外融资便利化、提供多样化风险对冲手段等。为落实上述相关要求，国家外汇管理局上海市分局于 2014 年 2 月正式发布《外汇管理支持试验区建设实施细则》，2015 年 12 月又发布了《进一步推进中国（上海）自由贸易试验区外汇管理改革试点实施细则》。2018 年 6 月，上海自贸区推出《中国（上海）自由贸易试验区关于扩大金融服务业对外开放进一步形成开发开放新优势的意见》，涵盖吸引外资金融机构集聚、便利外资金融机构落户、全面深化金融改革创新、建设金融服务科创中心、集聚发展高层次金融人才、构建与国际规则接轨的金融法治环境六个方面内容。总体来看，上海自贸区外汇管理及投融资便利化的部分经验和举措已经在全国范围得到复制和推广，为雄安新区的进一步探索打下了较好的基础。

（三）以多样化的金融产品多渠道筹措资金

第一，支持雄安新区的地方政府发行债券融资。《指导意见》提出，"在保持政府债务风险总体可控、坚决遏制地方政府隐性债务增量的前提下，加大对地方政府债券发行的支持力度，单独核定雄安新区债券额度，支持发行 10 年期及以上的雄安新区建设一般债和专项债"。2015 年新《预算法》正式实施以来，地方政府债券形成了一般债券和专项债券两个债券品种并行发展的新格局，我国地方政府债务进入规范管理的新阶段。2018 年 5 月，《财政部关于做好 2018 年地方政府债券发行工作的意见》（财库〔2018〕61 号），从加强地方政府债券发行计划管理、提升地方政府债券发行定价市场化水平、合理设置地方政府债券期限结构、完善地方政府债券信用评级和信息披露机制、促进地方政府债券投资主体多元化、加强债券资金管理、提高地方政府债券发行服务水平、加强债券发行组织领导八个方面对发行工作提出了具体要求。在这些框架要求下，雄安新区地方政府债券的发行规模、发行方式、定价水平和期限结构将是关注点所在。

第二，以中国雄安集团为平台，以多种方式、多种渠道开展投融资活动。《指导意见》提出，"支持中国雄安集团有限公司提高市场化融资能力，规范运用社会化、市场化方式筹资，严禁金融机构违规向雄安新区提供融资"。2017 年 7 月，雄安集团正式组建成立，按照"政府主导、市场运作、企业管理"的原则，以打造北京非首都功能疏解集中承载地、带动河北发展进而推动京津冀协同发展为首要任务。雄安集团作为雄安新区开发建设的主要载体和运营平台，坚持"投资、融资、开发、建设、经营"五位一体运行模式，努力打造新型城市综合运营服务商，其主要职能是：创新投融资模式，多渠道引入社会资本，筹措新区建设资金，构建新区投融资体系；开展土地整理开发、保障性住房以及商业地产开发建设和经营；组织承担白洋淀环境综合整治和旅游资源开发经营；负责新区交通能源等基础设施、市政公用设施建设和特许经营；参股新区各类园区和重大产业项目开发建设。成立以来，雄安集团积极布局关键性资源和平台，结合新区近期及中长期建设需求，布局金融与投资、城市发展与城市资源运营、数字城市等六大业务板块，到目前已分别成立了中国雄安集团公共服务管理公司、中国雄安集团基础建设公司、中国雄安集团投资管理公司、中国雄安集团城市发展投资公司、中国雄安集团生态建设投资公司、中国雄安集团数字城市科技公司和中国雄安集团北京有限公司七个子公司。2018 年 11 月 15 日，由国开行独立主承销的银行间市场首单"雄安债"成功发行，首期 6 亿元永续票据（期限 3 + N 年，票面利率 4.4%，认购倍数 3.35）将用于京雄城际铁路项目。该债券的成功发行，意味着长期、稳定的社会资本开始参与新区建设，有助于在市场形成示范效应和积极信号。

第三，丰富基于公私合营（PPP）的操作模式和融资方式。政府和社会资本合作是公共基础设施建设中一种典型的项目运作模式，其应用范围涵盖简单的、短期（有或没有投资需求）管理合同到长期合同，包括资金、规划、建设、营运、维修和资产剥离等。具有融资性质的操作模式有建造—运营—移交（BOT）、民间主动融资（PFI）、建造—拥有—运营—移交（BOOT）、建设—移交—运营（BTO）、重构—运营—移交（ROT）、设计—建造（DB）、设计—建造—融资及经营（DB－FO）、建造—拥有—运营（BOO）、购买—建造—营运（BBO）等；此外还有非融资性质的作业外包、运营与维护合同（O&M）以及移交—运营—移交（TOT）等方式。党的十八大明确提出"允许社会资本通过特许经营等方式参与城市基础设施投资和运营"，此后财政部、国家发改委、证监会等部门均对PPP的发展提出了相关意见。按照财政部统计的数据，到2018年11月全国入库的PPP项目已经达到12521个，投资额达到17.5万亿元。在雄安新区建设过程中，地下管廊、水电气暖设施、安置住宅、污水处理、交通基础设施等均可采用PPP模式建设，以适应项目运营周期长、资金成本要求低等特点。当然，这其中也面临新区财政实力薄弱、财政承受能力有限等问题，难以支撑众多项目的资金需求；同时，社会资本对于降低负债水平、提高投资回报率的诉求，也可能难以与项目资金需求取得平衡。

表5 PPP项目的地区分布情况

单位：个、亿元

地区	2018年11月		2018年1月		2017年2月		2016年1月	
	项目数	投资额	项目数	投资额	项目数	投资额	项目数	投资额
北　京	103	2456.34	87	2610.44	87	2220.17	16	1300
天　津	54	1780.53	40	1402.95	17	149.69	12	123
河　北	464	7044.35	580	7625.39	459	6841.99	73	1590
山　西	372	2849.04	193	1619.80	47	574.75	5	156
内蒙古	390	3744.35	616	6746.31	898	7441.40	222	2334
辽　宁	248	3162.57	385	4589.63	465	4193.36	396	3911
吉　林	163	3089.55	107	3226.74	64	1353.86	47	674
黑龙江	134	1537.23	228	2292.95	139	1848.13	—	—
上　海	6	43.03	4	30.25	1	13.95	1	14
江　苏	515	10858.44	429	9538.55	346	6813.58	209	4651
浙　江	559	10940.74	438	8293.02	305	5093.81	147	2401

续表

地区	2018 年 11 月		2018 年 1 月		2017 年 2 月		2016 年 1 月	
	项目数	投资额	项目数	投资额	项目数	投资额	项目数	投资额
安　徽	435	4774.89	314	3476.82	193	2222.49	43	608
福　建	418	4636.77	360	4359.54	225	2959.38	148	2035
江　西	407	3350.26	425	2735.61	347	2004.96	177	917
山　东	1038	11582.23	1122	11875.44	1058	9785.18	974	878
河　南	1030	13068.98	1343	16509.47	860	10107.97	590	7035
湖　北	716	9548.31	632	8027.04	134	2483	8	181
湖　南	420	6180.42	636	9998.28	439	6699.11	93	1698
广　东	454	6056.97	232	3491.56	120	1912.44	120	2666
广　西	230	3057.13	168	1985.38	205	2478.32	108	1671
海　南	163	1326.69	171	1575.41	159	1668	122	1313
重　庆	48	1272.55	74	2321.87	67	2157.32	47	1445
四　川	1237	18495.50	1304	16438.45	863	9485.25	734	336
贵　州	1251	16073.42	1780	18237.45	1794	16117	1492	9162
云　南	451	11197.78	356	10277.57	427	10058.90	250	7527
陕　西	453	4993.35	479	5141.31	336	3730.88	74	1073
甘　肃	106	2607.97	180	3241.44	470	5722.34	294	3048
青　海	71	1291.93	116	1252	107	1202.22	1	1
宁　夏	51	528.11	142	2322.20	92	2020.06	94	1800
新　疆	534	7079.77	1153	12339.99	940	4900.93	453	312

注：（1）以上金额和项目个数均为累积数值；（2）西藏地区和新疆生产建设兵团无 PPP 项目；
（3）统计数据来源于财政部文件公布，公布频率不定期。

资料来源：Wind。

三　创新：基于土地、金融与科技的政策突破方向

对于上述支持雄安新区建设的资金供给，无论是财政渠道还是金融渠道，其对应的方式均是在现有框架下的操作或者对现有制度的小幅度拓展。要实现雄安新区的创新发展，让雄安新区成为新时代经济社会发展的示范区，必然要求在机制体制和政策操作上均有进一步的突破。雄安新区对改革开放以来以深圳特区和上海浦东新区为代表的发展经验的借鉴不在于深圳和上海浦东已经采用过的发展手段，因为这些过往的经验在当前的政策中均已

得到反映，而在于改革创新和敢为天下先的精神。中国的改革已经进入深水区和攻坚阶段，此时尤其需要雄安新区这样一个试验田，贯彻落实新发展理念，从治理的体制机制入手创造"雄安质量"和建设"廉洁雄安"，推动雄安新区实现更高质量、更有效率、更加公平和更可持续的发展，并以这个样板带动我国现代化经济体系建设与高质量发展。

对雄安新区而言，现阶段最重要的资源是土地。针对已经出台的新区规划方案，官方公布了三条基本原则，一是绝不搞土地财政，二是一定考虑百姓的长远利益，三是绝不搞形象工程。"绝不搞土地财政"，打破了传统的城市发展模式，有利于摆脱对房地产行业的过度依赖，真正回归"房子是用来住的，不是用来炒的"的价值属性，让居民生活变得更加轻松和更有获得感。"一定考虑百姓的长远利益"，意味着不仅百姓当下应得的补偿要给，更要考虑他们的未来发展，让每个人都能成为新区建设的积极参与者和受益者，全面贯彻以人民为中心的发展导向。"绝不搞形象工程"，突出发展的根本目的，强调发展着眼长远，有助于克服急功近利的政绩冲动，从而形成正确的发展观和政绩观。基于以上三条原则，最有可能的创新不在土地与财政，而是用好土地与金融的关系。"金融以其不同的中心点和方法论而成为经济学的一个分支，其中心点是资本市场的运营、资本资产的供给和定价，其方法论是使用相近的替代物给金融契约和工具定价。"① 按照这一基本原理，金融与土地、税收、科技的结合可从以下几个方面入手。

第一，创新房地产特别是商业类、公寓类地产开发建设的投融资方式。《指导意见》提出，"创新投融资机制，吸引各类社会主体参与雄安新区住房开发建设，支持专业化、机构化住房租赁企业发展，支持发行房地产投资信托基金（REITs）等房地产金融创新产品，明确管理制度和运行方式，探索与之相适应的税收政策"。雄安新区未来大量的住宅及商业建筑等以租赁方式进行运营，以市民服务中心为例，雄安集团与建设方、运营商共同组建基金，基金全资设立项目公司进行投资、建设、运营管理，通过招商和持续

---

① 《新帕尔格雷夫货币金融大辞典》对"金融"这一词条的解释。

运营获得长期租金收入，投资者根据投资份额获取分红，该模式为项目实现 REITs 方式退出进行了有益尝试。但是，市民服务中心项目也反映出 REITs 方式在雄安新区推行还面临土地权属、资产估值、租金收入难以支持分红收益等一系列难题，同时在政策层面还缺少相应的法律法规。

REITs 作为一种不动产投资基金，是将不动产资产或权益转化为流动性较强的公开上市交易的标准化金融产品，这里的资产或权益通常包括基础设施、租赁住房、商业物业等，但不包括居民住宅。自 20 世纪 60 年代美国率先推出 REITs 产品以来，至今全球公开 REITs 市场的总市值已超过 2 万亿美元，其中美国该类产品的市值为 1.15 万亿美元左右；但我国国内 REITs 产品一直进展缓慢。相关研究表明，在现行制度框架内发展 REITs 产品的障碍，一是对于 REITs 属性的认知困境，即究竟是融资工具还是投资手段；二是对 REITs 与房地产市场价格关系的认知误区，即误以为可能会引起房地产泡沫；三是法律法规对 REITs 相关规定的空白，即无论《公司法》《证券法》，还是《基金法》都缺乏针对 REITs 产品的规则；四是国内租金收益率不高制约了 REITs 的发展空间，主要是由国内房地产估值偏高所致；五是对 REITs 的资产配置功能缺乏理解，特别是对于 REITs 的抗通胀、期限匹配以及高分红三大特征认识不充分。[①] 基于上述分析，如果雄安新区能够在 REITs 产品发展上取得突破，或将引领类似金融产品的创新。对此，需要首先认定 REITs 作为证券产品的属性，进而由监管部门制定相关规则，并明确 REITs 产品的税收中性原则和加强风险防范与投资者保护。

第二，探索开发土地、税收与金融相结合的新型工具。根据《规划纲要》，雄安新区启动区 30 平方公里建设周期 15 年以上，建设资金需求应达到万亿元级别，不依靠土地财政的发展模式，很难在较短建设期内聚集大规模资金支持新区建设，对金融机构现有产品运用及业务模式带来较大挑战。从传统信贷方面来看，无论是流动资金贷款，还是项目贷款或银团贷款，在区域建设发展时主要依托区域未来土地开发产生的财政收入作为还款来源，

---

① 肖钢：《制约我国公募 REITs 的五大因素和破解路径》，《清华金融评论》2019 年第 2 期。

但在雄安新区土地开发不能带来新增财政收入、建设项目现金流预测具有不确定性的情况下，传统信贷依靠现金流还款和土地房产作为增信手段的模式具有非常大的局限性。在土地管理制度改革方面，《规划纲要》提出，"统筹解决新区所需建设用地规模、耕地保有量、永久基本农田保护面积和耕地占补平衡指标。创新土地供应政策，构建出让、划拨、作价出资（或入股）、租赁或先租后让、租让结合的多元化土地利用和土地供应模式。以土地综合整治为平台，统筹推进城水林田淀系统治理"。

税收增量融资（TIF）是一种适用于城市基础设施建设或者更新的融资方式，简单来说就是依靠增量税收为项目进行融资，20世纪70年代以来在美国地方政府得到较为普遍的应用。[①] 这一融资方式的基本逻辑是，政府部门通过投资改善社区的生活环境和营商环境，吸引更多资本进入从而提升这一社区的价值，包括房地产价值与商业活动等，这将有助于形成新的商业税收和更多的财产税，从而弥补初期的公共投资。在这个过程中，地方社区实现了发展，而其初期的投资则由后期的税收增量所覆盖，从而实现了融资的自我循环。从操作流程来看，TIF设计的第一步是划定一个TIF区域，并在该区设立一个管理机构或平台公司；然后，对该区的税收基数进行评估确认，即确定一个"均等化的评估价值"（EAV），把该基数作为税收的原有基础，仍归原征税主体所有；在此后年份里，税收超过基数的部分即增量税收部分，归管理机构或平台公司所有，用于支持相关项目的开发或者偿还前期投资。TIF项目持续期通常在20年左右，到期后TIF区域及管理机构将被撤销，全部税收也将重归征税主体所有。把这一过程与金融操作相结合，可以解决税收增加滞后于项目投资的问题，比如由管理机构或平台公司发行税收增量支持债券，事后用增量税收部分还本付息，从而实现资源的跨时间配置。在上述过程中，EAV的确认是整项操作的核心所在，制度前提则在于征税主体的确认以及税收增量及其划分的可行性，这取决于整体的财政制度。对雄安新区的

---

① 臧天宇：《税收增量融资：芝加哥的案例与启示》，《城市发展研究》2016年第9期。另据报道，2014年俄罗斯政府曾提出，拟允许以税收增量融资方式为基础设施建设融资。个人投资者在基础设施建设中的支出将得到来自新项目税收的补贴。

建设来说，要能够借鉴上述思想，需要制度层面更大的突破，在土地、税收、金融等层面都需要作为特区来对待。① 由此有可能在真正意义上解决土地财政问题，把土地财政转变为土地金融，让市场在资源配置中发挥决定性作用。

第三，打造雄安金融发展的两个中心，即金融科技中心与新型金融产品的交易中心。《指导意见》明确提出，"有序推进金融科技领域前沿性研究成果在雄安新区率先落地，建设高标准、高技术含量的雄安金融科技中心"。在信息化时代背景下，金融科技已成为各国金融发展和金融资源布局的焦点。回顾国际金融发展史，大致可以分为以银行信贷为中心、以金融市场为中心两个阶段，下一阶段很可能是以金融科技为中心的发展阶段，不同阶段的竞争重点将体现在维度的差异上。消费、科技、政策及监管环境是金融科技发展的重要动力，《2018 全球金融科技中心城市报告》将全球金融科技前 30 位的城市划分为两大类，包括 7 个全球中心城市和 23 个区域中心城市，其中以中国和印度为代表的亚洲正处于金融科技发展的领先地位。打造雄安金融科技中心，关键是形成有效的科技人才激励机制，吸引创新类机构的进入与高端人才的集聚，并处理好与北京、上海、深圳、杭州等领先城市的关系。

《指导意见》还提出，"支持在雄安新区探索推广知识产权证券化等新型金融产品"。"研究建立金融资产交易平台等金融基础设施，筹建雄安股权交易所，支持股权众筹融资等创新业务先行先试。"金融产品是金融服务于实体经济发展的外在体现，交易平台是各类产品集中交易的场所和依托。在产品创新方面，还应鼓励金融机构在新区建设中开发住宅租赁权、商业租赁权、科技成果使用权、知识产权、各类收益权、各类排放权等具有交易价值的新型资产；在交易平台方面，要充分利用互联网、区块链、云计算等工具以及相关金融科技成果，为新区建设过程中具有金融属性的资产搭建新型交易平台，打通资产与资金融通渠道。要实现这些目标，同样需要雄安新区打破现行的一些制度约束，按照特事特办的原则深化改革和扩大开放。

---

① 《指导意见》也提出，"对需要分步实施或开展试点的税收政策，凡符合雄安新区实际情况和功能定位的，支持在雄安新区优先实施或试点"。

体　制　篇

Section on Local Institutional Construction

B.2
雄安新区绿色金融机制建设

彭作刚　张明哲　雷　鹏*

摘　要： 党中央要求高标准规划、高标准建设雄安新区，将雄安新区建设成为绿色生态宜居新城区、新时代高质量发展的全国样板和绿色发展城市典范。在梳理雄安新区绿色发展定位和绿色金融发展机制的基础上，本文借鉴国内外区域绿色金融发展的经验，重点分析了雄安新区绿色金融发展面临生态环境形势严峻、产业结构调整压力巨大以及绿色金融发展基础薄弱等挑战，提出了雄安新区绿色金融发展的政策建议，强调了组织领导、市场导向、规划先行、风险底线等原则，提出

* 彭作刚，高级经济师，中国邮政储蓄银行授信管理部总经理，主要研究方向为货币银行学、绿色金融等。张明哲，经济学博士，中国邮政储蓄银行授信管理部，主要研究方向为产业经济、绿色金融等。雷鹏，管理学博士，中国邮政储蓄银行博士后，主要研究方向为绿色金融、农村金融等。

了完善顶层设计、开展绿色金融创新、进行重点突破以及构建风控机制等建议。

关键词： 绿色发展　绿色金融　政策支持

党的十九大指出："高标准规划、高标准建设雄安新区。"《河北雄安新区规划纲要》强调，雄安新区要建设成为绿色生态宜居新城区，新时代高质量发展的全国样板；支持雄安新区立足本地实际，率先在相关领域开展服务实体经济的金融创新或者金融试验试点示范工作。《中共中央 国务院关于支持河北雄安新区全面深化改革和扩大开放的指导意见》提出："推进生态文明改革创新，建成绿色发展城市典范。"雄安新区发展绿色金融，是落实党的十九大精神的重要举措，也是实现高质量发展的内在要求。

一　概念界定和背景分析

（一）雄安新区绿色发展定位

2017 年 4 月 1 日，中共中央、国务院决定设立河北雄安新区公布。习近平总书记指出，规划建设雄安新区要突出七个方面的重点任务，其中第一项和第二项就是绿色发展的核心任务。第一项是建设绿色智慧新城，建成国际一流、绿色、现代、智慧城市，第二项是打造优美生态环境，构建蓝绿交织、清新明亮、水城共融的生态城市。雄安新区建设绿色智慧新城、生态城市、绿色交通体系等重点任务是贯彻绿色发展理念的具体体现。

《河北雄安新区规划纲要》（以下简称《规划纲要》）明确指出，雄安新区建设将"坚持生态优先、绿色发展，统筹生产、生活、生态三大空间，构建蓝绿交织、和谐自然的国土空间格局"，"着力建设绿色智慧新城、打造优美生态环境"，"建设绿色生态宜居新城区"，"打造推动高质量发展的全国样板"。建设目标为："到 2035 年，基本建成绿色低碳、信息智能、宜居宜业、具有较强竞争力和影响力、人与自然和谐共生的高水平社会主义现代化城市。"《规划纲要》第四章"打造优美自然生态环境"，阐述了生态环境治理和白洋淀生态修复的规划和部署。此外，《规划纲要》第八章"建设绿色智慧新城"，阐述了绿色智慧新城建设的思路和部署。

从指标数量看，绿色生态指标数量占《规划纲要》主要指标的近一半。《规划纲要》指标分为创新智能、绿色生态、幸福宜居三大类共 38 项指标，其中绿色生态类指标 17 项，在幸福宜居类指标中还包括了起步区绿色交通出行比例、公共交通占机动化出行比例两项与绿色生活相关的指标，这 19 项指标直接表征了雄安新区绿色发展状况（见表 1）。

表1　《河北雄安新区规划纲要》绿色发展相关主要指标

序号	指标	序号	指标
1	蓝绿空间占比	11	供水保障率
2	森林覆盖率	12	污水收集处理率
3	耕地保护面积占新区总面积比例	13	污水资源化再生利用率
4	永久基本农田保护面积占新区总面积比例	14	新建民用建筑的绿色建筑达标率
5	起步区城市绿化覆盖率	15	细颗粒物（$PM_{2.5}$）年均浓度
6	起步区人均城市公园面积	16	生活垃圾无害化处理率
7	起步区公园 300 米服务半径覆盖率	17	城市生活垃圾回收资源利用率
8	起步区骨干绿道总长度	18	起步区绿色交通出行比例
9	重要水功能区水质达标率	19	起步区公共交通占机动化出行比例
10	雨水年径流总量控制率		

2019 年 1 月 24 日，《中共中央 国务院关于支持河北雄安新区全面深化改革和扩大开放的指导意见》印发，提出："推进生态文明改革创新，建成绿色发展城市典范"，"创新生态保护修复治理体系……推进资源节约集约利用……完善市场化生态保护机制……创新生态文明体制机制"；"深化财税金融体制改革，创新投融资模式"，"有序推动金融资源集聚"。相关内容为雄安新区绿色发展和绿色金融指明了方向。

（二）绿色金融和绿色金融体系国内外发展现状

1. 国际发展现状

（1）绿色金融

"绿色金融"的概念出现于20世纪末，往往与可持续金融、气候金融、环境金融等概念混用，但其实践可以追溯至1974年前联邦德国成立的全球第一家环境银行。国际银行业针对绿色金融已达成共识并提出一系列可持续发展倡议，例如联合国责任投资原则（PRI）、环境、社会与治理（ESG）、赤道原则（EPs）、自然资本宣言（Natural Capital Declaration）、碳信息披露项目（CDP）等。

从理论研究角度分析，当前国际上对绿色金融缺乏完全一致的定义。Salazar认为，绿色金融是指保护环境的金融创新。[①] Cowan认为，绿色金融是经济学、金融学和绿色环保领域的交叉学科，核心任务是绿色经济的资金融通。[②]《美国传统词典》（第四版，2000）将环境金融、可持续金融与绿色金融收录在一起，环境金融被定义为"使用多样化金融工具来保护环境"。Labatt和White认为，绿色金融是指以改善环境质量、转移环境风险为目的，以市场为基础的金融工具。[③] G20绿色金融研究小组认为，绿色金融可被定义为能够产生环境效益以支持可持续发展的投融资活动。IFC开展"绿色金融定义和进展度量"的问卷调查认为，多数国家和市场对于绿色金融的定义有一些共识，比如将可再生能源、可持续建筑、能效管理、垃圾处理、环境治理和污染防范等纳入绿色范畴，但是对于核电、清洁煤炭、水电等项目争议较大，发达国家认为不可列入绿色，发展中国家

①　Salazar, J., "Environmental Finance: Linking Two World", Paper Presented at a Workshop on Financial Innovations for Biodiversity, Slovakia, 1998.

②　Cowan, E., "Topical Issues in Environmental Finance", Research Paper Was Commissioned by the Asia Branch of the Canadian International Development Agency (CIDA), 1999, 1: 1–20.

③　Labatt, S. and White, R. R, "Environmental Finance: A Guide to Environmental Risk Assessment and Financial Products", *Transplantation* 66 (2002): 405–409.

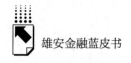

认为可列为绿色。①

（2）绿色金融体系

绿色金融体系主要包括绿色信贷、绿色债券、绿色基金、绿色保险、绿色指数、碳金融等支持绿色发展的制度机制安排。

绿色信贷是指银行用较优惠的利率和其他条件来支持有环保效益的项目，或限制有负面环境效应的项目。原中国银行业监督管理委员会印发的《绿色信贷指引》规定，绿色信贷是指对绿色经济、低碳经济、循环经济、防范环境和社会风险，提升自身的环境和社会表现等提供融资支持的贷款类别。② 发达国家绿色银行和绿色信贷发展较为成熟。2007 年，OECD 国家出口信贷与环保新协议，要求出口信贷机构在发放贷款时，应考虑更为严格的环境标准。2007 年日本环境省成立了金融机构参加的环境类融资贷款贴息部门，在国家层面组织绿色信贷。赤道原则是目前全球流行的自愿性绿色信贷原则，截至 2019 年 2 月底，全球 37 个国家的 94 家金融机构表示接受赤道原则。③

绿色债券是指募集资金专门用于符合条件的现有或新建绿色项目的债券工具。作为直接融资工具和信息披露较为完善的融资机制，绿色债券受到国际金融市场的广泛推崇，是仅次于绿色信贷的重要绿色金融融资机制。由于绿色债券国际化程度较高，其标准亦是国际化的，目前主要有两个重要的绿色债券标准：一是绿色债券原则，由国际资本市场协会（ICMA）与国际金融机构合作推出，是最具有国际意义的标准；二是气候债券标准，由气候债券倡议组织（CBI）提出，重在关注气候变化。

绿色基金也称绿色投资基金，既注重经济收益，也注重环境与经济协调发展。国际上绿色基金大致有绿色公共财政基金和绿色公共基金两种。截至

---

① 马骏、程琳、邵欢：《G20 公报中的绿色金融倡议（下）》，《中国金融》2016 年第 18 期，第 30 ~ 32 页。

② 中国银行业协会、东方银行业高级管理人员研修院编著《绿色信贷（2018 年版）》，中国金融出版社，2018。

③ http：//equator - principles. com/members - reporting/.

2006 年末，全球社会责任投资（SRI）资产管理规模 22. 89 万亿美元，占全球资产管理规模的 25. 2%。[①]

绿色保险，亦称环境保险，指以市场规律为准绳、以环境风险为核心目标的一种金融工具。国际上绿色保险主要有以下两种。一是环境责任保险，比如美国的环境污染保险制度、德国的环境责任保险制度。二是气候保险，比如日本的《小作保险法》《农业保险法》等农业保险制度；美国气候保险由联邦政府和地方政府首先订立防洪契约等，地方政府根据防洪契约制定并实施相应的《涝原管理法令》以减少"特殊洪水灾害区"。

绿色指数，指以绿色经济领域的上市公司股票作为成分，以其价格变化作为对象，以一定合成方法设置而成的动态指数，主要目标是通过指数变化有效引导更多的社会资金投向绿色产业。标准普尔全球清洁能源指数、纳斯达克绿色清洁能源指数、FTSE 日本绿色 35 指数等是国际上著名的 ETF 绿色指数，分别跟踪全球 30 余家清洁能源企业、50 余家美国清洁能源企业和运营绿色环保业务的日本上市公司。

碳金融（碳排放权交易），是温室气体排放权交易以及与之相关的各种金融活动和交易的总称，包括基于配额的市场（Allowance-based Markets）和基于项目的市场（Project-based Market）。欧盟碳排放交易体系（EU ETS）是世界上最大的碳排放交易市场，于 2005 年开始交易。欧盟于 2013 年 10 月正式批准了《欧盟温室气体排放交易指令》，意味着 EU ETS 成为世界上第一个在公共法律框架下运行的碳排放交易体系。截至 2019 年 2 月末，EU ETS 覆盖 31 个国家约 11000 个发电站、制造工厂及超过 500 个航空公司排放了约 45% 的欧盟温室气体排放量。[②] 据欧盟委员会官方统计，2015 年包括现货及衍生品在内欧盟碳配额累计交易 66 亿吨 4. 9 亿欧元，日均交易量达到 2600 万吨。

---

① https://www.corpgov.net/2017/03/global-sustainable-investment-up-25/.

② https://www.emissions-euets.com/carbon-market-glossary/872-european-union-emissions-trading-system-eu-ets.

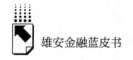

2. 国内发展现状

（1）绿色金融

2016 年，《中国人民银行 财政部 发展改革委 环境保护部 银监会 证监会 保监会关于构建绿色金融体系的指导意见》印发，对绿色金融、绿色金融体系及目的做了全面权威的定义。第一，绿色金融是指为支持环境改善、应对气候变化和资源节约高效利用的经济活动，即对环保、节能、清洁能源、绿色交通、绿色建筑等领域的项目投融资、项目运营、风险管理等所提供的金融服务。第二，绿色金融体系是指通过绿色信贷、绿色债券、绿色股票指数和相关产品、绿色发展基金、绿色保险、碳金融等金融工具和相关政策支持经济向绿色化转型的制度安排。第三，构建绿色金融体系的主要目的是动员和激励更多社会资本投入绿色产业，同时更有效地抑制污染性投资。第四，建立健全绿色金融体系，需要金融、财政、环保等政策和相关法律法规的配套支持，通过建立适当的激励和约束机制解决项目环境外部性问题。[1]

（2）绿色金融体系

在绿色金融体系中，绿色信贷起步最早、规模最大、发展最成熟。早在 1995 年，《中国人民银行关于贯彻信贷政策与加强环境保护工作有关问题的通知》发布，对金融机构落实环境政策做出了规定。2007 年，原国家环保总局等三部委下发了《关于落实环境保护政策法规防范信贷风险的意见》。之后，原银监会陆续出台了《节能减排授信工作指导意见》《绿色信贷指引》《能效信贷指引》《绿色信贷统计制度》等文件，绿色信贷发展体系基本形成。截至 2017 年 6 月，21 家主要银行业金融机构绿色信贷余额 8.22 万亿元。另外，按照人民银行绿色贷款口径统计，截至 2018 年 12 月末，我国本外币绿色贷款余额 8.23 万亿元，同比增长 16%。

我国已经是世界上最大的绿色债券市场。国内绿色债券项目主要参考中

---

[1] 《中国人民银行 财政部 发展改革委 环境保护部 银监会 证监会 保监会关于构建绿色金融体系的指导意见》，2016 年 8 月 31 日。

国金融学会绿色金融专业委员会编制的《绿色债券支持项目目录（2015年版）》和国家发改委发布的《绿色债券发行指引》。比如，证监会绿色公司债券、人民银行绿色金融债券和银行间交易商协会绿色债务融资工具，明确绿色产业项目界定和分类主要参考《绿色债券支持项目目录（2015年版）》。在政府牵头、强大的市场需求共同推动下，我国绿色债券快速发展。中国人民银行上海总部副主任兼上海分行行长金鹏辉披露，截至2018年8月末，中国绿色债券规模达4953亿元，位居全球第一。①

我国绿色基金愈受重视。我国从2010年开始推行绿色基金。2012年6月，国家发改委发布《"十二五"节能环保产业发展规划》，提出研究设立节能环保产业基金；2016年8月，《国家生态文明试验区（福建）实施方案》中明确提出"支持设立各类绿色发展基金并实行市场化运作"。截至2016年底，在中国证券投资基金业协会备案的有265只节能环保、绿色基金。

我国绿色保险起步较晚。2006年《国务院关于保险业改革发展的若干意见》发布，明确提出要大力发展环境责任保险。2007年12月，原国家环保总局和原保监会出台《关于环境污染责任保险工作的指导意见》，正式确立"绿色保险"的制度路线图。2014年4月修订的《环境保护法》新增第五十二条"国家鼓励投保环境污染责任保险"。

绿色指数在我国资本市场刚起步，其中绿色股票指数是绿色金融体系中一种特色工具。2015年4月，中国人民银行绿色金融工作小组在《构建中国绿色金融体系》中提出"推动绿色股票指数的开发和运用"；2016年8月，中国人民银行等七部委在《关于构建绿色金融体系的指导意见》中指出，"支持开发绿色债券指数、绿色股票指数以及相关产品"；2016年11月，《"十三五"生态环境保护规划》提出，"研究设立绿色股票指数和发展相关投资产品"。目前已有泰达环保指数、深证责任指数、巨潮—南方报业—低碳50指数、上证社会责任指数等绿色指数，我国的绿色、可持续相关指数较少，且在市场上影响力有限。

---

① http：//stock.hexun.com/2018-09-12/194067089.html.

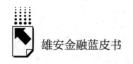
碳金融市场已正式启动。2017 年 12 月，国家发改委印发《全国碳排放权交易市场建设方案（发电行业）》，标志全国碳排放交易体系正式启动。实际上，2013 年以来，碳排放权交易在北京、天津、上海、重庆、湖北、广东、深圳等地试点。2014 年起，碳金融交易平台试点市场先后推出了近 20 种碳金融产品，包括碳基金、碳债券、碳抵押、碳质押、碳回购等。截至 2017 年底，碳排放累计配额成交量超过 2 亿吨二氧化碳当量，成交额约 46 亿元。[1]

（三）雄安新区绿色金融的研究进展

自 2017 年 4 月雄安新区设立后，国内学术界对于雄安新区发展绿色金融开展了一些研究，形成了初步成果，简要归纳如下。

马骏和王遥牵头的北方新金融研究院发布了《雄安新区绿色金融发展研究报告》，提出未来五年雄安新区绿色投资总额将达一万亿元以上，未来雄安发展绿色金融的三个具体设想是"一中心、一示范、一体系"，即"绿色技术创新投资中心""绿色基础设施和绿色建筑投融资示范区""地方特色的绿色金融体系"，其中构建具有雄安新区特色的绿色金融体系包括建立绿色担保和贴息机制、通过生态补偿机制鼓励绿色项目建设、发展环境权益抵质押融资、创新包括外资在内的绿色 PPP 模式等，[2] 具体如表 2 所示。

表 2　地方特色的绿色金融体系列表

项目	具体措施	举例
实施激励政策	绿色担保与增信机制	银行与担保公司合作
	绿色贴息机制	贴息标准、贴息期限
	提高财政资金使用效率	风险补偿基金、引导基金
	与生态补偿相结合机制	区域间生态补偿机制

---

[1] http://news.sciencenet.cn/sbhtmlnews/2017/12/330614.shtm.

[2] 北方新金融研究院绿色金融课题组：《雄安新区绿色金融发展研究报告》，《新金融评论》2017 年第 6 期，第 74～97 页。

项目	具体措施	举例
集聚资金要素	吸引金融机构聚集	银行、保险、证券、私募入驻
	环境权益交易市场	排污权、用能权、水权交易平台
构建融资渠道	多层次资本市场融资	主板、创业板、新三板
	多元化融资主体	政策性金融、社会资本、绿色企业
	绿色产业投资基金	绿色天使基金、创投基金、产业基金等
创新融资工具	创新传统金融工具	与保险公司合作、信托、众筹等融资
	资产证券化融资	污水处理费、垃圾处理费、电费收益权
开展国际合作	国际资本合作	世界银行、亚洲基础设施投资银行
披露环境信息	环境信息披露制度	提高企业环境信息披露要求
	建立绿色信息平台	环保行政许可、污染物达标、环保违法记录、绿色信用体系

资料来源：北方新金融研究院绿色金融课题组《雄安新区绿色金融发展研究报告》，《新金融评论》2017 年第 6 期，第 74~97 页。

杨蕾提出，绿色金融对于雄安新区绿色智慧新城建设至关重要，需要从绿色金融格局、绿色金融主体角色定位、绿色金融工具、绿色金融环境、绿色金融服务五大方面探索构建新路径：一是构建"分工—合作"的绿色金融格局；二是明晰三大绿色金融主体角色定位；三是综合运用多种绿色金融工具，如强化雄安新区绿色信贷实施过程、设立雄安新区绿色发展基金、发行雄安绿色债券等；四是创造良好的绿色金融环境，如建立健全绿色金融政府政策扶持机制、打造绿色金融人才集聚高地和思想前沿阵地、降低绿色项目的融资成本、制定对环境社会和金融机构的约束政策等；五是完善绿色金融服务，如发展多样化的第三方机构、构建多重的绿色评价体系、建立广泛的绿色信息共享机制等。[①]

许小萍分析雄安新区绿色金融现状及其制约因素后，指出对其发展机制的相关建议，一是完善顶层设计，制定符合雄安新区绿色发展的金融体系总

---

① 杨蕾：《雄安新区绿色金融体系构建路径》，《河北大学学报（哲学社会科学版）》2018 年第 1 期，第 64~68 页。

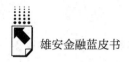

体建设方案和实施意见，加强环境信息披露机制，完善激励机制建设；二是以绿色产业为抓手，推动绿色金融发展；三是强化绿色金融内生机制，积极鼓励绿色产品创新；四是规范绿色统计，完善绿色金融统计指标，为绿色金融政策考核提供依据。①

陈建华认为，尽快明确雄安新区金融功能定位，通过发展绿色金融、金融科技、开放金融，建设成为全国现代金融体系的标杆。②

周景彤和高玉伟认为，应针对雄安新区不同的阶段实施差异化融资方式，建设初期应以财政资金和政策性资金引导为主，同时引导市场化融资进入；建设中后期，应以市场化融资为主，财政性资金为依托。设立雄安新区绿色金融试验区，开展绿色金融产品创新；以雄安新区政府名义发行绿色担保市政债券或金融债券，募集资金专项用于白洋淀水污染治理、绿色智能电网改造等清洁能源提升工程；成立雄安新区绿色产业发展基金等。③

以上研究成果对于未来雄安新区发展绿色金融具有重要的启发意义。随着《规划纲要》的印发，加上未来各个子规划出台，雄安新区绿色金融发展将进入快车道，更需要学术界和理论界提供更加深入全面的研究支撑。

（四）雄安新区绿色金融机制建设的重要意义

第一，从政策角度分析，加强绿色金融机制建设，是贯彻落实党中央、国务院发展绿色金融、建设雄安新区等重大决策的具体举措。党的十九大指出："高标准规划、高标准建设雄安新区"。雄安新区加强绿色金融机制建设，就是要积极探索绿色金融创新的试点示范工作，为雄安新区高标准建设和高质量发展提供有力的金融支撑。

---

① 许小萍：《雄安新区绿色金融发展问题研究》，《金融理论与实践》2018 年第 7 期，第 65 ~ 67 页。
② 陈建华：《雄安新区金融功能定位》，《中国金融》2018 年第 7 期，第 41 ~ 42 页。
③ 周景彤、高玉伟：《积极探索雄安新区可持续融资新模式》，《新视野》2018 年第 1 期，第 50 ~ 56 页。

第二，从金融和实体经济的关系分析，服务雄安新区绿色高质量发展是绿色金融的出发点和落脚点。雄安新区建设需要大量的资金支持，未来五年绿色投资资金需求超过1万亿元。从资金来源方面，除了中央、河北省等各级政府资金投入外，需要发展绿色金融，吸引和动员各类社会资本，特别是区外资本的投入。除了传统绿色信贷外，还需要绿色债券、绿色保险、绿色基金等金融产品和工具的创新，有效满足绿色项目的金融需求。

第三，从经济学理论分析，雄安新区发展绿色金融，需要政府、金融机构、社会资本、中介机构等多方努力，共同构建绿色金融机制体系。环境和社会效益属于准公共物品，存在正的外部性，因此单靠市场力量无法解决绿色项目的收益外部性和污染成本内生化等问题，导致绿色金融供给不足，因此需要政府纠正市场失灵，促进绿色金融发展。

第四，从新时代雄安新区和全国的关系分析，雄安新区发展绿色金融的典型经验具有复制推广意义。雄安新区是继深圳经济特区和上海浦东新区之后又一具有全国意义的新区，是重大的历史性战略选择，是"千年大计、国家大事"，是新时代推动高质量发展的全国样板。将绿色金融纳入雄安新区整体规划和制度建设当中，其试点和创新经验将被复制推广到其他地区，具有典型示范意义。

二　区域绿色金融发展的国内外经验

（一）国际新城（区）绿色发展

世界各国在不同的历史时期，为解决城市发展问题而开发新城，积累了较多的经验。本文选取具有代表性的、以疏解大都市人口为目标定位的不同国家案例做比较（见表3），这些案例在实现手段和方法方面各具特色。

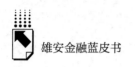

表3 世界新城（区）绿色发展的案例比较

类别	米尔顿·凯恩斯新城(英)	哥伦比亚新城(美)	新宿副都心(日)
设立时间	1971 年	1963 年	1960 年
目标定位	充满机会和选择自由；交通方便与可达性；平衡与多样性；创造吸引人的城市；公众参与；高效及创造性地利用资源	以人为本；全体居民共享经济发展成果；为社区居民提供优质的自然生态环境等	以商务功能为主，打造功能综合的城市循环系统
起始状况	4 万人口	5 万人口，大片森林和乡村	东京交通系统的主要枢纽之一
发展现状	达到 25 万人口规划目标，88 平方公里；英国经济重镇及第三代新城的代表	达到规划人口 11 万人，60 平方公里，经济社会环境和谐发展	达到人口 33 万人，18 平方公里，东京国际大都市的副中心
绿色发展经验	产业支撑与融合，经济社会平衡；加强资源与环境保护	私人投资开发；重视各种交通方式的协调发展；共享环境资源	功能综合，相对独立的城市副中心；政府与市场机制充分结合

资料来源：冯奎《中国新城新区发展报告》，企业管理出版社，2016；王挺《产业新城的正确打开方式——基于国际经验的视角》，《中国房地产》2016 年第 17 期，第 22～26 页；杨靖、司玲《美国哥伦比亚新城建设》，《中外房地产导报》2005 年第 Z1 期，第 70～73 页。

从上述案例可知，国际新城（区）绿色发展的经验总结有以下几点。其一，重视发展规划，重视生态环境、循环经济体系；其二，在发挥政府主导作用的同时，充分地动员社会资本等社会力量的参与，其中哥伦比亚新城是私人资本开发的典范。

除此之外，雄安新区在规划建设中要吸收国外城市衰落的经验教训。美国汽车城底特律、巴西的巴西利亚、韩国的世宗市以及哈萨克斯坦阿斯塔纳等，都曾因缺乏吸引力而衰落。[①]

① 周琼：《雄安新区的新城市思路》，财新网，2018，http：//opinion. caixin. com/2018 - 04 - 24/101238338. html。

（二）国内金融服务新城新区绿色发展案例

中国的新城建设类型较多，各有不同的侧重点。根据国家发改委等六部门发布的《中国开发区审核公告目录（2018年版）》，国务院批准的经济技术开发区、高新区、海关特殊监管区、边境/跨境经济合作区等552家（见表4），这些国家级新区的发展突出创新引领。与雄安新区的战略定位及远期规划规模相比，当前并没有可供直接参考的新区，以下从深圳特区、浦东新区以及绿色新城新区作为案例研究对象。

表4　国务院批准设立的开发区

	经济技术开发区	高新区	海关特殊监管区	边境/跨境经济合作区	其他类型开发区
数量（个）	219	156	135	19	23
典型代表	北京经济技术开发区	中关村科技园区	北京天竺综合保税区	满洲里边境经济合作区	上海陆家嘴金融贸易区

资料来源：《中国开发区审核公共目录（2018年版）》，http：//www.ndrc.gov.cn/gzdt/201803/t20180302_878800.html。

1. 典型的国家级新城新区比较

雄安新区是继深圳经济特区和上海浦东新区之后又一具有全国意义的新区。改革开放初期深圳特区的使命是让世界进入中国、让中国融入世界，发挥窗口和桥梁的作用。20世纪90年代中期浦东新区最重要的作用是上海金融业发展和国际化。而雄安新区承载的使命是成为创新型现代化国家的心脏区域。

（1）深圳特区

深圳在改革开放初期，承接低端产业转移的"三来一补"经济发展模式，造成了人口、资源和环境危机。20世纪90年代开始，深圳遭遇空气污染困境。为此，深圳市采用创新驱动发展战略，加快产业结构和能源结构的优化升级，形成产业低碳化的鲜明格局，例如，万元GDP二氧化碳的排放量处于全国大城市最低水平，深圳空气质量在全国千万人口特大城市排名首位。

深圳特区的绿色发展经验：一是作为国家首批低碳试点城市和碳排放交易试点城市，以制度先行为先导，成为全国第一个建立健全地方低碳发展政策法规体系的城市。深圳是以碳交易机制、新能源汽车推广、绿色建筑标准推广、资源性产品价格机制、低碳产品标识和认证制度、绿色生活方式推广、生态文明建设考核为重点，构建以市场化作为导向的低碳发展体制机制。二是积极与 C40、WWF 等国际社会组织交流，从而具备前瞻性的规划理念和先进的建设技术。例如，深圳国际低碳城已成为深圳践行绿色低碳发展的样本区。[①] 三是积极发展绿色金融。深圳有 71 家金融机构开展绿色金融业务，占辖内金融机构总数的 45.5%；绿色金融业务以绿色信贷为主，截至 2018 年 6 月底，深圳绿色信贷余额是 1078 亿元，较 2017 年末增加 44 亿元。[②]

（2）浦东新区

浦东新区在初始规划中并未考虑到绿色发展，城市布局缺乏一定合理性。例如，浦东高桥石化基地，随着城区建设的快速扩张，城镇将部分化工、印染等污染强、环境风险高的企业包围，呈现"城围石化"的局面；经过合理规划，2017 年一、二、三产业结构的比例为 0.2%：25.1%：74.7%，环境问题得到改善。

浦东新区的绿色发展经验：一是浦东新区的综合施策，对税收、贸易、金融及外汇管理等做政策统筹规划，发展一个政策优惠及支持体系，为吸引海内外投资、产业发展、人才集聚、研发创新、打造国际金融中心奠定了重要的制度基础，例如，1995 年中国人民银行上海分行迁入陆家嘴商贸区后，一批银行总部基地以及分支机构入驻，并使之成为中外资银行以及相关机构的首选地。[③] 二是规划先行，重点突破，重点强化服务业集聚和总部经济建设，引导金融业、信息传输、软件服务等发展，大力发展第三产业。三是积

① 周伟铎、郑赫然、庄贵阳、禹湘：《雄安新区低碳发展策略研究——基于深圳特区、浦东新区、滨海新区的低碳发展实践》，《建筑经济》2018 年第 3 期，第 13~18 页。

② http://dy.163.com/v2/article/detail/DU6BF5RR0530VUFR.html.

③ 边杨：《未来雄安新区发展建议——基于深浦两区经验借鉴》，《未来与发展》2018 年第 9 期，第 1~8 页。

极发展低碳实践区试点，设立"绿色能源利用试验区""低碳环保居住试验区"等，例如，2013年浦东的上海金桥经济技术开发区成为全国首批低碳工业园区试点。

经比较（见表5），深圳特区、浦东新区的低碳城市发展经验可供参考，有如下几点。其一，注重综合政策引领，发挥政策重要作用；其二，在发展过程中形成一系列市场化体制机制；其三，明确产业发展方向，制定准入政策；其四，注重国际交流与合作，提升新城发展能力。

表5 三区经济社会与绿色发展情况比较

类别	深圳经济特区	浦东新区	雄安新区
设立时间	1980年8月	1992年10月	2017年4月
目标定位	改革开放的窗口与试验田，带动珠三角崛起	深化改革开放，带动长江三角洲和整个长江流域地区经济的新飞跃	非首都功能疏解，京津冀世界级城市群建设
规划面积	123平方公里扩大到1997平方公里	533平方公里增至1210平方公里	启动区面积20~30平方公里，起步区面积约100平方公里，规划面积1770平方公里
起始状况	GDP为1.79亿元，占广东0.85%；常住人口31.41万人（1979年）	GDP为60.24亿元，占全市8.1%；户籍人口133.94万人（1990年）	GDP为195.2亿元（2017年），占河北0.54%；常住人口104.71万人（2016年）
发展现状	GDP为1.95万亿元，占广东21.7%；常住人口1252.83万人（2017年）	GDP为8732亿元，占全市31.8%；常住人口552.84万人（2017年）	
金融业状况	金融业实现增加值3059.98亿元，全市本外币存款余额6.97万亿元（2017年）	区内持牌金融机构813家，非持牌4800家（2016年）	各类金融机构10家（2017年）
绿色发展经验	率先建立地方低碳发展政策法规体系	积极发展低碳实践区试点	

资料来源：《国内新城建设经验教训对雄安新区的启示》，http://finance. sina. com. cn/dav/zl/2017 – 04 – 27/doc – ifyetwsm0642665. shtml。

2. 横向上国家级绿色新城新区比较

2013年12月，中央城镇化工作会议提出坚持生态文明，着力推进绿色

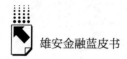

发展、循环发展和低碳发展。2014 年，中共中央、国务院联合颁布了《国家新型城镇化规划（2014—2020 年)》，强调全面推进绿色城市建设。在生态文明建设的导向下，国家各部委相继出台了一系列措施积极推动城市建设向低碳、绿色、生态发展，其中住建部出台的低碳生态试点城市等政策对全国推进生态示范区起到了指导作用。由于标准不统一，真正将低碳和生态融合在一起建成的低碳生态新城新区极少，原因主要在于缺乏顶层设计，为获取政策、资金支持，不顾实际盲目造城。

其中比较典型的是中新天津生态城。天津生态城成立于 2007 年 11 月，由中国和新加坡两国签署框架协议而建。建设初期，该地区为盐碱荒滩、废弃盐田、污染水面。规划目标在于构建循环低碳的新型产业体系、安全健康生态环境体系、方便快捷绿色交通体系、循环高效资源能源利用体系，并将人口总量规划为 35 万人，开发范围达到 30 平方公里。经过数年开发建设，生态城建设取得显著的成绩。2012 年天津生态城被联合国可持续发展大会评为"全球绿色城市"；2013 年被国务院批复为"国家绿色发展示范区"；2017 年地区生产总值 164 亿元，绿化面积超过 755 万平方米。

其发展经验总结如下。一是政策制度创新，天津生态城享有双方政府提供的多项优惠、鼓励政策和多层级协调机制；二是生态旅游资源聚集、文化创意产业创新；三是注重科技的运用，积极搭建智慧城市平台。

3. 国家级绿色金融改革创新试验区比较

2017 年 6 月，国务院决定在发展阶段不同的五省（区）设立绿色金融改革创新试验区（以下简称"金政区"，见表 6），作为生态文明建设与低碳经济增长融合发展的重要改革措施，以探索可复制可推广的绿色金融服务体系。截至 2018 年 6 月，五省（区）设立绿色专营机构 39 家，有绿色金融事业部的金融机构 57 家。① 此外，各地诸如福建、安徽、青海、内蒙古等省（区）也从省级层面出台了绿色金融实施方案。

---

① 中国人民银行研究局：《稳步推进试验区建设》，《中国金融》2018 年第 13 期，第 15 ~ 16 页。

表6 国家绿色金融改革创新试验区

省（区）	发展定位	发展经验
浙江	湖州市侧重绿色产业创新升级，衢州市侧重传统产业绿色改造转型	四大系统：绿色金融激励约束政策体系；绿色金融组织体系；绿色金融产品和服务体系；绿色金融基础设施体系
广东	绿色金融改革创新试验田，绿色金融与绿色产业协调发展示范区，粤港澳大湾区合作发展新平台，"一带一路"建设的助推器	建立领导沟通机制，营造政策环境，财政补贴、风险补偿、人才引进等配套措施；优化金融招商环境；绿色金融研究和合作；构建绿色金融风险防控体系
贵州	探索绿色金融引导西部欠发达地区经济转型发展的有效途径	建立绿色标准认证机制；推动绿色金融产品服务创新；引进培育绿色金融专营机构；多层级绿色金融支持政策；绿色金融基础设施建设
江西	打造中部地区绿色金融中心，金融支持赣江新区绿色产业发展和支柱产业绿色转型升级	完善机制，提供组织保障；搭建赣江新区财政机制；开展绿色项目库建设；搭建政银合作研究平台；建设金融机构集聚的绿色金融示范街
新疆	为我国中西部乃至整个丝绸之路打造绿色金融发展示范样板	强化组织保障；完善顶层政策设计，构建"总体政策＋区域政策＋专项政策"的多层次政策体系；加强智库建设；创新方法手段，率先建立绿色项目库管理制度；加强宣传对接，吸引国内外金融机构支持新疆绿色经济发展

资料来源：张瑞怀《创新绿色金融产品服务 探索金融引领绿色产业发展的"贵安模式"》，《清华金融评论》2017年第10期，第37~39页；梁盛平《贵安新区绿色金融改革创新探索》，《开发性金融研究》2018年第18（02）期，第22~28页；张智富《赣江新区绿色金融改革探索》，《中国金融》2018年第13期，第26~28页；郭建伟《绿色金融改革创新新疆实践》，《中国金融》2018年第13期，第28~30页；殷兴山《绿色金融改革创新的浙江案例》，《中国金融》2018年第13期，第17~19页。

五省（区）"金改区"的实践经验总结归纳如下。一是建章立制，完善推进绿色金融改革创新试点的体制机制，以绿色项目库建设推动标准体系建设；二是坚持市场化导向，以市场供求为准绳，以市场化渠道以及创新工具作为绿色金融可持续发展的基础；三是多管齐下，推动绿色金融基础设施初见成效；四是防控风险，构建绿色金融风险防范化解机制。当然，五省（区）"金改区"总体还在起步探索中，还有一些方面需要改善，比如：绿色金融标准体系尚未统一，绿色认证和评级制度有待完善；绿色环境信息披

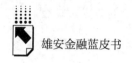

露制度亟待建设，外部激励措施缺乏等；部分试验区财力基础相对薄弱，相关配套支持政策落地不到位等。

三　雄安新区绿色金融发展现状及挑战

（一）发展现状

2017年4月雄安新区设立以来，政府、金融、企业等各界大力发展绿色金融，取得初步成效。

1. 政府层面

2018年7月，河北省《关于进一步扩大服务业重点领域对外开放的实施方案》重点强调了金融机构总部或金融科技创新机构入驻雄安新区，构建金融机构总部经济的发展思路。该方案要求重点深入落实《河北雄安新区规划纲要》，重点通过承接北京金融机构总部或金融科技创新机构入驻雄安新区，以及通过多种方式支持国际跨国公司亚洲总部落户雄安新区，鼓励全国性法人金融机构在雄安新区设立分支机构和子公司，推动银行、证券、信托、保险、租赁等金融业态向雄安新区和河北省重点城市布局。截至2018年6月，雄安新区的银行机构达31家，网点数达到120个。其中，2017年10月中国人民养老保险有限责任公司获原保监会批准成立，是首家在雄安新区注册成立的总部性金融机构。

人民银行及时搭建雄安新区金融统计监测制度框架，内容涵盖雄安新区及周边经济金融发展状况、绿色金融等，实施日、旬、月动态监测。2018年3月，人民银行总行正式批复同意设立雄安新区中心支库，这将有效提升新区资金的拨付效率。① 除此之外，人民银行保定市中心支行指导雄安新区三县支行定期召开银行业金融机构联席会议，多举措服务雄安新区经济。

---

① http：//www. pbc. gov. cn/redianzhuanti/118742/3486390/3486400/3500110/index. html.

2.金融机构

第一，设立分行级金融机构。2017年12月5日，中国工商银行、中国农业银行、中国银行、中国建设银行获批筹建河北雄安分行，这是雄安新区首批获批的分行级银行业金融机构（见表7）；当前，各家政策性银行、邮储银行、股份制银行等先后完成布点筹建工作。截至2017年底，各银行给予雄安新区授信4820亿元，其中雄安新区及周边县市绿色项目贷款余额10.9亿元，占全部项目贷款余额的10%以上。①

表7 雄安新区开业金融机构一览（部分）

金融机构	开业时间	业务领域	特色
工行雄安分行	2018年4月23日	提供"商行＋投行、表内＋表外、股权＋债权、境内＋境外"全功能综合金融服务	促进"数字金融、普惠金融、绿色金融"落地
农行雄安分行	2018年3月19日	辖区内营业机构12个，自助机具85台，推行人脸识别技术	构建"绿色、智慧、创新、普惠、开放"的金融服务体系
中行雄安分行	2018年4月2日	运用区块链技术于土地补偿；"智慧森林"供应链融资；引入英国金丝雀码头企业	架起国际合作中间"桥梁"
建行雄安分行	2018年4月2日	承揽市民服务中心、苗景相关等业务；搭建住房租赁相关平台；设立大数据智慧城市创新中心	支持千年秀林项目

第二，设立绿色基金。2017年11月，中美绿色基金和北京环交所合作发起的规模100亿元的"北京环交所—中美绿色低碳基金"在雄安新区落户。该基金以雄安新区、京津冀区域以及国内外环保项目为主要投资标的，重点推广运用绿色能源和环保节能技术，支持雄安新区及京津冀构建绿色发展战略，建设绿色城市、智慧城市和美丽乡村。另外，农业银行与中国雄安建设投资集团合作，谋划设立"雄安新区建设绿色发展基金"。

第三，构建绿色金融中心。雄安新区绿色金融中心的建设将采取高标

---

① 陈建华：《雄安新区金融功能定位》，《中国金融》2018年第7期，第41～42页。

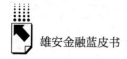

准、国际化的发展路线。伦敦金融城是全球绿色金融中心的产业集聚中心，具有绿色金融和智慧城市设计、开发和建设的实力和经验。金融城及其中国合作伙伴正在实施绿色金融中心的实践开发以及在中国的推广。伦敦金融城市长鲍满诚（Alderman Charles Bowman）表示："我们已经决定，最适合做的第一个项目是雄安新区。"雄安新区在绿色金融中心建设上，将吸纳伦敦等金融中心的设计、研究、规划、融资及管理等国际经验。

此外，雄安新区也积极推进金融机构建设。安信证券、长江证券以及财达证券三家证券公司获批设立雄安分公司。2018年8月，国网雄安金融科技集团有限公司成立。2018年1月，中英金融科技城设立，助力雄安成为"世界眼光、国际标准"的金融科技中心。

（二）面临的挑战

1.生态环境形势严峻

雄安新区不是在白纸上作画，由于环保历史欠账严重、基础设施薄弱，生态环境形势压力较大。

一是空气质量不容乐观。因产业结构落后，污染性低端产业较多，冬季燃煤取暖等污染颗粒物、扬尘以及京津冀地区跨界污染等问题，造成其空气质量不良。

二是水资源、垃圾污染严重。雄安新区内有大大小小六七百个纳污坑塘，多少年来存下来的垃圾没有处理，污水没有系统治理。中国雄安官网指出："40多年的粗放式发展，的确鼓足了雄安三县人民的钱袋子，日子过得热闹起来。但三台制鞋的下脚料有几十万吨，其他地方的铝灰十几万吨，钢渣二十多万吨，农村垃圾、生活污水散乱堆积、排放，难以计数。它们堆在村旁，倒入坑塘、白洋淀。"

白洋淀在调节周边气候、维护生态环境、保持生物多样性、补充地下水等方面具有不可替代的作用。2018年6月，河北省委常委、副省长，雄安新区党工委书记、管委会主任陈刚在河北雄安新区白洋淀综合整治攻坚动员大会表示："白洋淀的整体环境不容乐观，少数水体是Ⅳ类，大多数水体是

V类，甚至以劣V类为主。白洋淀之内污水横流的问题依然存在，存在着大量的垃圾的死角，有的存放了几十年，有的是企业制鞋做别的产业存留下来的工业垃圾。"①

三是物种多样性破坏。历史上白洋淀物产丰富，但上游水库建设、水污染等使得湿地系统破坏，物种多样性减少。② 2017 年 11 月，原环保部印发《关于近期推进雄安新区生态环境保护工作的实施方案》，成立雄安新区生态环境保护工作领导小组，将协调财政部安排专项资金 5 亿元，支持新区实施"洗脸工程"。

2. 产业结构调整压力巨大

从产业结构看，雄安新区安新、容城、雄县三县的工业多集中在有色金属、五金、塑料制品等行业，是污染高发领域；从企业特点看，小散乱污染企业多，偷排乱排"三废"问题频现。比如，制鞋业是安新县三台镇的特色产业，年产值达到 200 亿元，是华北地区最大的制鞋生产基地，但是安新县的鞋企大多数属于"散乱污"企业，长期排放恶臭、挥发性有机物，也产生大量制鞋下脚料、危险废物等。雄县的主要产业是塑料加工，但是80% 以上的企业没有正规环保手续。

此外，安新县是华北地区最大的羽绒集散地，容城县也是中国北方服装及辅料的集散地。据报道，2017 年 8 月，河北省环保厅出台《雄安新区"散乱污"工业企业集中整治专项行动工作方案》，组织雄县、安新、容城三县开展专项行动，按照"关停取缔、整治提升"分类抓整治，新区共排查出"散乱污"企业 12098 家，取缔关停 9853 家，完成整治改造2245 家。③

3. 绿色金融发展基础薄弱

雄安新区绿色金融发展水平较低，金融机构环境风险突出。首先，雄安新区的金融业结构相对单一，金融业务多元化程度较低，金融产品供给较为

---

① http：//science. caixin. com/2018 – 07 – 03/101290535. html.

② 白鹏飞、刘雨昕：《雄安新区生态环境保护的策略思考》，《当代经济》2018 年第 1 期。

③ http：//weekly. caixin. com/2018 – 06 – 23/101283528. html.

不足。服务雄安新区的金融机构主要是国有银行县级支行和农信社，总部设立在当地的金融机构极其有限。其次，雄安新区金融创新不足。受机构数量、能力及业务基础等约束，雄安新区金融机构业务创新的积极性主动性较低，资金呈现外流趋势。再次，雄安新区中小微企业融资较多地依赖非正规金融，污染性小微企业依赖民间借贷获取资金，这将大大弱化金融风险管控的微观主体基础。最后，受业务连续性等影响，当地金融机构对污染性企业贷款存量占比大，例如，截至 2016 年末，制造业和采矿业的银行贷款余额占企业贷款的比重超过 50%，主要属于污染性企业。[①]

四 雄安新区绿色金融机制建设的思考

建设雄安新区，绿色金融先行。构建雄安新区绿色金融机制，建议加强政策顶层设计，鼓励开展绿色金融创新，明确重点支持领域，加强环境和社会风险管理，有效满足雄安新区绿色发展金融需求。

（一）加强组织领导，完善政策顶层设计

一是设立雄安新区绿色金融改革创新试验区。参照浙江、广东、贵州、江西、新疆等绿色金融改革创新试验区试点经验，以新发展理念为引导，争取在雄安新区设立绿色金融改革创新试验区，积极探索绿色金融改革创新实践。河北省政府、雄安新区管委会、新区三县等各级政府支持成立雄安新区绿色金融领导小组，加强领导、统筹规划、协调推进绿色金融各项试点工作。人民银行、河北省政府、雄安新区管委会等研究出台支持雄安新区绿色金融发展的实施意见等政策文件，加强政策顶层设计，综合运用金融、财政、环保、产业、税收等政策，建立健全雄安新区绿色金融发展的政策制度体系。

---

① 北方新金融研究院绿色金融课题组：《雄安新区绿色金融发展研究报告》，《新金融评论》2017 年第 6 期，第 74～97 页。

二是人民银行运用再贷款、再贴现等货币政策工具，鼓励金融机构加大投放力度，重点支持生态环境、环境治理、绿色基础设施等项目建设。积极探索绿色信贷业绩评价体系，将绿色信贷业绩评价纳入宏观审慎评估（MPA）、银行业金融机构综合评价、央行评级、财政性存款招投标等，引导金融机构加大绿色信贷投放。探索将绿色信贷资产作为再贷款的合格抵押品。参照普惠金融，研究降低绿色信贷、绿色债券等绿色资产的风险权重，鼓励金融机构加大绿色经济支持力度。

三是加强绿色金融基础设施建设。由人民银行石家庄支行牵头，整合人民银行在雄县、容城、安新三县的支行，成立人民银行雄安新区分支机构，推进金融管理体制改革，完善雄安新区绿色金融基础设施建设。探索建立涵盖绿色信贷、绿色保险、绿色证券等在内的绿色金融统计指标体系。加强部门间信息共享，人民银行牵头，环保、安检、质检、交通、发改委等部门参与，大力应用大数据、区块链等金融科技，构建绿色金融信用信息数据库，将污染物达标排放情况、环保违法违规记录等环境和社会风险信息纳入征信体系，促进信用信息共享。

四是研究出台绿色金融财政激励政策，发挥"四两拨千斤"的作用。起步阶段加大中央财政、河北省级财政对雄安新区管委会的转移支付等支持力度，建立绿色信贷财政贴息、风险补偿基金机制，对开办绿色业务的金融机构提供财政贴息和风险补偿，撬动更多的社会资本对雄安新区产业进行投资。将绿色金融人才纳入高层级人才范围，鼓励引导金融机构吸收、培育绿色金融专业人才。

（二）坚持市场导向，鼓励开展绿色金融创新

坚持市场化和商业可持续性原则，鼓励金融机构开展绿色金融创新，支持雄安新区绿色经济发展。

一是鼓励设立绿色金融特色或专营机构。支持一批符合雄安新区发展定位的在京国有金融企业总部或分支机构向雄安新区疏解，吸引在京民营金融企业到雄安新区发展，成立绿色金融管理总部。支持设立雄安新区绿色金融

产品交易中心，研究推行环境污染责任保险等绿色金融制度，发展绿色环境类金融衍生品。支持在雄安新区的商业银行分支机构升格，提升为二级分行或一级分行，减少中间环节，扩大绿色信贷、绿色债券等绿色金融授权权限，提高审批时效。支持雄县、容城、安新三县的农信社改制重组，设立雄安新区绿色银行或雄安银行，内设绿色金融事业部或专责部门。建立雄安新区资产交易平台，筹建雄安股权交易所，支持绿色企业直接融资。

二是大力发展绿色信贷。银行金融机构要结合自身特点，制定绿色信贷配套政策，优化资源配置，通过差别化风险定价、经济资本、信贷规模、FTP、绩效考评等，大力支持绿色经济、低碳经济和循环经济。结合雄安新区经济特点，大力发展绿色农业、能效贷款、小企业绿色信贷等绿色普惠金融业务。开展绿色信贷抵押方式创新，积极探索发展能效信贷、合同能源管理未来收益权、排污权、碳排放权抵押贷款等业务。

三是积极发展绿色债券。鼓励雄安新区银行业金融机构发行绿色金融债券，支持环境治理、绿色交通、节水节能、高端高新产业等金融需求。鼓励符合条件的雄安新区企业发行绿色债券，拓宽绿色企业和项目融资渠道。积极探索绿色资产证券化，盘活绿色存量资产，为优质企业和项目提供再融资支持。

四是推动设立绿色产业基金。鼓励"北京环交所—中美绿色低碳基金"支持雄安新区绿色环保项目。吸引国内外的战略投资者及大量的创业投资基金，以绿色基金用于雾霾治理、污染防治、清洁能源、绿化、低碳交通、绿色建筑、生态保护等领域。以 PPP 模式推动绿色发展基金的设立，投资人包括政府、金融机构、企业、私募股权基金、保险公司、养老基金、国际金融机构等。

五是支持绿色保险发展。推动雄安新区全面开展环境污染强制责任保险试点工作，比如，"两高"企业新增贷款必须投保环境污染责任险。积极推广安全生产责任保险、食品安全责任保险等绿色险种。积极推动保险资金通过股权、债权、产业基金、私募基金、PPP 等多种形式，为节能环保、生态农业、养老等绿色产业及环保基础设施建设提供资金支持。积极推动保险业参与环境风险管理，深度参与投保企业环境风险管理。

六是积极开展绿色金融对外合作交流。加强对外沟通，引入国际金融公司、亚洲开发银行、亚洲基础设施投资银行等国际金融机构投资雄安新区绿色项目。鼓励雄安新区与国内智库、金融机构展开多方合作，为雄安新区绿色金融创新提供智力支持。

（三）依托规划纲要，突出绿色金融重点支持领域

《河北雄安新区规划纲要》是指导雄安新区高质量发展的基本依据，也是未来雄安新区发展的刚性约束，任何部门和个人不得随意修改、违规变更。发展雄安新区绿色金融，就要以《规划纲要》为根本依据，明确重点支持领域和方向。

一是重点支持符合雄安新区发展定位的十大行业绿色金融需求，主要包括：生物育种农业、观光农业、休闲农业、创意农业等绿色生态农业；新一代信息技术产业、现代生命科学和生物技术、新材料、高端现代服务等高端高新产业；京广高铁、京港台高铁京雄—雄商段、京雄—石雄城际、新区至北京新机场快线、津保铁路、津雄城际—京昆高铁忻雄段，雄安高铁站、城际站，白洋淀站、白沟站等高速铁路项目建设；京港澳高速、大广高速、京雄高速（含新机场北线高速支线）、新机场至德州高速，荣乌高速新线、津雄高速、津石高速等高速公路建设；千年秀林、白洋淀生态修复、白洋淀国家公园、垃圾处理、污水处理等环境治理和污染防治行业；供水、海绵城市、供热、供电等绿色城市基础设施建设；城市轨道交通、城市公交等绿色交通；安新县白洋淀景区等旅游行业；绿色建筑；绿色消费。

二是重点择优支持进驻雄安新区、支持新区绿色发展的中央企业、省市属国有企业、上市公司、行业龙头企业、创新型民营企业及高成长性科技企业的金融需求，积极提供贷款、贸易金融、投资银行、债券投资、资产管理、并购重组等综合金融服务。

三是创新体制机制，搭建政银企合作平台。河北省政府金融办（或经

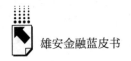

信委等部门）、雄安新区管委会牵头，明确绿色企业、绿色项目的认证规范，建立绿色企业和绿色项目库，为财政、金融等相关配套扶持政策的落实提供依据。雄安新区管委会建立绿色企业和项目库日常管理机制，定期举办金融支持绿色产业项目融资对接会，引导金融机构精准对接绿色项目金融需求。

（四）守住风险底线，构建绿色金融风险防范机制

雄安新区发展绿色金融，要牢牢守住风险底线，加强防范化解地方政府隐性债务风险、环境和社会风险等金融风险。

第一，雄安新区处于起步建设阶段，生态环境治理、绿色市政基础设施建设、美丽乡村建设等大多是公益或准公益项目，资金需求旺盛。严格落实党中央、国务院关于防范化解地方政府隐性债务风险和强化问责的政策精神，涉及地方政府背景项目融资业务的，要以依法合规、规范运作为基本前提，确保不涉及地方政府变相举债、违规担保和增加隐性债务。按照"穿透原则"，对参与雄安新区建设项目的国有企业或 PPP 项目资本金进行严格审查，确保融资主体的资本金来源合法合规，融资项目满足规定的资本金比例要求，符合国家政策和监管要求。

第二，政府相关部门尽早出台雄安新区产业准入负面清单，并及时与金融机构分享。金融机构将环境和社会风险纳入全面风险管理体系，提升环境和社会风险识别、管理能力，严格执行"环保一票否决制"，禁止支持高耗水、高耗能、高污染的企业和项目，将其纳入各地"散乱污"名单和环保安全"黑名单"企业，高度警惕环境和社会风险向信用风险的传导。

第三，构建绿色金融风险预警和监测机制。环保部门将环保处罚、小乱散污、各地环保督察点名名单等绿色环保信息，及时向社会公布。强化信息披露要求，建立公共环境数据平台、完善绿色标识认证、积极改进信息不对称条件下的绿色投融资机制，促进绿色金融可持续发展。积极引导雄安新区金融机构、上市及挂牌企业落实环境风险评估和披露制度，督促新区企业及时披露环境信息，防范环境污染可能引发的金融风险。

B.3
雄安新区绿色信贷机制建设

潘光伟　荆呈峰　陈　东*

摘　要： 雄安新区的核心定位之一是绿色发展，亟待绿色信贷等金融要素的支持。国际绿色信贷经验对雄安新区绿色信贷发展具有参考价值。我国绿色信贷在经历了起步、引导推动、全面发展三个阶段后，业务不断完善，体制机制逐渐成熟，资本市场、国际合作等外部协同体系已经形成，为雄安新区绿色信贷发展提供了良好的土壤。银行业金融机构支持雄安新区建设已经起步，相关金融产品创新正在进行。雄安新区绿色信贷前景广阔，但还有许多问题需要解决。从体制机制角度，应重点发展多样化的第三方咨询、评级和认证机构，建立健全具有雄安新区特色的多重绿色评价体系，建立统一的雄安新区绿色信息共享机制。

关键词： 绿色发展　绿色信贷　机制建设

根据《河北雄安新区规划纲要》（以下简称《规划纲要》），雄安新区要打造优美生态环境、发展高端高新产业、打造绿色交通体系和建设绿色智慧新城，其核心是绿色发展。雄安新区的绿色发展需要资金支

---

* 潘光伟，法学硕士，中国银行业协会党委书记、专职副会长，主要研究方向为信贷政策、金融监管。荆呈峰，理学博士，中国银行业协会绿色信贷业务专业委员会，主要研究方向为信贷政策、绿色信贷等。陈东，工学硕士，中国银行业协会绿色信贷业务专业委员会，主要研究方向为绿色信贷。

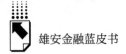

持，初步估算，前五年需要绿色资金达万亿元①，为此雄安新区需要建立相应的绿色信贷机制，为雄安新区的绿色发展融资保驾护航。本文将从绿色信贷的定义与范畴、国际经验、国内发展情况、雄安新区发展规划与绿色信贷发展概况、雄安新区绿色信贷发展前景和建议等方面概括介绍。

一 绿色信贷：定义与范畴

根据原中国银监会印发的《绿色信贷指引》（银监发〔2012〕4 号）规定，绿色信贷是指对绿色经济、低碳经济、循环经济、防范环境和社会风险、提升自身的环境和社会表现等提供融资支持的贷款类别。②

绿色信贷的目的是以信贷等金融资源推动经济和社会的可持续发展，同时优化银行业金融机构信贷结构、降低环境和社会风险、提高服务水平。

原中国银监会绿色信贷统计的范围包括：绿色农业开发项目，绿色林业开发项目，工业节能节水项目，自然保护、生态修复及灾害防控项目，资源循环利用项目，垃圾处理及污染治理项目，可再生能源及清洁能源项目，农村及城市水项目，建筑节能及绿色建筑，绿色交通运输项目，节能环保服务以及采用国际惯例或国际标准的境外项目十二类。③

《规划纲要》对雄安新区的发展建设进行了详细说明，其中打造优美生态环境、发展高端高新产业、打造绿色交通体系和建设绿色智慧新城需要自然保护、生态修复，资源循环利用，垃圾处理及污染治理，绿色节能及绿色建筑，绿色交通等项目的投资和建设，这些均属于绿色信贷范畴。

---

① 韦慧：《雄安超万亿绿色融资从哪来》，《金融世界》2017 年第 9 期，第 48～49 页。
② 中国银行业协会、东方银行业高级管理人员研修院编著《绿色信贷（2018 年版）》，中国金融出版社，2018，第 19 页。
③ 《中国银监会办公厅关于报送绿色信贷统计表的通知》（银监办发〔2013〕185 号），2013。

二　绿色信贷发展：国际经验

国际绿色信贷是在经历了环境污染的惨痛代价后逐步发展起来的，其发展经验可以为雄安新区绿色信贷发展提供借鉴。

工业化从西方发达国家开始，环境和社会问题暴露出来后，人们意识到工业化带来的环境和社会问题的严重性，提出了可持续发展。一些国家为应对环境和社会问题出台了相关法律和相关激励措施，促使银行去实施可持续金融，并逐渐形成了联合国环境规划署金融行动倡议组织、赤道原则等国际通行的操作模式。

（一）法律约束

良好的法律支撑是推动可持续金融发展的有力保障，发达国家政府非常重视环境保护以及劳工权益方面的法律建设，使银行重视环境保护、劳工权益，促进可持续金融的开展。①

美国历经数十年构建了绿色信贷发展的法律制度体系。20世纪70年代以来，美国国会通过了26部涉及水环境、大气污染、废物管理、污染场地处置以及其他环境保护、绿色发展的法律及规范，健全了绿色发展的法律制度体系。更重要的是，法律制度的重点在于规范政府、企业和银行各自的行为、权力边界以及协调机制。比如，美国联邦政府于1980年颁布的《超级基金法案》（CERCLA）要求，如果银行需要对其客户造成的环境污染承担相应的责任并支付相应的环境修复费用，那么这个责任是严格的、连带的和溯及既往的，这使得银行在进行信贷业务审批中需要考虑到客户的环境保护风险及其潜在的连带责任。

加拿大和英国也出台了环境保护相关的法律。完善的法律、高昂的违法

---

① 中国银行业协会、东方银行业高级管理人员研修院编著《绿色信贷（2018年版）》，中国金融出版社，2018，第36页。

成本，迫使企业严格遵守环境保护的相关法律规定，内生地约束自身的经营行为。制度规范及其对企业主体的约束可以从根本上遏制高污染、高耗能项目的发展。同时，企业高污染项目的法律风险较大，迫使金融机构关注相关企业及其项目信贷中的环境风险和相关的金融风险，以保障各类信贷的长期可持续。

（二）激励措施

在严格执行法律制度规范的同时，需要建立相应的激励机制。具有针对性的激励机制和配套法规可以缓释法律制度规范对企业及银行主动性的"破坏"，以激励相容的方式来提高银行和企业践行绿色发展和绿色金融的积极性。为调动企业和金融机构的积极性，促进绿色产业和可持续金融的发展，各国实施了多种不同的激励政策。①

仍以美国为例，美国对于绿色发展、节能环保等项目的政策优惠涉及税收减免、财政补贴、专项资金支持等。比如，1978 年美国联邦政府出台的《能源税收法》规定，美国企业在购买太阳能和风能能源设备时所付的部分金额，以及开发利用太阳能、风能、地热和潮汐能的发电技术投资总额的 25% 可以从当年缴纳的所得税中抵扣。在环境经济政策中，美国对环境保护项目的发债融资采取低利率，一般为 3.3% ~ 3.7%。在美国还有很多其他金融机构设立了绿色基金、环保基金以及优惠贷款等金融工具来促进清洁能源、环节保护以及绿色金融等事业的长期发展和稳健运作，并通过设立相关的担保机制或信用保证保险对中小企业从事环保产业或环境友好型产业提供优惠贷款、担保或保险工具支持等。

英国、日本等国家也采取激励措施，引导金融机构发展可续金融，进行可持续金融产品的创新。

---

① 中国银行业协会、东方银行业高级管理人员研修院编著《绿色信贷（2018 年版）》，中国金融出版社，2018，第 37 页。

（三）联合国环境规划署金融行动倡议组织

1992 年，里约地球峰会推出了联合国环境规划署《关于环境和可持续发展的声明书》，明确要求银行业将环境保护置于金融决策的核心位置，并在其中发挥应有的作用，标志着联合国环境规划署金融行动机构（UNEP BI）的正式成立。[①] 目前，联合国环境规划署金融行动机构拥有来自全球 50 多个国家的 230 余家签署机构。按行业分，签署机构主要为银行业、保险业和投资机构等，其中银行业占比超过一半。目前，国家开发银行、工商银行、招商银行、兴业银行、平安银行、台州银行六家中国银行是 UNEP FI 的签署机构。

（四）赤道原则

2002 年 10 月，由荷兰银行（ABN·AMRO Bank）、巴克莱银行（Barclays Bank）、西德意志州立银行（Westdeutsche Landesbank）和花旗银行（Citibank）在国际金融公司（IFC）环境和社会政策基础上共同起草了赤道原则，主要目的在于判断、评估和管理各种项目融资中的环境和社会风险，目前已经成为金融行业一个重要的参考原则。[②]

目前，94 个金融机构加入赤道原则，主要是欧美国家，有 54 家金融机构加入。中国境内有兴业银行和江苏银行已采纳赤道原则。

国内主要银行非常重视国际机构推出的 UNEP FI 和赤道原则两项国际通行的绿色信贷原则，这将为雄安新区的绿色发展提供机制和流程上的借鉴和保证。雄安新区应借鉴国际绿色信贷的理念和操作模式，结合本地区实际情况，出台区域性绿色信贷激励措施和规范性制度。

---

① http：//www. unepfi. org/.

② http：//equator‐principles. com/.

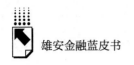

三 中国绿色信贷发展历程及现状

绿色信贷发展大致经历了起步、引导推动和全面发展三个阶段。[①] 雄安新区的绿色信贷发展刚刚起步，高起点规划、高标准建设雄安新区为雄安新区绿色信贷的发展提供了契机。

（一）发展历程

1. 绿色信贷的起步阶段（1995~2006年）

绿色信贷的起步阶段从1995年到2006年，其间发布了一系列与环保相关的信贷政策法规，对金融部门在信贷工作中落实国家的环境政策做出规定。发布的主要政策性文件有如下几个。

1995年2月6日，《中国人民银行关于贯彻信贷政策与加强环境保护工作有关问题的通知》（银发〔1995〕24号）发布，对金融部门在信贷工作中落实国家环境保护政策做出规定，要求金融部门在发放固定资产贷款、流动资金贷款时，以及在存量贷款的管理中，均应符合国家环境保护法规和国家产业政策的要求，并鼓励政策性银行和商业银行支持从事环境保护和污染治理的项目和企业。

2004年4月30日，国家发改委、中国人民银行和原银监会发布《关于进一步加强产业政策和信贷政策协调配合控制信贷风险有关问题的通知》（发改产业〔2004〕746号），提出对国家发改委制定的《当前部分行业制止低水平重复建设目录》中涉及的项目，发改委各级部门与相关金融机构要相互协调配合，切实解决当前部分行业低水平盲目扩张和信贷增长过快、产业结构失衡等突出问题，控制信贷风险。

2. 绿色信贷的引导推动阶段（2007~2011年）

绿色信贷引导推动阶段主要是推动企业、建设项目的环境监管和信贷管

[①] 中国银行业协会、东方银行业高级管理人员研修院编著《绿色信贷（2018年版）》，中国金融出版社，2018，第45~47页。相关政府部门出台的规章制度，资料来其网站。

理相结合，引导商业银行支持国家的环保和节能减排工作。在此阶段发布了几个重要的文件。

2007年5月23日，《国务院关于印发节能减排综合性工作方案的通知》（国发〔2007〕15号）发布。文件指出为了应对全球气候变化，中国需要承担"我们的责任"，强化节能减排工作，构建绿色发展的政策支持体系。该文件还要求各地区、各部门充分认识节能减排在经济转型和长期可持续发展中的重要作用，狠抓节能减排责任落实和执法监管，建立强有力的节能减排领导协调机制，认真贯彻执行《节能减排综合性工作方案》。

2007年，银行信贷的环保风险成为一个重要的主题，多部门联合出台政策凸显了绿色发展的重要性。2007年7月12日，原国家环保总局、中国人民银行和原银监会发布《关于落实环保政策法规防范信贷风险的意见》（环发〔2007〕108号）。这不仅是绿色信贷的重要指导性文件，更重要的是，该意见是国家环境监管部门与金融监管部门首次联合出台相关的监管政策。这是一次落实国家环保政策法规的重要政策实践，不仅是为了促进环保事业和绿色发展，还致力于提供绿色信贷支持以及防范信贷风险。该意见一方面致力于对不符合产业政策、环境违法的企业和项目进行不同程度的信贷管控，通过绿色信贷机制限制或遏制高耗能、高污染产业的无序扩张，发挥金融政策在产业结构和节能环保中的重要性，提高金融信贷对环境保护和绿色发展的调控力度；另一方面致力于强化银行信贷风险的管理以及绿色金融发展的内在意识。

2007年11月23日，《中国银监会关于印发〈节能减排授信工作指导意见〉的通知》（银监发〔2007〕83号）发布，督促银行业金融机构把调整和优化信贷结构与国家经济结构紧密结合，有效防范信贷风险，是国家节能减排战略顺利实施的具体举措。

3. 绿色信贷的全面发展阶段（2012年至今）

在绿色信贷的全面发展阶段，国家有关部门发布了一系列文件，对银行业金融机构发展绿色信贷提出具体要求，为银行业开展能效项目、走出去等提出指导意见。

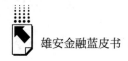

2012 年 2 月 24 日，《中国银监会关于印发绿色信贷指引的通知》（银监发〔2012〕4 号）发布。随后，《中国银监会办公厅关于印发〈绿色信贷实施情况关键评价指标〉的通知》（银监办发〔2014〕186 号）下发，对政策性银行、国有商业银行、股份制商业银行和邮储银行等 21 家银行进行评价。这些文件的发布使绿色信贷进一步完善，标志着绿色信贷进入全面发展阶段。

2015 年 1 月 13 日，《中国银监会 国家发展和改革委员会关于印发能效信贷指引的通知》（银监发〔2015〕2 号）发布。目的是落实国家节能低碳发展战略，促进能效信贷持续健康发展，积极支持产业结构调整和企业技术改造升级，提高能源利用效率，降低能源消耗，鼓励银行开展能效信贷业务。该指引列举了符合国家产业政策或行业规划的重点能效项目，鼓励银行业金融机构在有效控制风险和商业可持续的前提下，加大对重点能效项目的信贷支持力度。

2017 年 1 月 9 日，《中国银监会关于规范银行业服务企业走出去 加强风险防控的指导意见》（银监发〔2017〕1 号）发布，指导走出去企业加强环境和社会风险管理。该文件在环境和社会风险管理部分，针对我国银行业金融机构对于境外业务的环境和社会风险管理薄弱问题，要求银行业金融机构实施环境和社会风险全流程管理，维护当地民众权益，增进与利益相关者的交流互动，加强相关信息披露。

雄安新区原辖三县现有开发程度较低，发展空间充裕，具备高起点高标准开发建设的基本条件。雄安新区的目标是建设成为绿色生态宜居新城区，这为绿色信贷的跨越式发展带来了机遇。在雄安新区的规划起步阶段引入绿色信贷理念和操作模式，能够为新区发展创造更多融资空间，吸引更多绿色资金投入。

（二）现状

1. 体制机制逐渐成熟

从起步至今，经历 20 多年不断发展完善，我国绿色信贷体制逐渐成熟，逐步参与到国际规则的制定中去，与国际接轨。同时，党中央、国务院高度重视生态文明建设。这些为雄安新区的绿色信贷发展提供了良好的发展土壤。

党中央高屋建瓴地将生态文明建设放在了改革开放的突出位置上，使其成为全面建成小康社会的重要支撑。党的十八大提出了中国特色社会主义事业"五位一体"总体布局，把生态文明建设纳入其中并放在了突出地位，这使得生态文明建设成为全面建成小康社会的重要内容，成为时代的潮流、历史的呼唤和国家的事业。十八届三中全会更是进一步提出了加快建立系统完整的生态文明制度体系，将生态文明建设的制度化提高到新的战略高度。党的十八届四中全会强化了法律制度的重要性，要求用严格的法律制度保护生态环境，以保障生态文明建设事业获得成功。在党和国家一系列战略和政策出台的同时，2015年4月25日，《中共中央 国务院关于加快推进生态文明建设的意见》颁布，将生态文明建设落实到战略部署和具体实施层面。该意见提纲挈领地提出了生态文明建设的总体要求、目标愿景、重点任务和制度体系，基于生态文明建设的战略性、综合性、系统性和可操作性，明确了生态文明建设的顶层设计、总体部署、时间表和路线图。①

2018年6月，《中共中央 国务院关于全面加强生态环境保护 坚决打好污染防治攻坚战的意见》出台，提出重点打好蓝天、碧水、净土三大保卫战。随后，《国务院关于印发打赢蓝天保卫战三年行动计划的通知》印发，提出从产业结构、能源结构、运输结构、用地结构调整着手，通过重大行动、区域联防等措施打赢蓝天保卫战。

从2012年的《绿色信贷指引》到2016年七部委印发《关于构建绿色金融体系的指导意见》，绿色信贷范围由信贷扩大到了保险、债券等其他金融领域。我国的《环境保护税法》从2016年发布到2018年正式实施，既是

---

① 《发展改革委主任解读〈关于加快推进生态文明建设的意见〉》，2015年5月6日。http：//www.gov.cn/xinwen/2015－05/06/content_2857592.htm。

我国税费征收法制化、规范化和制度化的内在要求，也是顺应绿色发展的历史潮流，以制度规范来促进产业转型升级和微观主体绿色发展的重要方略，这将进一步促进中国经济实现绿色发展、高质量发展。

自 1995 年发展至今，银行业金融机构绿色信贷制度逐步建立。银保监会形成了绿色信贷的自评价制度和绿色信贷数据定期上报制度，中国人民银行将绿色信贷纳入 MPA 考核，绿色信贷制度正在逐步完善优化。

2. 外部协同体系已经形成

2017 年 6 月，原环境保护部与证监会签署了《关于共同开展上市公司环境信息披露工作的合作协议》。这个合作协议的目的在于：一是采取联合行动的方式促进上市公司树立绿色发展理念，二是共同推动建立和完善上市公司强制性环境信息披露制度，三是共同行动促进我国上市公司确实履行环境保护的社会责任。

2016 年 11 月，在第八次中英经济财金对话上，双方表示支持中英两国成为绿色金融创新中心，共同推动全球绿色金融市场的发展。中英两国共同发起中英绿色金融工作组，鼓励金融机构加强绿色金融创新和绿色债券市场互联互通，两国在绿色金融领域的合作正持续稳步推进。

2018 年 10 月 19 日，中国金融学会绿色金融专业委员会（绿金委）和法国巴黎欧洲金融市场协会 Finance for Tomorrow（F4T）在上海联合举办了中法绿色金融第一次联席会议。双方认为对绿色金融进行界定并提出分类标准是推动绿色金融快速发展的重要前提，中法两国应积极推动绿色金融定义的发展和融合。

四　雄安新区发展规划与绿色信贷发展概况

（一）雄安新区的定位和建设目标

根据《规划纲要》，到 2035 年，白洋淀生态环境根本改善，雄安新区要基本建成绿色低碳、人与自然和谐共生的高水平社会主义现代化城市。

到 21 世纪中叶，雄安新区要全面建成高质量高水平的社会主义现代化城市，成为京津冀世界级城市群的重要一极，成为新时代高质量发展的全国样板。

（二）雄安新区绿色发展的目标

为了实现党中央对雄安新区的规划目标，雄安新区提出推动区域流域协同治理，全面提升生态环境质量，打造优美自然生态环境，建成新时代的生态文明典范城市。在绿色发展中，雄安新区的规划目标有三个：一是实施白洋淀生态修复，到 2035 年实现白洋淀生态环境根本改善；二是加强生态环境建设，致力于构建新区生态安全格局，规划建设"一淀、三带、九片、多廊"，形成林城相融、林水相依的生态城市；三是开展生态环境综合治理，推动区域环境协同治理，改善大气环境质量，严守土壤环境安全底线，优化区域生态体系（详见表 1）。

表 1　雄安新区绿色发展规模目标及政策措施

规划目标	中短期政策	长期政策
白洋淀生态修复	恢复淀区水面，实施退耕还淀，淀区逐步恢复至 360 平方公里左右；实现水质达标，提升淀泊水环境质量，将白洋淀水质逐步恢复到Ⅲ-Ⅳ类；开展生态修复，对现有苇田荷塘进行微地貌改造和调控，修复多元生境，展现白洋淀荷塘苇海自然景观，提高生物多样性，优化生态系统结构，增强白洋淀生态自我修复能力	规划建设白洋淀国家公园，努力建成人与自然和谐共生的试验区和科普教育基地；创新生态环境管理，全面建成与生态文明发展要求相适应的生态环境管理模式；到 2035 年实现白洋淀生态环境根本改善
加强生态环境建设	构建新区生态安全格局，规划建设"一淀、三带、九片、多廊"，形成林城相融、林水相依的生态城市；开展大规模植树造林，采用近自然绿化及多种混交方式，突出乡土树种和地方特色，在新区绿化带及生态廊道建设生态防护林和景观生态林	开展大规模国土绿化行动，提升区域生态安全保障，实施重要生态系统保护和修复工程，优化生态安全屏障体系，提升生态系统质量；形成平原林网体系，实现生态空间的互联互通

规划目标	中短期政策	长期政策
优化区域生态体系	推动区域环境协同治理。周边和上游地区协同制定产业政策,实行负面清单制度,依法关停、严禁新建高污染、高耗能企业和项目。提升传统产业的清洁生产、节能减排和资源综合利用水平,加强生态保护和环境整治,强化综合监管。集中清理整治散乱污企业、农村生活垃圾和工业固体废弃物。开展地下水环境调查评估,全面开展渗坑、排污沟渠综合整治; 改善大气环境质量。优化能源消费结构,终端能源消费全部为清洁能源。严格控制移动源污染,实行国内最严格的机动车排放标准; 严守土壤环境安全底线。落实土壤污染防治行动计划,推进固体废物堆存场所排查整治,加强污染源防控、检测、治理,确保土壤环境安全	构建过程全覆盖、管理全方位、责任全链条的建筑施工扬尘治理体系;根据区域大气传输影响规律,在石家庄—保定—北京大气传输带上,系统治理区域大气环境

资料来源:《河北雄安新区规划纲要》。

近期,雄安新区绿色发展最为重要的白洋淀生态修复的综合整治攻坚行动已经开启。[①] 一是明确整治任务,将生态功能湿地筹建,入河入淀排污口整治,工业污染源达标排放攻坚,纳污坑塘整治,农村污水、垃圾、厕所等综合治理,水产和畜禽养殖清理整顿作为六个要点。二是强化市场主体。结合当前白洋淀生态环境治理工作中的实际情况,将北京碧水源、北京桑德、天津创业环保、中国光大水务、北控水务、江西金达莱六家环保公司纳入当地环保治理体系。

2018 年 6 月 28 日,雄安新区出台了《河北雄安新区白洋淀综合整治攻坚行动实施方案》和《固体废物综合整治实施方案》,为雄安新区绿色发展提供了保障。

---

① 郭东:《白洋淀综合整治攻坚行动启动》,《河北日报》2018 年 7 月 1 日第 1 版。

（三）雄安新区未来五年绿色发展资金需求及投资方向

雄安新区未来投资方面主要集中在基础设施、拆迁安置、配套商务区、环境综合治理、产业园区等方向。根据各方信息汇总，已知可能于近期启动的主要有以下几个项目。

1. "千年秀林"工程

该工程是雄安新区建设森林城市，实现蓝绿交织、清新明亮生态环境的举措，将形成以近自然林为主，景观游憩相结合的生态景观片林。工程总规模达 93 万亩，通过新种植以及对既有林地的改造，将雄安新区绿化水平从现有的 11% 提升至 40% 左右。2017 年 11 月启动 9 号地块一区造林项目以来，已建成 8 万余亩，累计投入近 10 亿元，未来每年将陆续开展造林项目，总投资将超过 100 亿元。

2. 容东安置区建设

雄安主城区将设立容东、容西、寨里三个安置区，其中容东安置区占地面积约 12 平方公里，具体包括住宅、商业、商务及公共服务等建筑开发、路网、水电气暖、污水处理和再生水利用、固废处理等，将安置核心区和高铁建设的大部分搬迁户，可容纳人口 17 万多人，其中本地人口 8 万余人。项目总建筑面积 1200 多万平方米，预计投资超过 1000 亿元。

3. 起步区建设

起步区控制性规划以及 38 平方公里启动区控制性详细规划也在有序推进。启动区作为起步区一期，是雄安新区重点承接北京非首都功能疏解，集聚一批互联网、大数据、人工智能、前沿信息技术、生物技术、现代金融、总部经济等的创新型、示范性重点项目，未来总投资将达到数千亿元级别。

4. 白洋淀综合治理

《白洋淀生态环境治理和保护规划（2018—2035 年）》于 2019 年 1 月印发，预计未来投资将是千亿元级。白洋淀综合整治，将实施退耕还淀，淀区逐步恢复至 360 平方公里左右；加强水环境治理，将白洋淀水质逐步恢复到Ⅲ－Ⅳ类；开展生态修复，优化生态系统结构，增强白洋淀生态自我修复能

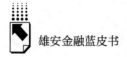

力；规划建设白洋淀国家公园，全面建成与生态文明发展要求相适应的生态环境管理模式。为推进白洋淀综合整治，中国雄安集团将牵头设立白洋淀综合整治基金，基金规模在百亿元左右。

5. 绿色建筑骨料与装配式建筑生产基地

该项目为雄安新区集中生产供应建筑骨料与装配式构件，用于雄安新区绿色、装配式建筑，项目预计总投资 90 亿元。中国雄安集团发布了《中国雄安集团运输车辆设备采购招标公告》，为项目采购运输车辆设备，正在启动建筑产业园及搅拌站的建设。

6. 相关市政配套建设

新区及周边交通网络，如京雄城际及站前配套商务区、京雄高速、荣乌高速新线、市政道路等工程，以及地下管廊、给排水系统、供热供电、网络通信等配套设施也将陆续展开。

（四）雄安新区建设银行业支持情况

截至 2017 年末，雄安新区各项存款余额 476.7 亿元，同比增长 16.7%，各项贷款余额 177.0 亿元，同比增长 2.1%。自雄安新区设立以来，各大银行纷纷表态将在雄安新区开设分支机构支持雄安新区建设发展。

1. 政策性银行支持雄安新区建设

作为政策性银行的三大主体，国家开发银行、中国进出口银行、中国农业发展银行均与河北省政府、雄安新区管委会签订合作协议，致力于绿色发展和绿色金融支持体系的建设，特别是绿色信贷。政策性金融机构在基础设施建设、骨干交通路网建设、棚户区改造、对外贸易投资、生态环境建设等方面为雄安新区提供金融支持，特别是信贷支持。其中，国家开发银行配合中国雄安集团完成 200 亿元永续债注册。

2. 四大国有商业银行设立分行

2018 年 3 月 2 日，工商银行、农业银行、中国银行、建设银行四大国有银行的雄安分行同时获批开业，将进一步提高新区金融服务层级，更好满足新区发展的金融需求。

3. 其他银行积极参与

目前，华夏银行安新支行和容城支行、河北银行安新支行、交通银行保定容城支行均已开业，将为雄安新区的经济建设以及绿色发展提供贷款等金融支持。中信银行、光大银行已经获得银保监会同意筹建雄安分行的备案回复通知书，成为首批获准在雄安新区筹建分行的两家股份制商业银行，不日将开业运营。兴业银行、招商银行等股份制银行以及北京银行、天津银行、沧州银行等京津冀城市商业银行也积极选址筹建服务雄安新区的分支机构。

初步统计，雄安新区目前有工、农、中、建、交、农发行、邮政储蓄银行、华夏银行、河北银行、保定银行、容城邢农商村镇银行、安新大商村镇银行、雄县丰源村镇银行、容城县农村信用合作联社、安新县农村信用联社、雄县农村信用合作联社 16 家银行机构。2017 年 4 月以来，雄安新区及周边县市重大交通基础设施贷款已达 40.8 亿元，生态环境保护项目贷款 15.1 亿元，产业转移项目贷款 36.6 亿元，其他重要项目贷款 43.7 亿元。

目前，雄安新区的银行业金融机构还远远不足以匹配新区绿色发展的需求，未来，必须引入更多银行在雄安设立分支机构，创新多元化金融产品，进一步支持雄安新区的投资建设和绿色发展。

（五）创新型金融产品

1. 保险资金

雄安新区绿色信贷发展离不开传统金融工具的业务融合与创新。为了进一步实现绿色发展，雄安新区应鼓励保险公司、保险资产管理公司与区内企业合作，以信贷与保险相互结合的方式，缓释绿色发展信贷支持中的信用风险。同时，雄安新区应充分发挥保险资金周期长的优势，采用保险债权投资计划、股权投资、保险资产管理计划等方式支持雄安新区诸多的基础设施建设或绿色发展的重点项目投融资及后续运营。

2. 资产证券化

资产证券化是缓释期限错配的重要金融工具。雄安新区在要一片空白的基础上发展起来并实现绿色发展的目标，在金融支持上面临的一个核心问题就是短期投资与长期回报的期限错配问题。雄安新区应该支持和鼓励金融机构、企业基于市场化规则，以证券化产品、夹层融资工具等形式进行融资，鼓励投资设立特殊目的载体（SPV），优选具有稳定现金流收益且能够产生生态效益的基础资产，如污水处理费、垃圾处理费、生物质能及风力发电电费收益权等进行资产证券化，以降低企业的融资成本，缓释项目建设的期限错配，进一步优化企业或项目主体的资本结构，实现长期可持续的绿色发展。

3. 绿色投资基金

成立投资基金是吸引长期战略投资者的重要融资方式之一。中国雄安集团拟牵头设立 100 亿元规模的白洋淀综合治理基金，由中国雄安集团、建筑类央企、生态治理公司等社会资本共同出资设立，用于白洋淀及周边区域的水域、土壤等环境修复治理，目前各方已初步完成投资意向，准备启动基金设立工作。

4. 专项绿色债券

目前，除传统信贷合作外，部分金融机构正在与中国雄安集团研究专项绿色债券业务，包括为集团发行与节能环保指标挂钩的专项绿色债券，专项用于节能减排、环境治理类项目的项目收益债等，创新金融产品，帮助雄安新区提升环保水平。

为了吸引社会资金参与，应鼓励对雄安新区绿色债券进行结构化设计，使得雄安新区绿色债券能够获得优先受偿权，即相当于资产证券化产品中的优先级，以降低银行发行绿色债券的成本，同时吸引外部投资者的参与。在明确绿色债券优先受偿权在提供低成本融资、解决融资期限错配方面的法律地位、市场功能等的基础上，以《绿色债券支持项目目录（2015年版）》中提出的六大类共 31 小类支持项目目录作为判断绿色项目的准入标准，以减少监管套利。

5. 引入国际资金

雄安新区可考虑引入国际资本，积极与世界银行、亚洲开发银行、美洲开发银行、亚洲基础设施投资银行、新开发银行等多边开发机构和其他外资机构合作，引导国际资金投资于雄安新区绿色项目。同时，支持参与雄安新区投资的金融机构和企业到境外发行绿色债券，支持参与雄安新区发展建设的境外金融机构在境内发行绿色债券。

五　雄安绿色信贷发展前景和建议

（一）绿色信贷前景广阔

《规划纲要》在深化财税金融改革方面，提出要立足本地实际，率先在相关领域开展服务实体经济的金融创新或金融试验试点示范工作。

雄安新区绿色信贷目前可遵循的政策仅有国家级相关政策。规划允许雄安新区在金融创新和试验试点方面率先开展相关工作。在政策上雄安新区有了先行先试的条件，为绿色信贷的创新提供了政策支持，雄安新区政府可以利用先行先试的政策优势，在绿色信贷创新上为绿色信贷发展提供政策支持。

《规划纲要》指出，雄安新区现有开发程度较低，具备高起点高标准开发建设的条件。规划要求坚持生态优先、绿色发展，秉承绿色发展和可持续发展理念，规划先行，合理确定新区建设规模，完善生态功能，统筹绿色廊道和景观建设。新区建设发展需要大量资金注入，根据《雄安新区绿色金融发展规划》的估计，资金需求高达万亿元，这为雄安新区绿色信贷的发展提供了良好的机遇，绿色信贷在雄安新区发展前景广阔。

（二）绿色信贷机制建设建议

雄安新区的绿色信贷机制建设还有很大发展空间，众多问题有待解决。我们提出以下与机制建设相关的建议。

1. 发展多样化的第三方咨询、评级和认证机构

专业化工商服务机构是绿色信贷和绿色金融发展的重要支撑，是金融体系的重要基础设施。雄安新区应鼓励第三方资产评估公司、咨询公司、会计

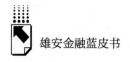

师事务所和律师事务所等相关机构在新区开展业务，加强投资人对绿色金融产品的认知，通过专业培训、能力建设和业务实践将各个专业机构的业务范畴拓展至绿色信贷、绿色债券、绿色保险、绿色产业自主知识产权抵押、碳金融、资产证券化等新型绿色金融工具领域。

2. 建立健全具有雄安新区特色的多重绿色评价体系

绿色信贷的是否成功以及是否可持续的关键是绿色信贷风险管控的有效性。构建多重绿色评价体系，重在"绿色"，重在对"绿色"的评判。金融机构应当构建包含绿色项目金融支持、绿色项目评估监督、绿色金融产品研发、绿色金融融资模式创新、连带责任发生情况等内容的区域性绿色金融评价体系。

3. 建立统一的雄安新区绿色信息共享机制

信息是现代金融发展的基础要件。雄安新区应致力于建立健全统一的绿色经济信息共享平台和绿色信贷服务信息平台，设立相应的信息管理部门对雄安新区绿色金融及相关风险要件进行信息管理和监督，并制定相应的绿色信息公开制度，明确绿色信息公开的内容、范围、频率、主体、上报单位等。同时，由金融监管部门制定金融机构和上市企业的绿色信息公开制度，对金融机构和上市企业的信息披露进行监督，尤其要强化作为绿色金融主体的绿色信贷的信息统计、分析及运用。

B.4
雄安新区金融监管体系建设

李明肖[*]

摘　要： 本文首先简要介绍了当前雄安新区金融监管体系的概况，随后结合实际监管工作以及监管数据，从雄安新区金融机构发展现状、金融监管工作开展情况两个方面，重点论述雄安新区金融行业发展现状。结合上述现状，针对监管内容升级快、监管对象复杂化、监管力量明显不足、监管协调亟待加强等雄安新区金融监管中存在的问题进行有针对性的分析。最后，本文对雄安新区金融监管体系建设发展提出了确立有效监管原则、探索多部门协同监管、加快监管科技应用、持续改善金融生态以及积极推进国际监管合作等政策建议。

关键词： 金融监管　风险管理　金融科技

　　规划建设雄安新区作为党和国家重大战略部署，是"千年大计、国家大事"。规划建设雄安新区对经济社会影响是巨大且长期的，带来的发展机遇必将跨越地域限制，覆盖各行业各领域各层面，发挥协同示范、引领未来的历史性作用。金融是现代经济的核心，是实体经济的"血液"，金融监管部门与金融机构积极服务配合雄安新区建设责无旁贷。同时，如何更好认识、借助并有效转化雄安新区设立带来的空前机遇，推动实现金融监管的创新式、跨越式发展，进而引领、推动雄安新区金融业符合新区"世界眼光、

---

　*　李明肖，经济学硕士，高级经济师，北京银保监局党委书记，主要研究方向为金融监管。

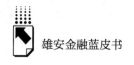
国际标准、中国特色、高点定位"的要求，确保新区金融业又好又快发展，是摆在我们面前现实且紧迫的任务与课题。

一 雄安新区金融监管体系概况

当前我国金融监管体系主要由中央金融监管部门及其派出机构与地方政府金融监管部门组成。

（一）中央金融监管体系

一直以来，中央金融监管部门是我国金融监管体系的主要组成部分，当前我国中央金融监管体系呈现"一行两会"格局。其中，中国人民银行主要负责拟定金融业改革和发展战略规划、参与起草有关金融法律和行政法规草案、货币政策制定、信贷服务、征信管理等工作；银保监会、证监会则主要负责维护银行业、保险业及证券业合法稳健运行，防范和化解金融风险，保护金融消费者合法权益等工作。目前，雄安新区中央金融监管职能由中国人民银行在三县的支行、银保监会在三县的监管组承担，证监会没有设置县级派出机构。

（二）地方金融监管体系

第五次全国金融工作会议指出，地方政府要在坚持金融管理主要是中央事权的前提下，按照中央统一规则，强化属地风险处置责任。因此，地方金融监管部门也将发挥愈发重要的作用。地方金融监督管理局（金融办）作为地方金融监管部门，主要负责拟定地方金融业发展规划和政策；协调、配合中央驻冀金融监管部门依法加强金融监管，整顿和规范金融市场秩序；负责地方金融监督管理工作，引导地方性金融机构改革创新与协调发展；负责小额贷款公司、融资性担保公司、民间金融组织等的监督管理；协调和推动企业改制上市以及上市后备资源培育等工作。目前，雄安新区三县均设有金融办，承担上述职能。

二 雄安新区金融行业发展及监管现状

（一）雄安新区金融机构发展现状

截至 2018 年 10 月末，雄安新区共有金融机构 38 家。其中政策性银行 1 家，商业银行（分行、支行）9 家，农联社 3 家，村镇银行 3 家；保险分支机构 14 家；证券分公司 2 家；私募基金管理公司 4 家；私募基金 2 支。此外，新区共有小额贷款公司 9 家，融资性担保公司 4 家，典当行 2 家。566 个行政村共设有 947 个助农服务点，基本金融服务实现全覆盖。① 以大型商业银行、股份制商业银行为代表，众多金融机构正加快智慧型新型网点的建设改造步伐，大力引入新理念、新科技、新业务，深度参与区块链、智慧雄安、生物科技等新区规划建设的创新或攻坚领域，已经取得了供应链融资、银企区块链直联、"移动互联 + 大数据 + 全线上 + 纯信用"小微贷新产品、新标准无障碍网点、"刷脸"取款消费、智能机器人等一批面向未来、推广价值较高的进展或成果。

1. 银行业资产规模增长较快

截至 2018 年 10 月末，新区银行业资产规模合计 574.19 亿元，比年初增长 18.48%，比上年同期增长 15.23%，高于全省银行业资产增速 8.91 个百分点；各项存款 538.16 亿元，比年初增长 14.32%，比上年同期增长 15.85%，高于全省存款增速 8.81 个百分点；各项贷款 235.14 亿元，比年初增长 32.76%，比上年同期增长 26.44%，高于全省贷款增速 17.84 个百分点；实现利润 3.63 亿元，同比下降 24.43%。

2. 银行业组织体系进一步丰富

目前，雄安新区共有银行业机构六类 16 家（农发行、工行、农行、中行、建行、交行、邮储银行、华夏银行、河北银行、保定银行、3 家农联

---

① 文中数据均来自银保监会监管信息系统及实地调研。

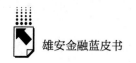
社、3家村镇银行），网点总数127个，从业人员约1700人。工、农、中、建、交5家大型商业银行雄安分行先后获得批准开业，丰富了雄安新区银行业组织体系和机构体系，同时，5家分行在雄安新区的授信政策、信贷规模、审批权限、人力资源等方面获得了上级行资源倾斜，进一步增强了支持新区建设发展的能力。

3. 雄安新区保险行业稳步发展

截至2018年10月末，中国人寿、平安人寿、太平洋人寿、泰康人寿等多家国内寿险公司在雄安三县设有分支机构。寿险保费收入方面，2018年1～10月，雄县、容城、安新三县寿险保费收入分别为33529.55万元、11714.83万元、16447.78万元。财险机构在雄县分布最多，保费收入三县较为平均。截至2018年10月末，人民财险、平安财险、中华联合财险等保险机构在三县设有分支机构。2018年1～10月，雄县、容城、安新三县财险保费收入分别为11181.98万元、10696.37万元、9902.24万元。

4. 服务雄安新区建设力度不断加大

雄安新区银行业机构以丰富金融体系为依托，以提高基础金融服务质效为抓手，着力在投放中长期信贷、创新投融资模式、引导社会资金参与等方面加大力度。其中，国家开发银行、中国进出口银行先后与河北省、雄安新区管委会签署合作协议，在雄安新区的基础设施建设、骨干交通路网建设、棚户区改造、对外贸易投资、生态环境建设等方面将给予包括信贷在内的多元化金融支持。工商银行总行授予工商银行河北省分行20亿元融资审批权限，截至2018年9月累计投放14.21亿元；农业银行提供千亿元级产业发展基金，全力服务新区基础设施建设、对外交通建设和高端产业；中国银行支持新区5个重点交通项目，给予授信额度217亿元。此外，农业银行、华夏银行先后在雄安新区试点了"刷脸取款"ATM机、"智慧银行"等一系列高科技、智能化金融机具，积极参与"数字雄安"建设。

（二）雄安新区金融监管工作开展情况

1. 银保监会积极支持

银保监会按照党中央、国务院的部署，积极支持雄安新区规划建设，鼓励引导金融机构总部迁址雄安，引导支持民营资本在雄安设立金融机构，引导新设全国性股份制商业银行，投贷联动试点机构在新区设立投资子公司，合资合作机构取消股比限制，加强与境外合作，将雄安新区列入绿色金融政策创新试验区，拟将自贸区金融政策适用于雄安新区。

2. 积极引导服务新区建设需求

原河北银监局组织召开银行业支持服务雄安新区建设座谈会，与雄安新区管委会、河北省金融办、相关银行业机构一同谋划支持雄安新区建设措施，研究探讨合理化建议，为新区发展提供融智支持。引导银行业科学有序布局，进一步完善金融服务体系。引导银行业机构践行"创新"理念，针对新区部分企业特殊时期金融需求、将来安置区内的金融服务模式等问题，大胆探索创新，做好产品、服务研发，切实提升金融服务质效。督促银行业机构强化同业协调合作，运用银团贷款等方式形成服务合力，纠正盲目抢项目、压价格等非理性行为，有效遏制无序竞争苗头，形成既竞争又合作、互利共赢、良性发展的金融服务格局。

3. 监管工作机制不断改进

原河北银监局加强雄安新区经济金融、银行业信息采集和报送工作。建立雄安新区经济金融及银行业运行情况报送制度，共包括52个统计项目和917个具体数据，强化数据成果运用，打造上报反馈、交流共享、调研分析、建言献策的可靠抓手和信息平台。开展雄安新区银行业信贷资产状况专项排查，对新区信贷资产的业务结构、风险状况和发展趋势进行全面摸底，为做好新区银行业风险防控工作奠定了坚实基础。做好法人机构监管。通过监管会谈、任前谈话等监管手段，持续督促新区中小法人银行业机构严守市场定位，发挥特色优势，进一步做好新区"三农"、小微企业等领域的金融服务。

4. 着力构建稳定良好的金融生态

切实履行属地监管职责，督促新区机构把合规经营、防范风险、坚守底线放在第一位，坚决贯彻落实政府出台的各项严管严控政策。针对补偿款发放后新区居民资产运用管理问题，积极开展金融知识宣传教育，提高新区居民金融风险防范意识。针对个别银行发放雄安新区建设贷款利率不能覆盖综合成本的问题，印发风险提示，督促其按照保本微利和可持续发展原则科学合理定价，努力构建健康有序的市场环境。

三 雄安新区金融监管体系现存的问题

早在雄安新区设立之初，党和国家就为新区建设与发展定下基调，特别是习近平总书记关于雄安"四区"建设目标和"七项"任务的重要论述，为包括金融在内的各个领域、各类主体的发展指明了方向和道路。《河北雄安新区规划纲要》明确把发展"现代金融"纳入雄安现代产业体系，并细化明确了在金融体系建设、金融业务创新、实现国际接轨、推广金融科技等方面的具体部署和要求，还在"创新体制机制与政策""营造承接环境""改革创新住房制度"等总揽性或融合性领域，为未来金融市场和业务的发展指引了方向，创造了空间，提供了保障。

随着雄安新区相关建设的推进以及各种配套政策的落地，预计多元化的投资主体将踊跃参与雄安新区建设。金融资金特别是政策引导下的银行资金将主要投向大型公共基础设施方面，如道路交通、城市管廊、生态绿化、各类科技或产业园区等，这些项目具有资金需求金额大、项目建设周期长等特点。银团贷款、PPP模式、政银担合作等将得到广泛运用。而雄安新区原有金融监管组织架构、金融监管技术、金融监管人才等都无法与可以预见到的迅猛增长的金融发展水平相匹配。

（一）监管内容升级快，金融业务潜藏新型风险

现阶段雄安新区银行业正在经历由传统业务主导向创新业务驱动转型升

级，智慧化金融、互联网化金融是其发展的方向。

1. 技术发展应用尚不成熟

在金融领域"智慧化"的过程中，存在硬件平台不完善、数据共享不充分、技术规范不明确、对金融信息的后续加工和增值服务欠缺等问题，由此产生网络安全和数据安全风险，可能给金融活动带来一定的负面效应，比如区块链在和数字货币一起发展过程中还有提升空间，AI 技术对数据信息输入过度依赖，生物识别技术没有统一的技术标准和安全规范等。

2. 金融风险隐蔽性更强

智慧金融、互联网金融等创新业态的本质仍然是金融，但是，此类创新具有电子化、虚拟化和互联网化等秉性，不断拓展金融业务范畴、风险管理和资金融通的内涵和外延，同时使得金融风险传播更加迅速且复杂。多种业务的关联、渗透，使各类风险相互联结，更具隐蔽性。资金在跨市场、跨机构、跨地域之间的流动，产生期限错配、流动性转换、信用转换以及杠杆层层叠加等潜在风险，甚至引发系统性风险。

3. 法律合规风险更加突出

由于智慧金融领域的法律制度和体系框架尚不完善，运行的规则和所承担的法律责任尚不清晰，其发展中潜藏法律合规风险，可能影响金融秩序、威胁金融安全。

（二）监管对象复杂化，金融机构跨行业经营

随着金融创新的蓬勃发展，除了传统的金融市场参与者外，一大批互联网科技公司纷纷进军金融领域，成为金融行业的引领者。这一方面催生了用户层面的大量创新与应用，另一方面也带来了金融监管对象的多元性与复杂性，由此导致流动性风险、信用风险等各类风险更加错综复杂。

1. 互联网科技公司与金融机构开展深度合作

传统金融机构与新兴科技公司的合作融合成为一种趋势。中国建设银行与阿里巴巴、工商银行与京东、农业银行与百度、中国银行与腾讯等分别达成全面合作协议。工商银行与北京眼神科技有限公司联合开发了"刷脸购"

微信小程序，已于 2018 年 8 月在雄安市民服务中心正式投入运营。据了解，该行已与京东金融旗下雄安海宜同展信息科技有限公司签署《支持雄安新区建设战略合作协议》。双方合作将涉及贷款、国际业务、资产托管、投资银行、租赁等金融产品服务。"跨界合作"无疑对金融监管部门的监管能力与监管制度提出了更高的要求和新的挑战。

2. 互联网科技公司直接从事金融业

除蚂蚁金服发起设立网商银行、腾讯发起设立微众银行外，越来越多的互联网公司或科技公司通过电商平台、即时通信、网络搜索以及长期的全局性或针对性场景服务，积累了大量的客户资源、数据信息和流量入口，并通过大数据、云计算、人工智能、区块链等新兴技术，形成相对独立且自我循环的商业生态以及非持牌的各类金融业务，为实体经济和金融消费者提供不受时间与地域限制的金融产品与服务，大大拓展了金融服务的业务范畴和时空范畴。除了持牌金融机构外，腾讯、蚂蚁金服、京东金融、360、东华软件、达实智能等网络科技公司均已入驻雄安。这些公司未来的监管定位该如何界定，金融监管部门如何应对其可能引发的风险，尚未明确。

（三）监管力量明显不足，金融监管滞后于创新

截至 2018 年 10 月末，人民银行、银保监会在新区三县分别设有 3 家县支行和 3 家办事处，职工人数分别为 82 人和 12 人。三县的金融办挂靠在县政府，一般由县政府办公室副主任兼任金融办主任一职，不配置专职工作人员。与此对应的是，近年来无论是新区金融机构数量还是业务种类规模都发生了质的变化，特别是在雄安新区金融业务创新式、跨越式发展的背景下，金融服务由线下为主转变为"线上 + 线下"立体、多元、复杂的网络生态，并逐步呈现网络化、数据化、智能化的特点，监管对象变得复杂多样，与基层监管力量薄弱、监管能力滞后的矛盾日益突出。此外，基层监管部门还承担了地方党委、政府分配的支持经济发展、维护社会稳定等诸多工作。如银保监会在三县的办事处作为县处非办成员单位、维稳成员单位、消费委成员单位、扫黑除恶成员单位、扶贫脱贫工作成员单位等，承

担了多重地方政府分配的责任和任务，分散了有限的精力，主责主业受到一定程度的影响。

（四）监管协调亟待加强，金融服务流程不畅

中国金融监管体系整体存在较为明显的金融监管协调难题，这在地方金融监管表现更为突出。目前，中央金融监管机构（"一行两会"及其派出机构）与地方金融监管部门（地方金融监督管理局）政策统筹、上下配合、协调联动的体制机制存在诸多制约，上下监管协调机制以及监管资源调配不畅，上下之间以及不同部门之间信息统计、传递和共享存在诸多"部门之争"，甚至可能由于信息不对称或信息交互不及时、不全面、不统一出现了监管决策失误或监管行为失当、多头监管、监管空白等情况，对于防范地方金融风险和维护地方金融稳定带来了数据、信息和协调等难题。同时，雄安新区出台的有关政策或采取的管控措施，对金融业务产生影响，加大了金融监管的难度。如雄安新区设立之初，新区规划主要涉及的雄县、容城、安新三县在土地、房产、工商等部门或系统均采取了一定的管控措施或特殊安排，造成土地、房产的抵质押登记暂不能正常办理，部分企业申请银行贷款时无法出具完整、合规的抵质押手续，使得信贷审批程序中止。部分企业的存量贷款不能办理展期，出现逾期甚至直接劣变为"不良"；部分企业不能及时获得续贷，生产经营受阻、效益下滑，面临资金链断裂风险，还款意愿和能力均有所下降。同时，因部分抵质押物暂时难以实现登记变更，银行对信用违约企业的抵质押物处置变现也存在困难，扩大了风险敞口。

四 雄安新区金融监管体系构建建议与趋势展望

（一）确立有效监管原则

在 2008 年金融危机后，世界各国都在探索完善金融监管框架，以应对金融业混业发展、科技与金融加速融合等金融发展特点带来的新问题，从而

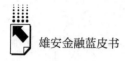

提高金融监管效率，防范系统性金融风险。结合国内外金融监管创新发展趋势，雄安新区金融监管体系构建应该遵循以下原则。

1. 事权划分原则

坚持金融管理的中央事权，强化属地管理的风险处置责任，建立中央集中监管和地方属地监管的分层监管体制，构建垂直监管与属地监管两条监管线路。中央集中监管负责全国金融管理制度及组织框架设置等顶层设计，并监管落实，避免地方发展的短期冲动性；地方属地监管负责在金融管理框架下，结合地方金融发展特点，深化地方金融机构日常监管，做好地方金融风险防范并促进地方金融稳定发展。

2. 风险导向原则

金融安全是国家安全的重要内容。金融监管应以风险为导向，强化风险防控，杜绝重发展轻监管。针对新区在绿色金融创新、科技金融创新、金融国际化创新、金融科技创新四个方面的金融发展特色，新区金融监管部门应对潜在的金融风险进行充分的识别与评价，制定相应的风险监管与防控机制，保证在有效防控系统性风险的基础上，推动金融发展与金融监管的良性互动。

3. 功能监管原则

金融与科技的融合进一步推动了金融服务的多元化与复杂性。金融监管应秉持实质重于形式原则加强功能监管，以金融业务的本质整合现有金融监管资源，划定监管界限，明确新区内各金融监管部门职责，加强沟通与协调，保证监管的严肃性、权威性和一贯性，避免监管空白或多头监管等问题，实现各监管部门紧紧围绕防控金融风险、服务实体经济、深化金融改革三项任务，创新和完善金融监管与调控。

4. 综合监管原则

政府监管能够提高监管的权威性、深度及广度，保证监管的一致性和监管执行的公平性，实现市场的稳定运行，有利于保护投资者利益，但不可避免地具有监管滞后、适度性不足、引发道德风险等问题。因此，应该坚持政府监管与自律监管相结合的原则，鼓励市场建立自律组织，协助政府进行市场监管，提高市场积极性和灵活性。

5. 科学监管原则

在监管手段上，新区金融监管应充分综合运用法律手段、经济手段、行政手段，将日常监管与重点监管相结合，事前引导与事后监察相结合。对于金融创新的监管，尤其是对互联网金融、智慧金融等金融新业态的监管，尝试"监管沙盒"模式，引入大数据、云计算、分布式记账等金融科技手段，实现有效监管，确保金融监管科学有效。

（二）探索多部门协同监管

1. 加强顶层设计，做好金融发展规划

一是建立雄安新区金融监管协调机制。统筹传统的垂直监管与地方金融监管两大体系，协调做好新区金融发展规划，推动不同监管部门间互通金融监管情报与信息，跟踪金融市场发展，分析和研判新区内系统性金融风险状况，协调一致采取调控手段和监管措施。

二是建立协同的中央垂直监管体系。雄安新区设立以来，人民银行、银保监会在雄安三县的监管机构分散办公，监管效能难以跟上雄安新区未来金融业的发展步伐和服务国家重大战略实施的需要。因此，应设立垂直监管体系，在统一的金融管理框架下，结合地方金融发展特点，做好新区金融风险防范，强化属地管理。雄安新区应该构建与"一行两会"相对应的监管体系，可以成立人民银行、银保监会、证监会在雄安新区的较高级别的派出机构，根据人民银行、银保监会、证监会授权在雄安新区全面履行相应监管职责。

三是设立雄安新区地方金融监督管理局。网络借贷平台、小额贷款公司、融资担保公司、融资租赁公司、商业保理公司以及典当公司等金融机构或具有金融属性的公司，是地方金融体系的重要组成部分，也是金融创新的重要力量，对于地方中小微企业的融资发展具有支撑作用。此类金融机构或具有金融属性的公司规模小、门类多、企业数量庞大，近年来发展迅猛，对活跃经济生活、支持国民经济发展起到了一定作用，同时也暴露出巨大的风

险。因此，应建立雄安新区地方金融监督管理局，承担对雄安新区小额贷款公司、融资担保公司、区域性股权市场、典当行、融资租赁公司、商业保理公司、地方资产管理公司及雄安新区内的投资公司、农民专业合作社、社会众筹机构、地方各类交易所等机构的具体监管和风险处置，强化地方金融监管的属地责任。

四是推动行业自律组织发展。除了传统的银行业协会、保险业协会、证券业协会、基金业协会等自律组织外，还要建立地方新型金融机构协会。它们作为自律组织服从中央垂直监管部门及地方金融监督管理局的指导，为政府和会员服务。制定协会发展章程，规范会员行为，维护市场公平竞争；提供人才培训等服务；参与法规建设，促进地方新型金融机构的健康发展。

五是发展规划应着眼长远，分段布局，满足雄安新区发展不同阶段的金融要求。在雄安新区建设初期，金融功能定位应该具有政策性、基础性和扶持性特征，发挥政府指导功能，促进金融机构"主动"作为，对接新区建设需求和各项金融需求。积极实施差别化和动态化的金融政策，设立雄安新区金融创新"先行先试"试点，加大金融基础设施建设，优化金融发展环境，提升新区内金融资源集聚程度，发挥金融的示范带动作用。在雄安新区发展阶段，金融功能定位应该逐步"适应"功能完善、生态绿色、组团式发展格局的新要求，以市场规律作为发展准绳，着力于构建自身可持续发展的金融体系和风险管控有效的金融监管体系，提升金融资源的市场化配置程度、金融对外开放程度和服务实体经济的能力。雄安新区应基于党中央对其功能定位，大力进行金融创新，提升金融产品和服务的创新性和高端化水平，积极满足高端产业发展和转型升级需要，利用雄安新区金融和资本市场对外开放的体制机制优势，重点打造金融和实体经济融合发展、多层次资本市场和制造业融合发展、金融支持创新链和产业链对接新模式，构建符合京津冀产业体系特征和经济发展内在要求的金融和创新融合发展的"雄安模式"。

2. 优化当前金融监管架构，完善金融监管协调机制

一是扩大当前宏观审慎监管范围，积极完善金融监管的协调机制。首

先，应将保险、投行和金融科技公司等纳入宏观审慎监管范围。透过宏观审慎监管，针对金融系统的顺周期性进行相应调整，构建全面灵活的系统性金融风险监测评估框架。其次，应当借助宏观审慎工具，针对金融机构的资本金、准备金、流动性等提出具体要求。再次，重视对宏观经济相关指标的监测，尤其应密切关注系统性金融风险潜伏的重灾区。在风险评估方法方面，要积极探索合理的计量模型量化分析方法，建立科学、可量化的风险度量指标。最后，要积极探索建立符合国际规则的金融监管框架，实现雄安新区所有金融活动监管全覆盖，牢牢守住不发生系统性金融风险的底线。

二是统一制定金融产品监管标准，建立信息共享平台。分业监管模式不仅无法有效解决货币政策与金融监管的冲突，而且在识别风险、应对危机等方面存在较大弊端，加大了金融监管的困难，提高了监管成本。因此，在分业监管的制度下，应避免资产管理利用跨监管层层嵌套，对金融产品采用穿透式监管，厘清业务边界，打破行业束缚，制定对金融产品的统一要求，提高监管信息的透明度，防止风险错配。此外，在当今互联网金融发展浪潮下，应确保智慧金融的各参与方均被纳入宏观审慎监管体系。相关部门要以大数据和网络技术为支撑，建立高效、共享、安全的监管信息平台和金融监管联动模式，实现金融业内部监管的信息共享。尤其要防范互联网金融行业风险向传统金融行业传递的可能性，一旦某一行业出现危机，应及时隔离风险源，切断风险传染渠道，有效控制金融风险。

三是着力完善风险监测预警机制，重点关注非持牌金融机构运行情况。浙江省金融风险"天罗地网"监测防控系统已于 2018 年 7 月上线，可用于监测各类无牌无照但实际从事金融活动的市场主体。该系统集互联网大数据、基层网格化排查及相关管理部门等信息渠道为一体，可实现对金融机构和金融业务的全面、动态、及时监控，并可以有效厘清风险处置责任并快速进行结果反馈，具有金融风险早期的跟踪、预警及初步处置功能。雄安新区可参考该经验做法，加强金融监管、公安、工商、政法、数据中心等部门的协同合作，共同搭建风险防控系统，重点监测非持牌但实际从事金融活动的机构，打造金融风险排查与日常监管相结合的监管体系。

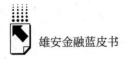

3. 注重功能监管，顺应混业经营的趋势

由于金融业务涉及领域多元，业务界限模糊，很容易出现监管漏洞或者重复监管，因而当前在分业监管的模式下注重功能监管、综合监管，是克服监管错配的有效方法，从长远来看，应该逐渐改革监管模式，顺应混业经营的趋势。事实上，从功能划分的角度来看，监管对象由特定类型的金融机构转变为特定功能类型的金融服务，所对应的监管主体可以有效地解决混业经营现状下产生的监管归属问题。因此，金融产品与服务的创新能够纳入新模式的监管体系，从而有效地解决监管漏洞或者重复监管的问题。此外，金融与科技的融合进一步推动了金融服务的多元化与复杂性，金融监管应以金融业务的本质整合现有监管资源，划定监管界限，秉持实质重于形式原则，强化功能监管，明确新区内各金融监管部门职责，加强沟通与协调，保证监管的权威性和一致性。

（三）加快监管科技应用

1. 着重构建穿透式监管体系

所谓穿透式监管，就是对金融业务和行为追根溯源，穿透金融产品的表面形态，把从最初的资金来源到中间的各个环节，与最终资金投向连接起来。根据金融业务和行为的实质明确其所受监管依据的法律法规。通过这种监管可以消除监管套利与监管真空，提高防范和化解金融风险的能力，也能防止创新与监管业务结构错配、周期性错配、监管制度对微观金融机构风险承担激励的扭曲效应。为了更好地实现穿透式监管，雄安新区可以着重采取以下措施：一是设立资产管理产品的统计与监测框架。吸取国际监管穿透经验，制定统一的统计、产品、代码和信息分类等标准。对每个产品进行登记，登记内容包括基本信息、募集信息、资产负债信息和终止信息，从而可实现逐层识别的目的。二是构建资产管理产品的信息登记系统。收集每个金融机构的资产管理产品的交易数据，从而实现产品和资金全流程监控。三是明确每个监管主体、监管部门在穿透式监管中的分工职责，建立完善的问责机制，将微观与宏观审慎监管相结合，尽量消除监管漏洞和监管套利的可能性。四是明确资产管理产品的资金来源和最终去向，提高信息披露的质量和市场透明度。从而降低甚至消除不正当交易、内幕交易、操纵市场等行为的可能性。五是提高对第三方服务供应商的监管力度。很多金融机构的重要信息技术系统外包给第三方服务供应商，例如云计算、数据服务等，但是相关操作和业务的风险仍由原金融机构承担。因此金融机构应该加强对第三方服务供应商的有效监管，要求其建立相应的风险控制机制、完善内部风险控制系统，对第三方进行持续监控，并确保对外包服务的控制与机构内部运行的监管标准保持一致。

2. 加快金融科技在金融监管中的应用

一是运用大数据技术对雄安新区金融机构进行综合的、全面的数据采集。在构建雄安新区资源配置新模式的过程中，一个核心机制是数据信息的采集、存储和分析需要跟上信息时代的内在要求。目前不管是国内还是全球的数据都呈现几何级数的增长，数量巨大、来源分散、格式多样的数据需要大数据、云计算等新兴技术来处理，这不仅使得金融体系的数据信息系统更加复杂，而且使得金融监管机构面临重大的信息数据处理挑战。雄安新区应立足长远，立足基础，通过建立健全统一、全面、综合的信息采集系统，将分散在不同地方的数据进行有效的收集和整合，把隐藏在数据中的有用信息提炼出来，结合各个行业的知识，用获取的信息服务于决策过程，提升决策效率和决策的正确性，为金融监管提供信息基础。通过对雄安新区金融机构进行综合、全面的数据采集，将原有分散的地方金融监管数据整合，使各职能机构、监管机构等能实时查看所需要的信息，实现信息的协同和对称。二是运用大数据技术中的数据分析和数据挖掘技术对雄安新区金融机构、金融市场和金融体系的金融行为信息进行分析与监管，实时、全方位地对存疑数据或金融行为进行筛查、甄别、预警。将大量检查工作由事中移向事前，由现场转为非现场，由抽查转向全面筛查。三是利用区块链技术积极探索互联网金融风险防控的有效做法。以区块链为底层技术，基于分布式存储、加密计算、交叉比对验证等技术特点，构建网络借贷信息中介机构业务监管系统。在实现有效监管的同时，向网贷平台提供黑名单共享、业务数据修改留痕、引入银行和行业协会等相关方共建等增值服务，有效降低金融风险和风险交叉传导，同时降低金融监管成本，提高监管效率。四是构建数字金融、数字社会的顶层设计框架，建设智慧监管系统，以更加积极主动的姿态应对新金融、新技术、新业态给金融监管和社会管理带来的挑战。监管部门可探索与金融科技公司的合作，搭建金融风险监测防控系统，嵌入报表集成、风险监测、风险识别、预警核查、应急处置、监督考核、辅助决策等功能，整合线上线下金融风险管理资源，实现对金融风险的全天候、全流程、全覆盖监控。

3. 探索发展中国式监管沙盒

监管沙盒可以在监管主体可掌控范围内，在虚拟或者真实市场环境中，对新的金融产品和服务进行测试，既能鼓励金融创新，又能对金融风险进行有效控制，这正与雄安新区当前的监管需要相吻合。英国、新加坡等国家针对智慧金融的发展开展了前瞻性研究，采用了监管沙盒、创新中心等新的监管模式。以英国为例，该国建立了一个不受外界环境干扰的金融实验室（即监管沙盒），对各类金融创新行为、产品等进行试验，对暴露出的问题制定应对方案。监管部门负责对金融创新产品、模式进行风险监测、评估及最终发布，同时视情况完善监管规则。雄安新区可借鉴此种模式，借鉴国际和国内经验，在法律框架下试点金融监管沙盒，制定详细流程，确保监管过程全面、标准、安全与透明，并促进金融科技企业向雄安新区集聚，打造国际金融科技中心。在此模式下，金融科技企业可以在真实场景中测试其创新方案，不用担心创新与监管发生矛盾时，遭遇监管障碍。同时，监管部门在利用监管沙盒为智慧金融创新提供便利的同时，也增强了对金融科技的认知和对金融创新的适应性，从而提高其在金融科技发展过程中的风险甄别和防范速度，弥补现有监管机制的不足，提高金融监管的有效性。此外，在金融创新的测试过程中应嵌入监管者的审核、监督、评估以及对消费者权益保护的要求，重点保护涉及的消费者的合法权益，确保消费者的个人信息安全通过监管沙盒测试，进而有效地控制潜在风险的扩散。

（四）持续改善金融生态

1. 推动金融机构改善经营方式，加强系统互通性

一是积极促进金融机构摒弃粗放式的抢市场、拼规模的传统模式，实施专业化、精细化和差异性经营策略。要按照创新、协调、绿色、开放、共享的新发展理念构建金融组织框架，完善金融业务流程，开展全面人才培训，完善金融企业资源计划，大力推进金融创新，丰富金融产品及服务方式，保障新区在起步阶段就与金融业新发展理念高度契合，全面融入新区规划建设一盘棋。二是通过统一行业标准及监管标准，提高当前所有市场参与者不同系统之间的兼容性，以降低合规成本，最大限度减少其对市场的潜在干扰。有了标准化的数据和统一的定义，市场参与者之间能够更好地共享信息，监管机构也能够提高工作效率。具体来说，一方面，制定实施细则与试点性立法，做到制度先行，为新科技、创新业务的应用提供法律保障，规范智慧金融有序发展。另一方面，探索在雄安新区实施简政放权、放管结合、优化服务的新模式，探索实施更加开放的负面清单管理模式，更好地激发市场创新活力，促进地方金融健康发展。

2. 建立长期稳定的建设资金筹措机制

多渠道筹措资金，加大对雄安新区直接融资支持力度。在保持政府债务风险总体可控、坚决遏制地方政府隐性债务增量的前提下，加大对地方政府债券发行的支持力度，单独核定雄安新区债券额度，支持发行 10 年期及以上的雄安新区建设一般债和专项债。依法合规创新企业债券品种，探索设立北京非首都功能疏解专项债券，支持雄安新区企业和金融机构利用境内境外两个市场发行人民币债券、外币债券。鼓励开发性和政策性金融机构依法合规创新业务模式，有效利用各类资金加大对雄安新区支持力度。支持中国雄安集团有限公司提高市场化融资能力，规范运用社会化、市场化方式筹资。严禁金融机构违规向雄安新区提供融资。优先支持符合条件的雄安新区企业挂牌上市、并购重组、股权转让、债券发行、资产证券化，对高新技术企业申请首次公开发行股票实行"即报即审、审过即

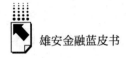

发"。支持在雄安新区探索推广知识产权证券化等新型金融产品。鼓励保险公司根据需要创新开发保险产品，进一步优化京津冀地区保险公司跨区域经营备案管理工作。

3. 有序推动金融资源集聚

支持一批符合雄安新区功能定位的在京国有金融企业总部及分支机构向雄安新区疏解，吸引在京民营金融企业到雄安新区发展。支持设立雄安银行，加大对雄安新区重大工程项目和疏解到雄安新区的企业单位的支持力度。根据雄安新区发展需要，支持适时组建各类法人金融机构，放开对民营资本的准入限制。研究建立金融资产交易平台等金融基础设施，筹建雄安股权交易所，逐步培育成为全国性股权交易中心，支持股权众筹融资等创新业务先行先试。鼓励银行业金融机构加强与外部投资机构合作，在雄安新区开展相关业务。

4. 建立金融科技创新与监管的对话机制

雄安新区可借鉴上海推行金融法制联席会议机制的做法，建立金融科技创新与监管的信息沟通与对话机制。在监管部门协调机制的基础上，吸收业界与学界专业人士，建立金融机构、金融科技业参与者和监管者之间的对话机制，为金融业发展创造更好的发展环境。有序推进金融科技领域前沿性研究成果在雄安新区率先落地，建设高标准、高技术含量的雄安金融科技中心。同时，监管部门可以定期与金融机构、相关科技公司开展跨部门对话，以便更清楚地了解行业内新产品、新技术的开发进展与发展趋势，早期鉴别风险、防患于未然。

5. 重视金融监管队伍建设

一方面，建设与金融创新要求相匹配的监管培训体系。支持在雄安新区建立金融市场方面的专业培训机构或院所，培育高素质金融人才。模仿智慧金融运行环境，设置特色主题试验，深入金融科技公司进行新业务的学习和调研，顺应智慧金融市场技术创新的趋势。另一方面，引进科技类专业人才，重点培养掌握金融实务与信息技术的复合型监管人才。在人工智能、大数据、云计算、物联网、区块链和分布式记账等新一代技术的日趋成熟下，金融监管人员应注重提升信息思维能力和解决金融业务实际问题能力，对新业务中涌现出的新风险类型进行研究和应对。

6. 加强网络安全监管

雄安新区金融监管应当提高法律监管程度，各金融机构特别是金融科技公司应建立严格的用户信息保密制度和"防火墙"，严厉打击将个人金融保密信息出售或者非法提供给第三方的行为，防范外部黑客非法入侵盗取信息行为。未尽到保护义务或者有违法行为的，监管部门应按情节严重程度责成相应公司停业整顿甚至吊销公司营业执照，并对遭受经济损失的用户给予一定的经济补偿。利用科技手段建立防护措施，例如指纹识别、人脸识别技术等，同时进行积极宣传，努力提高金融消费者的自我防范意识，保证个人隐私不被泄露。

7. 完善金融机构市场退出机制

在当前我国分业监管模式下，金融机构的市场退出机制仍欠规范，为此，雄安新区应加快推动构建金融机构的市场退出机制，不断丰富监管机构防范风险的工具、手段和技术，在监管过程中，明确和完善监管责任的追究制度，健全投资者保护制度，建立科学的风险分担和损失补偿机制。此外，还应重视加强对消费者权益的保护，为推动新区乃至全国金融市场的公平竞争提供相应的制度条件。

（五）积极推进国际监管合作

随着互联网等技术的应用，越来越多的金融机构开始开展跨国业务。例如，蚂蚁金服已在美国、新加坡、韩国、英国、卢森堡和澳大利亚六个国家设立了分支机构，据该公司统计，30%的用户来自海外。金融机构日益国际化，金融服务全球化趋势已成必然，但各国监管合作仍未有较大提升，极易产生跨国监管套利现象。解决跨境问题显得越来越重要。一方面，雄安新区金融监管部门应加大对新区法人金融机构境外分支机构的监管强度；另一方面，也应积极促进国际监管合作，推动建立全面的跨境监管合作计划，以顺利推进信息共享、跨境审查、处置协调等工作。

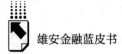

　　此外，可以借鉴国际反洗钱组织的方法，积极推动建立国际金融科技监管组织，以雄安新区为中心加强国际监管交流合作。同时努力促进与其他国家金融监管主体建立信息互通与合作机制，及时有效地互相披露对方需要的有关信息，必要时提供一定的司法援助，以此减少信息流动障碍和跨国审查障碍导致的监管漏洞。

B.5
雄安新区多层次资本市场体系建设

黄福宁*

摘　要： 将雄安新区建设成为高质量发展的样板，需要重视发挥资本市场在市场化资源配置、企业家队伍培育及创新动力形成等方面的作用。在对雄安新区推进多层次资本市场体系建设过程中面临的生态环境、近期工作成效和存在的问题进行分析的基础上，本文提出了做好"四篇文章"的政策建议，即以筹建面向世界的国际化证券交易所为"牛鼻子"工程的多层次资本市场平台体系建设、以基础性关键性制度为核心抓手的政策体系建设、以企业家吸引集聚为关键切入点的创新型企业集群建设、以推进企业上市挂牌为引领手段的上市/挂牌工作机制建设。

关键词： 资本市场　高质量发展　国际化交易所

中央对《河北雄安新区规划纲要》的批复及《规划纲要》均强调，雄安新区要创造"雄安质量"并"成为新时代推动高质量发展的全国样板"。这是对习近平总书记关于雄安新区规划建设要突出七个方面重点任务、坚持"世界眼光、国际标准、中国特色、高点定位"的理念等系列指示的科学总

---

* 黄福宁，管理学博士、应用经济学博士后，高级经济师，全国股转公司信息统计部副总监、第二届全国金融系统青年联合会委员，主要研究方向为资本市场理论、创新理论。
本文仅代表作者个人观点，与所供职单位无关。感谢崔晓杨博士协助审校。文责自负。

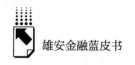
结和推进落实。本文认为，实现雄安新区高质量发展，需要重视资本市场体系的建设完善和科学运用。

一　推进雄安新区高质量发展需重视资本市场体系建设

（一）高质量发展内涵与实现高质量发展的工作着力点

1. 高质量发展的提出及主要演进

"高质量发展"概念，首次见之于十九大报告，报告做出了"我国经济已由高速增长阶段转向高质量发展阶段"的重要判断，并指出"必须坚持质量第一、效益优先，以供给侧结构性改革为主线，推动经济发展质量变革、效率变革、动力变革，提高全要素生产率"。2017年底召开的中央经济工作会议强调，经济从高速增长转向高质量发展阶段是我国经济发展进入新时代的基本特征，提出了推动高质量发展是适应时代变化的"三个必然要求"，并明确了需要推进的几项基础性工作，即"必须加快形成推动高质量发展的指标体系、政策体系、标准体系、统计体系、绩效评价、政绩考核，创建和完善制度环境"。2018年政府工作报告围绕推动高质量发展问题，将现阶段工作的着力点放在解决发展的不平衡不充分问题上，提出要在尊重经济规律、稳增长与质量效益提升互促共进等的基础上，"坚持质量第一、效益优先，促进经济结构优化升级"。

2. 对高质量发展内涵的几个代表性阐释

高质量发展的内涵丰富，已有诸多专家学者做了深刻解读，有代表性的如国务院发展研究中心主任、党组副书记李伟，将高质量发展分解为高质量的供给、高质量的需求、高质量的配置、高质量的投入产出、高质量的收入分配和高质量的经济循环六个方面；① 中原银行首席经济学家王军从高质量

---

① 李伟：《高质量发展有六大内涵》，《人民日报·海外版》2018年1月22日第3版。

发展的前提和基础、实现手段、动力支撑、金融环境等角度，指出高质量发展需要有持续健康的经济发展、持续明显改善的社会民生、不断拓展和深化的供给侧结构性改革等；① 国务院发展研究中心研究员段炳德认为，高质量发展在宏观上要有可持续的增长动力、更加平衡的经济结构，微观上要有更可靠的产品质量、更温馨的服务水平，同时在金融环境稳定性、自然环境和收入分配环境上有所提升，并特别指出高质量发展需要加大创新投入、产权保护的力度，充分发挥企业市场主体作用，激励企业家精神。②

3. 推进高质量发展需要着力做好的三项基础性工作

结合十九大报告提出的"质量变革、效率变革、动力变革"三大目标，以及前述专家学者对高质量发展内涵的代表性理解，本文认为高质量发展必须以"供给侧结构性改革"为主线，以有效的资源配置方式和有利于企业成长的环境，即市场化配置资源的机制和规范公平的竞争环境得以营造为前置条件；以最核心的现代社会行为责任主体，即富有现代企业家精神的企业家队伍及其领导的企业得以不断成长壮大为基本抓手；以持久澎湃的发展动力之源，即创新特别是原生性创新③能力不断增强为根本保障。

（二）资本市场功能与高质量发展内在要求一致性的理论阐释

资本市场作为中长期资金的交易配置平台，一般被认为具有资源配置、规范治理、股权激励等核心功能④，相关功能的发挥对于促进高质量发展所需要落地的前述三项基础性工作具有直接作用。

---

① 王军：《准确把握高质量发展的六大内涵》，《证券日报》2017 年 12 月 23 日第 A3 版。

② 段炳德：《深刻理解实现高质量发展的重要内涵》，《中国青年报》2018 年 2 月 12 日第 2 版。

③ 关于我国创新能力短板问题，普遍认为是缺少原创性、颠覆性技术，如王志刚《加快建设创新型国家》，载《党的十九大报告辅导读本》，人民出版社，2018，第 205～206 页。本文提出的原生性创新概念，是指技术、管理等领域的原创性、颠覆性创新。

④ 全国人大财经委副主任黄奇帆认为，除上述核心功能外，中国资本市场还具有为公有制高质量有效益发展探索路子等功能。详见黄奇帆《中国资本市场发展历程、功能作用及其进一步发展措施》，《清华金融评论》2018 年第 6 期，第 79～81 页。

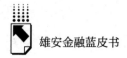

第一，高质量发展需要对各类资源进行集约化配置、使用。资本市场是实现资金市场化配置的重要手段及驱动其他各类资源市场化配置的"扳机"。一方面，资本市场作为有众多资金供给者参与的竞争性市场，拥有高效的价格发现机制，资金的价格信号可以直接、有效地引导资金流转，实现对资本的有效配置；另一方面，资金作为现代经济体系的"血液"，是土地、劳动力及创新资源等各类生产要素流转的载体，它的有效配置是驱动相关要素有效配置的关键。

第二，高质量发展需要营造规范公平的竞争环境。资本市场为规范包括政府机构在内的各类社会主体行为提供了有效的外部约束。资本市场强调遵循公开、公平、公正的"三公原则"，强调敏感事项的及时、准确、全面披露。这些资本市场运行的"本性"要求，将可从外部有效地约束地方政府出于各方面考虑所产生的市场准入等地方保护倾向，纠正地方政府行为①，进而改善包括企业在内的各类社会主体的生存环境。

第三，高质量发展需要培育富有现代企业家精神的企业家及其领导的企业。资本市场"天然"地具备这种手段。资本市场强调上市/挂牌公司应具备必要的治理能力，要求企业建立完善的治理架构并不断提高内部治理水平，同时也重视对中介机构行为的约束、对投资者特别是中小投资者的保护，突出外部治理对企业行为的约束。此外，区别于传统银行主导的信贷市场，资本市场还为企业规范扩张提供了并购重组等手段。

第四，高质量发展需要不竭高效的创新作为支撑。资本市场为促进创新提供了最直接的动力。企业是创新的主体，人才是创新的源头。资本市场通过构建上市/挂牌②公司创新行为与市值、员工创新成果与所持财富总量之间的直接关联，让以股权激励为核心手段的创新激励措施更加直观、有效。

---

① 地方保护主义宏观上容易造成市场分割、效率损失，微观上容易造成企业创新投入不足。进一步论述详见叶宁华、张伯伟《地方保护、所有制差异与企业市场扩张选择》，《世界经济》2017 年第 6 期，第 98～119 页。

② 若未特别强调，本文所称挂牌包括在新三板及区域性股权市场挂牌；公众公司则特指在沪深交易所或境外交易所上市及在新三板挂牌的公司。

（三）深圳依托资本市场转型再崛起的实践经验

从全球范围看，有效率的资本市场体系是主要城市群成长的发动机。[①]从国内珠三角、长三角和环渤海三大经济圈的发展情况来看，亦有类似结论：以深交所、上交所为核心，各类证券服务机构和投资机构云集的珠三角、长三角，因多层次资本市场体系而相对更加完善，它们的发展也显著优于环渤海经济圈。[②] 特别是深圳，近年来充分依托完善的多层次资本市场体系，提升了城市发展过程中的创新驱动能力，形成了新能源、信息技术等多个战略性新兴产业的集聚[③]，有力助推了"二次创业"转型。

第一，以深交所为核心的多层次资本市场体系，形成了对资金等发展所需资源的进一步集聚和高效配置。深交所作为我国第二家证券交易所，已对各类资金形成显著的集聚和配置效应：截至 2018 年底的 135 家公募基金公司中，有 27 家注册地在深圳，占比 20%；[④] 24448 家私募基金管理机构中，有 4629 家注册地在深圳，占比近 19%，管理资金规模达到 17955 亿元，占比超过 14%。[⑤]

第二，以深交所为核心的多层次资本市场体系，促成了深圳以公众公司为代表的经济主体的规范发展，并对营造公平竞争环境形成了进一步的正反馈。截至 2018 年底，深圳 302 家 A 股上市公司 2016 年和 2017 年年报显示，分别仅有 3 家和 5 家被出具"带强调事项段的无保留意见"审计意见，2017年方出现首例"无法表示意见"审计意见；675 家新三板挂牌公司中，2016

---

①　美国东北部大西洋沿岸城市群拥有纽交所和 NASDAQ 两家及全球知名的交易所及相关配套产业，北美五大湖城市群拥有多伦多和芝加哥两家交易所及相关配套产业，日本太平洋沿岸城市群拥有东京和大阪两家亚洲排名靠前的交易所及相关配套产业，英国以伦敦为核心的城市群拥有伦交所和伯明翰等地方性交易所及相关配套产业，欧洲西北部城市群拥有巴黎和阿姆斯特丹等多家交易所及相关配套产业。详见张宗新《长三角经济成长中的资本市场功效及其完善》，《社会科学》2006 年第 1 期，第 23～33 页。

②　高凤勇、布娜新：《金融不虚：新三板的逻辑》，经济科学出版社，2008，第 40～50 页。

③　乔军华：《中国多层次资本市场环境对战略性新兴产业研发活动的影响机制研究》，上海交通大学博士学位论文，2015，第 33 页、第 92～97 页。

④　数据来自证监会，含 15 家取得公募资格的资产管理机构。

⑤　数据来自中国证券投资基金业协会《2018 年私募基金登记备案综述及 12 月私募基金登记备案月报》。

年和 2017 年被出具"保留意见"的分别仅为 1 家和 3 家,"带强调事项段的无保留意见"分别仅为 11 家和 21 家。① 上市/挂牌公司,特别是公众公司因对接资本市场过程中有严格的外部治理约束存在,规范程度显著高于其他类型企业,且在社会互动过程中容易对其他社会主体行为产生正面激励。②

第三,以深交所为核心的多层次资本市场体系,为深圳公众公司提供了更加多样和便利的融资渠道,并激励其持续加大研发投入、增强创新能力。发行股票直接拓宽了企业融资渠道:截至 2018 年底,深圳 302 家 A 股上市公司累计募集资金逾 7400 亿元,平均每家募集资金近 25 亿元;有发行行为的 332 家新三板挂牌公司累计募集资金近 230 亿元,平均每家募集资金近 7000 万元。宽裕的资金及对研发人员的有效股权激励,激发了公众公司的研发投入热情并显著加快了无形资产的形成——2017 年深圳上市和新三板挂牌公司研发强度中位数分别达到 4. 36%(见图 1)和 6. 56%,超过同期社会平均水平的 2 倍和 3 倍。

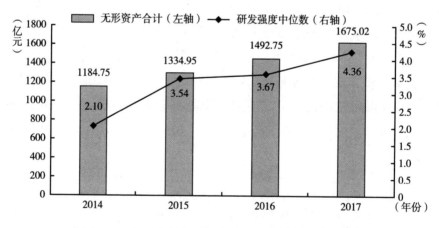

图 1 深圳 A 股上市公司研发强度中位数及无形资产合计

资料来源:Wind。

---

① 数据来自 Wind。

② Glaeser, E. L., Sacerdote, B. and Scheinkman, J. A., "Crime and Social Interactions", *The Quarterly Journal of Economics* (1) (1996): 507 – 548.

（四）雄安新区必须重视发挥资本市场的作用

根据上述理论性剖析及对深圳近年来依托多层次资本市场成功转型发展的实践经验总结，本文认为，雄安新区要建设成为"新时代推动高质量发展的全国样板"，也必须切实完善多层次资本市场体系，并重视发挥多层次资本市场在资金等各类资源集聚、配置中的引领性作用，培育现代企业家和治理规范企业的约束性作用，以及在激发创新活力等方面的激励性作用。

二　雄安新区推进多层次资本市场工作的生态环境

1990年底至1991年初，为适应改革开放和国民经济发展需要，在以邓小平同志为核心的党的第二代中央领导集体的支持下，中国资本市场体系建设以沪深两个证券交易所设立为标志迈出了实质性步伐。此后，资本市场体系建设所需的外部政策环境、平台机构和产品创设等各个方面得以有序推进、完善发展，特别是2012年8月、2018年11月分别启动的全国股转系统（新三板）和上交所科创板建设，试点注册制、市场化发行等改革举措，允许特殊股权结构企业和红筹企业在科创板上市等系列创新做法，为雄安新区加快多层次资本市场体系建设打开了广阔的创新空间，奠定了扎实的工作基础，提供了充足的手段和工具。与此同时，"一带一路"等外向性倡议对高水准资本市场服务的需求迫切与我国资本市场国际化程度仍然较低之间的现实矛盾，又为雄安新区在推进多层次资本市场体系建设过程中寻求突破创新指明了发力的方向，留下了足够的操作空间。

当然，任何事物都有正反面，良好的政策环境、完备的平台机构和丰富的产品创设经验在为雄安新区多层次资本市场体系建设工作开展奠定坚实基础、提供有益借鉴的同时，也会在一定程度上对雄安新区的相关工作形成掣肘。国际化程度低的短板，则在留下创新突破空间的同时，也给雄安新区推进多层次资本市场体系相关工作带来一定的挑战。

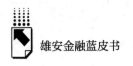

（一）政策制度、平台机构及产品体系日臻完善，为雄安新区推进多层次资本市场体系建设奠定了良好基石

1. 促进资本市场健康发展的制度体系日益完善

为资本市场体系健康发展营造良好制度生态，始终是过往 30 年我国资本市场发展历程中的重头戏、基础性工程。无论是在国家政策层面，还是在法律法规层面，始终围绕促进资本市场健康发展持续突破创新、改进完善。特别是十八大以来，资本市场建设运营的政策制度环境更加优化。这为雄安新区切实推进多层次资本市场体系建设提供了有力的政策制度保障，营造了优越的工作大环境。

一是提高直接融资比重、建设健康的多层次资本市场体系，成为近年国家层面关于资本市场发展问题的核心意思表达。针对我国金融体系失衡于间接融资与直接融资的问题及资本市场体系发育不充分的问题，国家层面近年来密集发声，支持加快资本市场健康发展。如十九大报告在"贯彻新发展理念，建设现代化经济体系"部分，明确将"提高直接融资比重，促进多层次资本市场健康发展"作为深化金融体制改革、增强金融服务实体经济能力的重要方面；在第五次全国金融工作会议上，习近平总书记提出了"融资功能完备、基础制度扎实、市场监管有效、投资者合法权益得到有效保护"的多层次资本市场体系建设要求；在首届中国国际进口博览会开幕式上，习近平总书记更是将在上交所设立科创板、完善资本市场基础制度上升为更好发挥上海等地对外开放重要作用的抓手之一（见表1）。

表1　近三年国家层面支持资本市场健康发展的主要会议/文件精神

序号	时间	会议/文件名称	主要内容/举措
1	2016 年 3 月	《中华人民共和国国民经济和社会发展第十三个五年规划纲要》	积极培育公开透明、健康发展的资本市场,提高直接融资比重,降低杠杆率;推进资本市场双向开放,提高股票、债券市场对外开放程度,放宽境内机构境外发行债券,以及境外机构境内发行、投资和交易人民币债券;深化两岸金融合作,支持两岸资本市场开展多层次合作

续表

序号	时间	会议/文件名称	主要内容/举措
2	2016 年 9 月	《国务院关于积极稳妥降低企业杠杆率的意见》	开展市场化债转股……加快多层次资本市场建设,提高直接融资比重,优化融资结构
3	2017 年 1 月	《国务院办公厅关于规范发展区域性股权市场的通知》	规范发展区域性股权市场是完善多层次资本市场体系的重要举措;国务院有关部门和地方人民政府要在职责范围内采取必要措施,为区域性股权市场规范健康发展创造良好环境
4	2017 年 3 月	2017 年政府工作报告	推动企业兼并重组,发展直接融资,实施市场化法治化债转股;推进资产证券化,支持市场化法治化债转股,发展多层次资本市场,加大股权融资力度;深化多层次资本市场改革,完善主板市场基础性制度,积极发展创业板、新三板,规范发展区域性股权市场
5	2017 年 7 月	全国金融工作会议	要把发展直接融资放在重要位置,形成融资功能完备、基础制度扎实、市场监管有效、投资者合法权益得到有效保护的多层次资本市场体系;要增强资本市场服务实体经济功能,积极有序发展股权融资,提高直接融资比重
6	2017 年 10 月	十九大报告	深化金融体制改革,增强金融服务实体经济能力,提高直接融资比重,促进多层次资本市场健康发展
7	2018 年 3 月	2018 年政府工作报告	提高直接融资特别是股权融资比重;深化多层次资本市场改革,推动债券、期货市场发展
8	2018 年 3 月	《国务院办公厅转发证监会关于开展创新企业境内发行股票或存托凭证试点若干意见的通知》	深化资本市场改革、扩大开放,支持创新企业在境内资本市场发行证券上市;各地区、各相关部门要高度重视,统一思想,提高认识,加大工作力度,确保试点依法有序开展

续表

序号	时间	会议/文件名称	主要内容/举措
9	2018 年 8 月	国务院金融稳定发展委员会防范化解金融风险专题会议	进一步深化资本市场改革，要坚持问题导向，聚焦突出矛盾，更好服务实体经济发展。要抓紧研究制定健全资本市场法治体系、改革股票发行制度、大力提升上市公司质量、完善多层次资本市场体系、建立统一管理和协调发展的债券市场、稳步推进资本市场对外开放、拓展长期稳定资金来源等方面的务实举措
10	2018 年 9 月	国务院金融稳定发展委员会第三次会议	保持市场流动性合理充裕……债券市场、股票市场平稳运行；既要防范化解存量风险，也要防范各种"黑天鹅"事件，保持股市、债市……平稳健康发展；资本市场改革要持续推进，成熟一项推出一项
11	2018 年 11 月	首届中国国际进口博览会开幕式	为了更好发挥上海等地区在对外开放中的重要作用，我们决定……在上海证券交易所设立科创板并试点注册制，支持上海国际金融中心和科技创新中心建设，不断完善资本市场基础制度

资料来源：根据公开资料整理。

  二是提升资本市场服务实体经济能力、优化多层次资本市场体系结构，成为近年完善资本市场法律法规的重点关切。近年来，不仅证监会等相关方面积极推动资本市场基本法《证券法》的修订完善，其他方面也在推动另一部关乎资本市场运行的大法《公司法》的修订完善——2018 年 10 月 26 日，全国人大常委会通过关于修改《公司法》第一百四十二条股份回购有关规定的决定，明确为实施员工持股计划或股权激励、上市公司为配合可转换公司债券发行或为避免公司遭受重大损害以维护公司价值及股东权益等作为允许股份回购的情形，并适当简化了股份回购的决策程序，在赋予公司更多自主权、促进完善公司治理、优化资本结构、稳定公司控制权、提升公司投资价值、建立健全投资者回报机制，并以此夯实资本市场稳定健康发展及更加市场化运行等方面，产生了重要且积极的作用。此外，证监会近年还颁布实施了《上市公司股权激励管理办法》，修订了《上市公司重大资产重组管理办法》等一批部门规章（见表2）。从现实情况看，近年来资本市场服务实体经济的能力、防范风险的能力、保护投资者权益的能力均有一定提升，资本市场运行的制度基础更加坚实。

表2　近三年证监会颁布/修订的主要部门规章

年份	类型	主要部门规章
2016	新颁布	《证券投资者保护基金管理办法》《上市公司股权激励管理办法》《内地与香港股票市场交易互联互通机制若干规定》《证券期货投资者适当性管理办法》
	修订	《证券公司风险控制指标管理办法》《上市公司重大资产重组管理办法》
2017	新颁布	《区域性股权市场监督管理试行办法》《证券交易所管理办法》
	修订	《中国证券监督管理委员会发行审核委员会办法》《证券发行与承销管理办法》
2018	新颁布	《外商投资证券公司管理办法》《存托凭证发行与交易管理办法（试行）》《证券公司和证券投资基金管理公司境外设立、收购、参股经营机构管理办法》《证券期货经营机构私募资产管理业务管理办法》
	修订	《首次公开发行股票并上市管理办法》《首次公开发行股票并在创业板上市管理办法》《证券发行与承销管理办法》《关于改革完善并严格实施上市公司退市制度的若干意见》《上市公司股权激励管理办法》

2. 资本市场机构体系日渐成熟

从多层次资本市场体系运营所需的不同机构建设情况来看，目前我国已搭建了较为完备的多层次资本市场平台子体系和中介服务机构子体系，并形成了投资风险偏好多样的投资者群体，特别是机构投资者队伍持续壮大。这不仅为雄安新区多层次资本市场体系建设提供了坚实的平台和服务机构支撑，更为雄安新区提供了大量可资借鉴的实践经验。

一是已搭建较通畅的境内外多层次资本市场平台子体系。境内已设立沪深交易所、全国股转系统（新三板）三家分别侧重于服务成熟期和成长期企业的公开市场，以及侧重于服务初创期小微企业的39家区域性股权市场[1]，

---

[1]　数据来自Wind。

侧重于服务私募机构份额交易的中证机构间私募产品报价与服务系统等私募市场平台机构；并已建立起境外直接上市，构建 VIE 结构或发行存托凭证（DR）① 等间接实现境外上市的渠道；境内外市场互联互通方面，已实现沪港通、深港通、债券通，且沪港通和深港通自 2018 年 5 月 1 日起每日额度较早前扩大四倍至 940 亿元，年内总额度不再做限制，沪伦通也在稳步推进中②。目前，境内已有一大批企业通过上市/挂牌发行股票、债券等融资工具，实现了与境内外各层级市场的对接（见图2）。

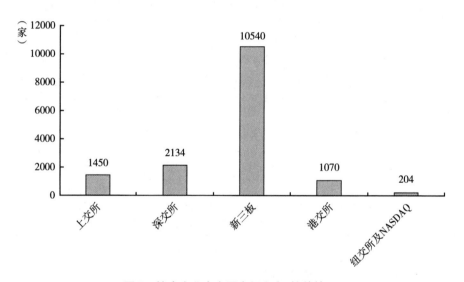

图2 境内企业在主要市场上市/挂牌情况

注：数据截至 2018 年底；新三板挂牌公司含两网及退市公司。
资料来源：Wind。

二是已构建较完备的专业中介服务机构体系。资本市场作为为投融资双方提供直接对接服务的平台，需要有专业中介机构提供必要服务。截至 2018 年底，境内已设立 131 家证券公司，经证监会、财政部认定的有证券

---

① 根据 Thomson Reuters 数据，截至 2018 年底在美国纽交所和 NASDAQ 上市（含已退市）的 286 家境内企业中，有 192 家采用发行存托凭证的方式间接上市，占比超过 67%。

② 根据证监会网站发布的第 30 号公告，《关于上海证券交易所与伦敦证券交易所互联互通存托凭证业务的监管规定（试行）》自 2018 年 10 月 12 日起正式实施。

期货从业资格的会计师事务所 40 家，证券投资咨询公司 84 家，资产评估公司 69 家（见图 3），另有 2757 家律师事务所从事上市/挂牌推荐或顾问服务工作。其中，证券公司从业人员 33.40 万人（含 3730 位保荐代表人），总资产达到 6.26 万亿元，托管证券市值达到 32.62 万亿元，受托管理资金本金总额 14.11 万亿元；[1] 分别有 700 家和 2484 家律师事务所为沪深上市公司和新三板挂牌公司提供服务。[2]

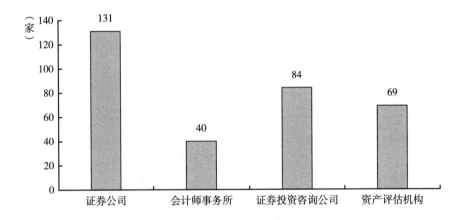

图 3　截至 2018 年底资本市场中介服务机构数量

资料来源：证监会网站。

三是已形成较完备的支撑资本市场高效运作、风险偏好多样的专业投资机构体系。相对于自然人投资者更加理性、专业，有利于资本市场稳健运行的专业机构投资者近年得到快速发展。截至 2018 年底，境内公募基金管理机构共管理 5708 只产品[3]，合计持有上市公司股票市值 1.57 万亿元、债券市值 6.79 万亿元[4]（见图 4）；分别有 287 家和 206 家境外机构投资者获批 QFII 和 RQFII 资格，分别拥有 1013.46 亿美元和 6486.72 亿元投资额度；[5] 私募基金管理人

---

① 数据截至 2018 年底，来自中国证券业协会网站。

② 数据来自 Wind。

③ 数据来自证监会。

④ 数据来自 Wind。

⑤ 数据截至 2019 年 1 月 30 日，来自国家外汇管理局。

2.44 万家，已备案私募基金 7.46 万只，管理基金规模达 12.78 万亿元，从业人员 24.57 万人。① 此外，券商、保险资管规模均在 15 万亿元左右，银行理财规模在 40 万亿元左右，已投资于资本市场的信托产品规模为 2.45 万亿元。②

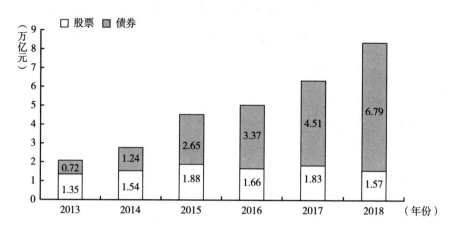

图 4 十八大以来公募基金持有股票及债券市值

资料来源：Wind。

3. 资本市场产品体系日臻完备

在过去近 30 年的发展历程中，我国资本市场主动适应实体经济发展及风险管理需要，已从单一的股票市场发展为产品类型更加丰富的长期资金市场，建立了股票、优先股、债券等基础产品市场，以及股指期货、股票期权等衍生产品市场。这不仅为雄安新区高质量发展提供了丰富的融资和风险管理手段，同时也为雄安新区高效推进资本市场体系建设奠定了基石。

一是债券市场发展加快，基础产品市场不断充实。债券市场作为资本市场的重要组成部分，在近年得以快速发展（见图 5）；且债券类型日渐丰富，不仅有国债和地方债、企业债、公司债等传统品种，资产支持证券、可转

---

① 数据来自中国证券投资基金业协会《2018 年私募基金登记备案综述及 12 月私募基金登记备案月报》。
② 券商、保险资管及银行理财规模数据根据公开资料估算。信托数据截至 2018 年 9 月 30 日，来自中国信托业协会。

债、可交换债①等品种也不断得以创设（见图6）。我国资本市场基础产品结构更趋成熟。

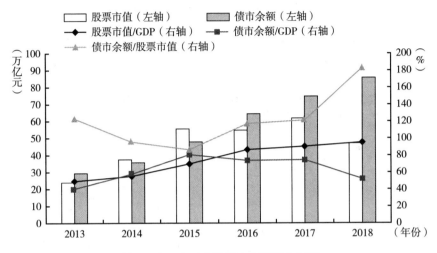

图5　十八大以来股票市值及债市余额

注：股票市值自2015年起含新三板。
资料来源：Wind、全国股转系统。

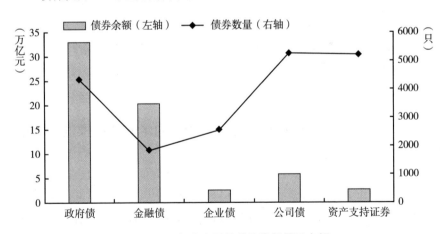

图6　2018年底主要品种债券数量及余额

资料来源：Wind。

---

① 截至2018年底，可转债和可交换债分别有142只、145只，余额分别为1904亿元和1975亿元。

二是融资融券①及其他衍生品市场创新发展，资本市场自身风险管理的手段更加健全。仅有基础产品市场的资本市场，自我调节恢复平衡的能力较差，容易产生单边极端行情，进而扭曲服务实体经济的能力。为提升风险管控能力，维护资本市场的秩序，融资融券、股指期货、股票期权等衍生品市场近年来得以突破发展（见图7），我国资本市场产品结构更趋平衡。

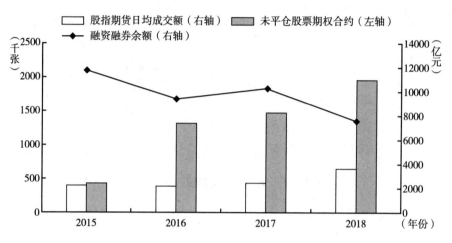

图7　融资融券及其他主要衍生品市场发展情况

注：融资融券余额、未平仓股票期权合约为期末时点数，股指期货日均成交额2015年为12月日均数，其余年份为年度总成交额与交易天数比值。

资料来源：Wind、中国金融期货交易所、上海证券交易所。

（二）资本市场国际化程度低的短板，为雄安新区推进资本市场体系建设指引了新方向

与香港、伦敦市场的互联互通，以及A股成功纳入MSCI指数、逐步放开外资证券公司持股比例限制、允许外商投资企业境内上市/挂牌等一系列创新举措，切实提升了我国资本市场的国际化程度。但需要注意的是，目前的国际化主要还是在交易和机构设置层面，境外企业境内上市/挂牌、发行

---

① 对于融资融券是否可以直接归为衍生品存在争议，本文为避免此争议将其单列。

融资、跨境并购重组等资本市场核心业务层面仍没有实质性突破。对国际化程度低的具体分析如下。

一是仍只有在境内注册的外资企业可以在境内上市/挂牌。2017年初国务院发布实施的《关于扩大对外开放积极利用外资若干措施的通知》（国发〔2017〕5号），对此前已经存在的外资控股/参股企业上市/挂牌予以了正式认可，[①] 但我国各证券交易所仍不允许在境外注册的企业上市/挂牌。对已上市外资企业第一大股东持股比例情况及其实际属性做进一步分析会发现，平均持股比例39.03%，持股比例超过50%的仅有32家，占比不足30%，近四成持股比例在10%~30%（见图8），且不少企业实际上是由国内自然人或企业设置的离岸公司控股的[②]，境内市场平台服务真正意义上的外资企业是存在短板的，与"一带一路"等国际化建设对资本市场的服务需求相比还存在一定的差距，与资本市场本身深化改革、扩大开放的要求相比也存在较大差距。

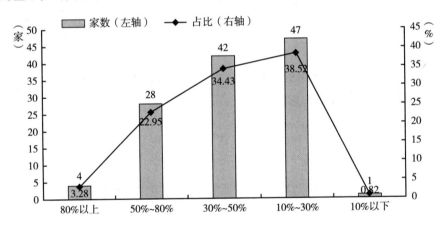

图8 境内上市外资企业第一大股东持股比例分布

注：数据截至2018年底。
资料来源：Wind。

---

① 第十三条明确："外商投资企业可以依法依规在主板、中小企业板、创业板上市，在新三板挂牌，以及发行企业债券、公司债券、可转换债券和运用非金融企业债务融资工具进行融资。"

② 天眼查提供的股东信息显示，在第一大股东持股比例80%以上的四家外资上市公司中，仅苏泊尔一家为有据可查的由境外从事实业的公司控股（法国SEB集团），其余均为由在香港注册的公司投资的境内管理性质的公司控股。

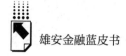

二是以证券公司为代表的境内中介机构跨境服务能力相对较弱。中国证券业协会数据显示，2017年境内证券公司中有30家在香港等地设立了子公司从事国际业务，但境外业务收入占营业收入的比重平均仅为5.85%，超过10%的仅有5家，超过20%的仅有海通证券和中金公司两家（见图9）。

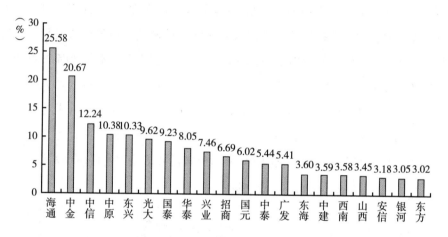

图9 2017年境外业务收入占比超过3%的前20位境内证券公司

资料来源：中国证券业协会。

国际化程度低这一短板，虽然限制了雄安新区在推进多层次资本市场体系建设过程中的经验借鉴，但也为雄安新区指明了一个新的、可行方向——可以把握机遇，高起点创设、发展更加国际化的资本市场服务平台及中介服务机构子体系，并据此推进系列制度、产品创新。

三 雄安新区近年推进多层次资本市场工作的成效及存在的问题

为推动雄安新区多层次资本市场体系建设，更好地发挥多层次资本市场服务高质量发展的作用，河北省委、省政府及雄安新区等相关方面，在推动《中共中央 国务院关于支持河北雄安新区全面深化改革和扩大开放的指导意见》（以下简称《意见》）① 出台的同时，在争取全国性证券交易所落地、创新型企业落户、资本集聚等方面已积极作为，并取得了一些阶段性成果。但也必须清醒地认识到，目前雄安新区在推进多层次资本市场体系建设过程中，还存在着新设全国性证券交易所或争取已设立的全国性交易所搬迁难度大、当地创新及企业资源基础薄弱，以及政策不够明朗可能对企业创新发展形成一定抑制等障碍或问题。

（一）雄安新区推动多层次资本市场体系建设的努力及成效

1. 积极争取全国性证券交易所及相关服务机构迁入，搭建资本市场服务平台

根据公开信息，2017 年 4 月，河北省金融工作办公室及河北省地方金融监督管理局联合向河北省委、省政府上报《关于金融支持雄安新区建设的情况报告》（冀金办〔2017〕22 号），提出"争取'新三板'……中国证券登记结算公司……等一批带动性强、附加值高的金融机构迁址雄安新区""争取……证券公司……金融机构总部或区域总部落户雄安新区""设立……中国雄安证券公司、中国雄安基金管理公司……等一些系列'雄安'品牌金融机构"等工作设想。② 尽管上述设想是否得到了河北省委、省政府认可并有实质动作尚未得知，报告中提及的核心机构亦未见有迁址的公开报道，未见有知名会计师事务所、律师事务所设立雄安分所，只有安信证券和长江证券分别于 2017 年 9 月和 2018 年 2 月设立了雄安分公司，③ 但河北方面以争取全国性证券交易所迁入为核心抓手、以相关中介服务机构设立（区域）总部为辅助手段搭建资本市场平台体系的努力是明确的。④

---

① 该意见已于 2019 年 1 月 24 日正式发布。

② 佚名：《关于金融支持雄安新区建设的情况报告【附全文】》，搜狐网，2017 年 4 月 13 日，https：//www.sohu.com/a/133758760_ 545010。

③ 根据天眼查以"证券 雄安"等关键词模糊搜索得出。

④ 《意见》提出了筹建雄安股权交易所、支持股权众筹融资等创新业务先行先试等举措。笔者认为这同样是雄安新区在此方面做出的一种努力。但需要注意的是，股权交易所定位较低，对全国范围内的资源进行统筹配置能力较弱，因此以其为核心搭建雄安新区多层次资本市场平台子体系值得商榷。

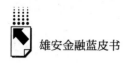

2. 积极推动创新型企业落户, 厚植资本市场运行土壤

创新型企业不仅是高质量发展的主体力量, 同时也是推动资本市场体系建设和稳健运行的基石。根据天眼查数据, 自中共中央和国务院决定设立雄安新区以来, 已有 200 余家企业投资设立的创新型公司落户雄安新区, 其中不乏大型央企, 以及达实、浪潮、东软、阿里巴巴、寒武纪、百度、讯飞①等国内知名企业 (见表 3)。

表 3   2017 年 4 月以来新设立注册资本超 1.5 亿元的创新型公司

序号	企业名称	注册资本（亿元）	设立时间
1	中移雄安信息通信科技有限公司	20	2018 年 6 月
2	雄安纳维科创有限公司	10	2017 年 9 月
3	雄安桑德环境科技有限公司	10	2018 年 2 月
4	中国大唐集团雄安能源有限公司	10	2018 年 4 月
5	国网雄安金融科技有限公司	10	2018 年 7 月
6	雄安达实智慧科技有限公司	5	2017 年 9 月
7	浪潮雄安云链科技有限公司	5	2018 年 3 月
8	雄安启迪桑德生态环境科技有限公司	5	2018 年 6 月
9	雄安中智信腾科技创新发展有限公司	5	2018 年 10 月
10	河北雄安联行网络科技股份有限公司	5	2018 年 12 月
11	河北雄安新毅生态科技有限公司	3	2018 年 9 月
12	雄安东华全球软件研发有限公司	2	2017 年 10 月
13	首航雄安科技有限公司	2	2018 年 3 月
14	国家电投集团雄安能源有限公司	2	2018 年 6 月
15	雄安金海装配式建筑科技有限公司	2	2018 年 10 月
16	河北雄安奥古美环保科技有限公司	1.68	2018 年 11 月
17	河北雄安沃聚农业科技有限公司	1.6	2018 年 12 月

资料来源: 根据天眼查搜索结果整理。

3. 积极吸引投资机构落户, 在资金供应端夯实资本市场运行基础

机构投资者在活跃一二级市场、推进资本市场并购重组功能实现等方面具有重要作用, 特别是一些创业投资机构"投早投小"的策略, 更可以激

---

① 百度、寒武纪、讯飞等均较早设立, 注册资本大多在 1 亿元。

发创新活力，进而为资本市场长久、高质量发展奠定坚实基础。自 2017 年 4 月以来，雄安新区得到了诸多投资机构的青睐，如由中国石化集团于 2018 年 7 月设立的中国石化集团资本有限公司，注册资本高达 100 亿元（见表 4）。

表 4　2017 年 4 月以来新设立注册资本超亿元的投资机构

序号	企业名称	注册资本（亿元）	设立时间
1	中国石化集团资本有限公司	100	2018 年 7 月
2	雄安万科企业投资有限公司	20	2017 年 10 月
3	中交雄安投资有限公司	20	2018 年 1 月
4	中国雄安集团城市发展投资有限公司	10	2017 年 11 月
5	中国雄安集团生态建设投资有限公司	10	2017 年 12 月
6	国寿鑫根雄安投资基金管理有限公司	1	2017 年 12 月
7	国开雄安投资有限公司	1	2018 年 3 月
8	中国雄安集团投资管理有限公司	1	2018 年 3 月

资料来源：根据天眼查搜索结果整理。

4. 积极推动企业上市挂牌、资产证券化等工作

为充分利用境内外多层次资本市场，强化政府引导和政策扶持，支持企业拓展融资渠道，河北省人民政府 2015 年发布《关于加快推进企业上市工作的实施意见》（冀政字〔2015〕36 号）[①]，明确了包括雄安新区企业在内的省内企业上市、挂牌补贴标准，并力争在 2015～2017 三年内"每个县（市、区）至少拥有 1 家上市公司"；河北省财政厅及河北省金融工作办公室等部门先后据此出台《河北省资产证券化奖励资金管理办法》（冀财金〔2016〕27 号）、《河北省企业挂牌上市奖励资金管理办法》（冀财金

---

① 该实施意见已于 2017 年到期。除此政策外，《关于金融支持雄安新区建设的情况报告》（冀金办〔2017〕22 号）还提出了针对雄安新区的政策建议，即将"协调中国证监会，比照《关于发挥资本市场作用服务国家脱贫攻坚战略的意见》，为雄安新区及周边地区企业挂牌、上市开辟'绿色通道'。为首次公开发行并上市的企业，'即报即审、审过即发'；对在'新三板'挂牌的企业，'即报即审、审过即挂'，减免挂牌初费；对发行公司债、资产支持证券的，'专人对接、专项审核、即报即审'。"

〔2015〕32 号）等政策，积极推进企业上市/挂牌及资产证券化工作。①

截至 2018 年底，注册地在雄安新区的公众公司共计有 6 家。其中，深交所主板上市公司 1 家，新三板挂牌公司 5 家，全部为制造业（见表 5）。新区设立以来，新增新三板挂牌公司 1 家。此外，还有在石家庄股权交易所挂牌的企业 31 家，其中安新 29 家，雄县 2 家，均在新区设立前挂牌且开展过发行融资。

表 5　截至 2018 年底雄安新区公众公司情况

单位：万元

序号	证券代码	证券简称	上市/挂牌日	注册地址	注册资本	首发募资	增发募资
1	000687	华讯方舟	1997 年 2 月 21 日	安新	76620	47250	58000
2	833267	津海股份	2015 年 8 月 20 日	容城	1200	0	0
3	833603	澳森制衣	2015 年 9 月 30 日	容城	1166	0	0
4	835995	松赫股份	2016 年 3 月 2 日	安新	12457	0	1539
5	837702	天宏股份	2016 年 7 月 15 日	安新	6680	0	0
6	872677	天朔医疗	2018 年 3 月 1 日	雄县	5800	0	4000

资料来源：Wind。

（二）雄安新区推进资本市场体系建设过程中存在的问题

一是推动全国性证券交易所迁址难度大，申请新设又面临定位难题。全国性证券交易所作为资本这一生产要素的定价和配置中心，在资本市场平台架构乃至整个资本市场体系构建上都具有举足轻重的作用，河北及雄安新区对这方面也有充分的认识。但 20 世纪 90 年代初设立的沪深交易所，以及 2013 年初设立的新三板，三家全国性证券交易所无论哪一家均是依据国家战略发展需要选址落户的，且运营至今均已组建较为稳定的管理运营团队，迁址一方面可能会造成之前战略部署的延续性问题，另一方面在员工层面也面临着一定的阻碍。与此同时，已设立的沪深交易所和新三板，在服务对象

---

① 依据公开渠道，未检索到雄安新区或保定市其他支持企业上市/挂牌政策。

上既有区分又有交叉，从企业发展阶段角度看，已能较好覆盖各类型企业，若申请新设全国性证券交易场所，则将面临区分度不高带来的同质化竞争等定位问题。

二是雄安新区本地适宜对接资本市场的企业资源少，新设立企业时间短、独立性差，短期内推进资本市场工作的基础薄弱。雄安新区境内的三县本地企业规模小、规范程度低，相关产业大多处于"小散乱"状态，具有现代企业家精神的企业家更少。这一点不仅从决定设立新区所考量的重要优势——"现有开发程度较低"上能得到佐证，同时也可以从已有的上市/挂牌公司表现上得到佐证——仅安新基础相对略好，且这些公众公司利用资本市场的意识较差——华讯方舟（000687）自上市 20 多年来仅完成配股、定向增发及公司债发行各一次，挂牌公司中仅松赫股份（835995）和天朔医疗（872677）各完成过一次股票发行。此外，雄安新区设立以来，新设的一批创新型企业，存在独立性差、未有实质业务开展等问题，[①] 与成为公众公司所强调的组织、业务、财务、人员、资产等的独立，以及完善的公司治理结构等主体资格要求相比，差距较大。因此，短期内，雄安新区在推进资本市场工作过程中仍将不可避免地面临企业资源不足的问题。

三是基础性关键性政策依然不够明朗，将在一定时期内抑制企业创新发展和各类资源的进一步集聚，不利于资本市场体系长期稳健运行及功能发挥。众所周知，创新、资本和劳动力是最基本的三大生产要素，"企业家是创造就业和财富的重要力量"[②]，因此围绕三大生产要素的分配机制及企业家工作生活环境所制定出台的制度，对经济社会发展效率水平有着至关重要的影响。但从目前公开渠道获取的信息来看，雄安新区在土地、住房等基础性关键性制度方面仍未见有明确安排，在集聚和更好利用资本及企业家力量方面的财税、金融、人才等配套制度上，也未见有实质性动作。《规划纲

---

① 笔者曾走访部分新设企业，了解到的情况是目前这些企业主要为参观者提供实控人已获得的成果的展示服务，由新设企业自行负责的技术研发、市场运维等实质性业务未见有明确推进。

② 习近平同志在同出席博鳌亚洲论坛 2013 年年会的中外企业家代表座谈时的谈话。

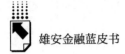

要》只是提出了一些原则性的安排，如提出"创新土地供应政策，构建出让、划拨、作价出资（或入股）、租赁或先租后让、租让结合的多元化土地利用和土地供应模式"，但具体是什么样的机制、不同的机制占比是否有人为调节的空间等问题尚不够清晰，而更为重要的是，不同的机制安排将给企业的盈利能力甚至持续经营能力造成直接影响，进而对推进资本市场体系建设产生虽间接但深远、无法预料的影响。

四　深化雄安新区多层次资本市场体系建设工作的建议

雄安新区作为以习近平同志为核心的党中央做出的一项重大的历史性战略选择，承载着建设成为高质量发展全国样板的使命，需要把握新时代带来的新机遇、新挑战，需要高度重视资本市场在促进创新资源高效配置运用、经济主体规范发展等方面的积极作用，着力做好多层次资本市场体系建设方面的"四篇文章"。

（一）第一篇文章：以筹建面向世界的国际化证券交易所为"牛鼻子"工程的资本市场平台体系建设

第一，筹建面向世界的国际化证券交易所。从前文的理论阐释和深圳创新转型实践经验不难看出，证券交易所是资本市场体系能产生各类资源集聚效应的核心机构。习近平总书记提出的"世界眼光、国际标准、中国特色、高点定位"的十六字理念，不仅是雄安新区建设必须严守的基本遵循，同时也为雄安新区推进证券交易所乃至资本市场平台子体系建设指引了一条新的可能路径——以世界眼光、国际标准建设一家面向世界、通用国际规则的外向型证券交易所，从而能够避免境内三家全国性证券交易所服务对象饱和的尴尬，弥补我国资本市场国际化程度低的短板、提升我国资本市场国际竞争力，更可切实落地雄安新区"开放发展先行区"的建设要求，化解《意见》支持推进股权交易所但实际效果有待商榷的担忧，增强雄安新区在全球化配置资本资源的话语权。具体建议：一是以"中国国际证券交易所"命名该证券交易所，凸显该交易所面向世界的定位；二是以"一带一路"沿线国家企业①作为主要服务对象，同时面向其他国家企业（含在境内注册但境外业务占主导的企业），实行注册制；三是以人民币为计价货币开展发行、交易，稳步推进人民币资本项下可兑换、扩大人民币国际影响力；四是以国际会计准则、《G20/OECD 公司治理原则》等国际标准为基准构建业务规则；五是以境内机构、RQFII 及高净值自然人为主构建投资者队伍，逐步提升适格境外投资者参与广度；六是围绕上述创新机构及机制建设，推动《证券法》修订、国际化人才培养等工作。

第二，筹建本土国际化证券公司，并吸引境内外资本市场服务机构入驻，完善多层次资本市场建设所需的中介机构体系。具体建议：一是加快筹建具有国际视野、具有从事国际业务能力的中国雄安证券公司②；二是加快引入国际化程度高的投资银行、会计师事务所、律师事务所等服务机构，争取在雄安设立区域总部；三是积极推进具有跨国配置资产能力的专业投资机构入驻雄安新区。

（二）第二篇文章：以基础性关键性制度为核心抓手的政策体系建设

"民之为道也，有恒产者有恒心，无恒产者无恒心。"结合《规划纲要》提出的思路及公开信息，建议雄安新区方面围绕有利于推进服务高质量发展的资本市场体系建设这一问题，在现行法律框架下，以土地、住房等基础性关键性制度为核心，加快推进地方政策体系建设。一是土地政策建立以市场化配置机制为主、行政划拨为辅，突出经济社会高质量发展要

---

① 全国政协委员、原中国证监会主席肖钢在其牵头的 CF40 课题"'一带一路'投融资新体系"研究中指出，"一带一路"投融资软环境尚存在六大核心问题亟待解决。另该课题在内部评审时，相关专家强调，除此之外实际上还存在"一带一路"项目对中长期股权投资存在较大需求而无法满足等问题。

② 天眼查显示，已有个人或机构在香港申请设立以此命名的公司。

求及公共利益保障的政策机制；二是住房政策在落实"房住不炒"的基础上，充分重视健康房地产市场在推动高质量发展、高端人才集聚等方面的积极作用；三是社保、子女教育、户籍、养老等基础性政策，充分考虑人力资源市场化配置、自由流动所带来的系列问题；四是全面复制/优化中关村及各自主创新示范区、自贸区有利于企业创新发展的财税金融等优惠政策，进一步筑牢资本市场体系高效运行、利用资本市场促进高质量发展的制度基石。

（三）第三篇文章：以企业家吸引集聚为关键切入点的创新型企业集群建设

习近平总书记在 2018 年参加十三届全国人大一次会议广东代表团审议时强调，"发展是第一要务，人才是第一资源，创新是第一动力"。无论是高质量发展本身，还是加快资本市场体系建设进而推动高质量发展，人才都是第一位的资源。建议雄安新区以促有对接资本市场整合资源、创新规范发展能力的企业家落地生根为关键抓手，点燃雄安新区创新创业和利用资本市场实现跨越式高质量发展的热情。同时，出台必要的激励措施，加快落实《规划纲要》做出的产业部署，推动北京适宜搬迁产业的易地搬迁，尽力尽快打造高端产业雄安集群，为高质量发展注入强大主体，为资本市场体系稳健运行和作用发挥储备充足资源。

（四）第四篇文章：以推进企业上市/挂牌为引领手段的上市/挂牌工作机制建设

"在活动中注意总结典型，及时起示范推动作用"，这一工作方法同样适用于推进企业上市/挂牌具体工作。建议雄安新区以推进中国雄安集团公司等已入驻企业整体上市/挂牌为突破口，树立典型，示范引领雄安新区企业积极对接资本市场；加强与沪深交易所、新三板、港交所等证券交易所联系；统筹推进专业知识培训、路演等基础服务工作，激发雄安新区企业规范发展和对接资本市场的意识及能力。

服务篇

Analysis of Service in New Area

B.6

雄安新区基础设施投融资模式

——基于雄安新区管委会与雄安集团关系构建视角*

常思勇**

摘　要： 在当前风险防控力度不断加大，政策监管趋严的形势下，合规高效地推进新区起步建设，离不开对基础设施投融资模式的大胆实践和创新。本文从新区管委会与雄安集团关系构建的角度出发，深入剖析和把握国内基础设施投融资建设模式的历史沿革，提出建立与当前政策相顺应，与雄安新区起步建设特点相契合的基础设施投融资新模式，并结合当前财政金融最新政策精神和雄安新区实际情况，在实

* 雄安新区管委会全称河北雄安新区管理委员会，为表述方便，文中简称雄安新区管委会或新区管委会。雄安集团全称中国雄安集团有限公司，为表述方便，文中简称雄安集团。

** 常思勇，经济学博士，高级经济师，国家开发银行河北省分行党委书记、行长，主要研究方向为货币银行、政策性开发性金融。

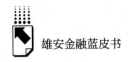

操层面上提出构建新区管委会与雄安集团合作关系的思路和
对策建议。

关键词： 开发性金融 基础设施 片区综合开发运营

一 国内基础设施投融资建设模式的历史沿革

（一）计划经济体制下的城市开发建设模式（1949～1978年）

计划经济体制下的中国城市实际上是由一个个"单位"组合而成的
体系，从本质上说是通过人为的安排与供给解决经济领域中出现的所有
问题。当时的基础设施投资建设是政府包办型的，可以当作政府主导型
建设运营模式的极端形式，即由政府财政全额拨款，统建统筹。[1] 对服务
于城市居民的生活资料、环境、消费、公共设施等场地以及建筑物的建
设和供给等全部由国家承担，城市居民的住房主要由国家及职工所在的
企事业单位配给，城市基础设施建设由政府包揽。国家财政部门是城市
基础设施建设唯一的投资主体，资金来源包括中央和地方财政、公用事
业附加税和城市维护建设税，以及部分处于规范与不规范之间的地方性
规费等。

（二）地方政府融资平台建设运营模式（1979～2010年）

改革开放后，受市场经济影响，我国的城市功能结构也发生了变化。经
济体制改革、城市土地使用制度改革和住房分配制度改革为中国城市带来了

---

[1] 贾国雄：《中国计划经济体制的形成与变迁研究》，西南财经大学博士学位论文，2010，第
44～46页。

深刻的影响，直接结果之一就是土地市场的产生和城市开发的兴起。① 自 20 世纪 80 年代起，地方政府融资平台逐渐走上历史舞台，在城市开发建设和投融资方面起到了重要推动作用。从投融资方式看，城市基础设施建设从财政资金无偿投入过渡到"以政府为主导的负债型投融资"模式②，即政府投入部分资本金，由地方政府融资平台通过抵押土地等方式向银行做债务融资，作为项目建设投入，政府承担债务还本付息责任，偿债资金主要来自未来土地出让收益、房地产开发收入、财政收入等。这成为这一阶段城市基础设施建设与投融资的主要路径，极大地满足了城市基础设施建设的投融资需求。

（三）地方政府融资平台转型与城市综合开发运营模式（2011年至今）

1994～2010 年，地方政府融资平台经历了起步、发展和"4 万亿"时期的繁荣，虽然发挥了较大作用，但也导致了地方债务的急剧增长和风险的累积。③ 鉴于上述弊端，从 2010 年平台清理整顿，2014 年《预算法》修订和 43 号文下发，到 2017～2018 年防范化解财政金融风险系列政策出台，都提出改变这种城市建设运营模式，推动地方政府融资平台完成市场化转型。

转型路径主要有两种，一是作为一个专业的市场化主体参与市场竞争，转型后的融资平台需要通过提升自身的建设和运营能力，与其他主体一起参与竞争，如特许经营权等，地方政府往往通过 PPP 等模式，与社会资本合作，建设运营城市基础设施；二是作为市场化运作的资源整合者，不断提升资源整合能力，为城市建设运营提供整体服务。

---

① 罗国亮：《改革与启示：改革开放 30 年来政企关系演化研究》，《改革与发展》2008 年第 4 期，第 74～77 页。

② 孙仁：《政府与市场互动的新区开发建设模式初探》，《理论观察》2009 年第 3 期，第 19～20 页。

③ 王玉婷：《地方政府融资平台贷款信用风险研究》，武汉大学博士学位论文，2016，第 32～34 页。

同时，在新的历史时期，以华夏幸福为代表的民营企业迅速崛起，通过构建更加适应市场经济需要的政企合作关系，探索创新城市建设的综合开发运营模式，与重庆"八大投"等转型后的融资平台公司一道，逐渐成为推动中国城市基础设施投融资建设的主要力量。如华夏幸福以固安工业园为起点，逐步探索、推广、建立了一套以产城融合为理念，以互利共赢为前提，以合作协议为载体，[①] 以为合作区域带来的新增财政收入地方留存部分为收益来源，实现特定区域开发、建设、运营一体化发展的政府与社会资本合作模式，对雄安新区基础设施投融资建设具有积极的借鉴意义。

二 雄安新区基础设施投融资建设面临的紧迫形势、现实模式选择与存在的问题

（一）雄安新区基础设施投融资建设面临紧迫形势

随着《河北雄安新区规划纲要》获得批复，中央政府关于雄安新区的各项安排逐步明晰，新区规划建设进入新的阶段，容东片区等一批重大基础性工程亟待动工，建设在即。鉴于雄安新区已明确不搞土地财政，不依赖政府债务，在新区财政税收体系尚不健全且预算约束不断硬化的前提下，当前不断出台的关于防范化解政府隐性债务风险，严格规范地方政府举债融资行为的系列政策文件，尽管在深化供给侧结构性改革、促进经济持续健康发展方面发挥巨大作用，但也为容东片区等新区起步区、启动区的投融资建设带来了一定困难。在此形势下，合规高效地推进新区起步建设，离不开对基础设施投融资模式的合理选择、大胆实践。

---

① 华夏幸福：《关于签订整体合作开发建设经营固安新兴产业示范区约定区域合作协议专项结算补充协议的公告》，2016 年 3 月 10 日，http://news.10jqka.com.cn/20130310/c5545634.shtml。

（二）紧迫形势下推进雄安新区基础设施建设的现实模式选择

基于公共选择理论，根据收费机制和预期的现金流状况，可以将雄安新区的基础设施项目分为公益性项目、准公益性项目（可经营性项目）和市场化项目。不同类型项目的盈利属性决定了项目的投融资模式。立足雄安新区基础设施建设刚刚起步、一张白纸的基本特征，基于国内基础设施投融资建设模式的历史沿革，及未来发展的总体趋势，可以初步判断：第一，对市政道路、绿化景观、公共服务设施等公益性基础设施项目，应主要是以财政投资为主；第二，对综合管廊、轨道交通、污水给排水燃气热力等准公益性项目，应以PPP，即偏狭义的政府和社会资本合作模式为主；第三，对可能存在的部分住宅、商业等市场化项目，应以政府引导下的市场化运作为主，即更广义的政府和社会资本合作模式。这些模式在国内均有较为成熟的经验和成功案例可资借鉴。

（三）现实模式选择下雄安新区基础设施建设可能存在的几个突出问题

作为"千年大计"的雄安新区，其面临的重大机遇前所未有，但所需要克服的政策性障碍和投融资建设困难也是世所罕见。其一，支持公益性基础设施项目，雄安新区前期面临地方财力不足的窘境，单靠目前的中央专项资金、省级和新区统筹资金，根本不足以支撑如此巨大的公益性基础设施项目建设；后期又将面对因政府垄断经营和管制失效，从而引致项目运营效率低下的隐患。其二，支持准公益性项目，存在财政补贴和隐性债务管控压力增大，PPP项目流程长、审批复杂、限制条件多等多重问题。其三，支持可能存在的部分市场化项目，一方面，要考虑市场化企业参与热情是否高涨，因为新区基础设施的商业化项目规模大、建设周期长、成本存在很大的"沉淀性"，且存在一定的政策风险，但其未来产生的收入在一定程度上具有不可预测性，这可能导致市场化企业出于短期盈利动机或谨慎考虑而采取观望态度；另一方面，以市场化运作方式推进的基础设施项

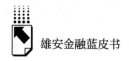

目，尽管在效率方面有所提高，但在公平性方面可能会有所欠缺，这种欠缺会否影响规划建设雄安新区这一国家战略的实现，是一个值得考虑的重要因素。

三　雄安新区基础设施投融资建设难题的破解之道：
理顺新区管委会与雄安集团的关系

雄安新区基础设施建设是跨界、多专业和全产业链整合的系统工程，应根据不同类型的盈利属性、资金供求、运营机制等情况，综合考量地方财政实力、市场吸引力、政策变化趋势等关键因子，设计合理的投融资模式和方式，进而确定不同属性项目投融资方式的创新思路。这其中，新区管委会与雄安集团在雄安新区基础设施建设领域发挥着不可替代的作用，其根本点和关键点在于理顺和构建新区管委会与雄安集团的关系。

一是对于公益性基础设施项目，存在财政缺口的，既可以通过政府发债来解决，也可以依托雄安集团这一新型城市综合运营服务企业的信用，发行企业债券融资。此外，还可以探索采用 PFI 等创新性的运作模式，由市场化企业建设和经营公益性项目，新区政府购买相关公共服务。从适用领域来看，新区的环卫绿化设施、公立医院、科学院所等均可通过发债或 PFI 模式进行投融资建设。从承载主体来看，雄安集团作为雄安新区基础设施投融资建设经营的主体力量、主导力量、核心力量，不仅自身将发挥市场主体的重要作用，也将成为其他市场化企业的主要创建者、引导者，从而在公益性基础设施领域发挥应有作用。

二是对于准公益性项目，近几年狭义 PPP 项目的迅猛发展确实产生了一些问题。一方面，一些具有经营内容的准公益性项目被包装成政府完全付费项目，一些地方政府用工程代建服务等变通方式变相举债、违规举债等，从而导致政府隐性债务凸显；另一方面，规范的 PPP 从项目入库、财承、签订 PPP 协议再到银行融资，确实需要较长的时间，这也导致部分地区对 PPP "避而不谈"。实际上，从长期来看，越来越规范的 PPP 项目运作管理反而有利于雄安新区基础设施的投融资建设。当然，从合规和提高投融资效率的双重视角出发，还需要新区管委会和雄安集团进一步加强合作，发挥新区全国改革创新前沿阵地的作用，针对当前PPP运作和管理中存在的问题，进行系统深入的研究探索和大胆的改进创新，从而为准公益性项目运用PPP模式树立雄安模板，提供雄安经验。

三是对于可能存在的部分市场化项目，更需要新区管委会和雄安集团加强协调和配合，如通过资产证券化或基础设施投资基金等市场化方式运作，既可减轻新区政府在财力等方面的不足，又可为民营企业、广大投资者提供新的投资渠道。但具体模式的设计，需要新区管委会和雄安集团发挥好各自的职能优势和作用，通过合理的利益分配和运作设计，使该模式既能为投资者提供较高的投资回报，从而具有事实上的吸引力，又能积极引导市场化资金为新区建设、为实现政府意图和国家战略服务。

综上，作为新时代改革创新的全国样板，解决雄安新区起步建设面临的现实困难，加快推进重大基础设施项目投融资建设，需要作为新区投融资和开发、建设、经营主体的雄安集团牢牢把握服务国家战略的宗旨，在开发建设过程中先行先试、大胆探索，主动承担棘手任务；需要新区管委会履行好宏观管理职责，做好公共资源的整合供应、监督管理和政策保障；还需要双方在全面合作的基础上，进一步厘清政府和市场的边界，以明晰的制度性安排规范、固化新区管委会与雄安集团在项目运作过程中的角色定位和职责分工，建立与当前政策相适应，与雄安新区起步建设特点相契合的基础设施投融资新模式，构建更符合时代导向的新型合作关系。

四 构建雄安新区管委会与雄安集团新型合作关系的思路和要点

（一）精准理清新时代赋予雄安集团的新定位、新使命

在新区开发建设过程中，雄安集团有其独特优势。他既不是纯粹的政府

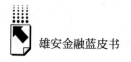

机构，也不是完全意义上的市场化主体。在承担公益性项目建设运营任务时，可采用政府购买服务方式委托雄安集团运营维护，其作用类似于社会资本；在运作可经营性项目时，又可由雄安集团公开选择合作人组建运营公司运营管理，其作用又相当于公共部门。基于此，本文认为，雄安集团应在新区开发建设过程中着重发挥资源融通和引领作用，致力于成为政府和企业之间、政府和市场之间的桥梁和纽带，实现优质资源的增量增值。一方面要执行管委会战略意图，整合、优化配置新区资源，推进基础性重大项目建设，代表政府营造城市；另一方面也要充分激发市场活力，依托市场运作优势，对接、导入社会资源，培育、引导新区市场主体发展。

（二）雄安新区管委会和雄安集团新型合作关系的框架设计

贯彻落实《中共中央 国务院关于支持河北雄安新区全面深化改革和扩大开放的指导意见》精神，深入推进新区经济、财政、金融等领域改革创新，以建立"使市场在资源配置中起决定性作用，更好发挥政府作用"的体制机制为目标，发挥雄安新区管委会和雄安集团各自优势，围绕新区土地、房产、资金等核心要素，进一步厘清新区管委会和雄安集团在新区规划、建设、运营各个阶段、不同领域的权责边界，明确"事归谁干、钱由谁出、资源给谁"等核心问题，尤其是明确新区管委会和雄安集团关于公益性、准经营性和市场化等各类项目的合作方式及财政资金的补贴方式，构建合规高效、权责匹配的长期稳定合作关系，共同推进雄安新区重大国家战略实施。

新区管委会和雄安集团应以雄安新区基础设施投融资建设为重点，围绕开发建设全过程开展全面合作，合作内容包括但不限于雄安新区征地拆迁、起步区及各组团城市基础设施、公共服务设施、房屋等建设，特色小镇建设以及新区对外交通、白洋淀环境综合治理、森林体系建设、产业发展等。

第一，从双方规划、建设、运营不同阶段的责任看，在雄安新区规划建设过程中，新区管委会发挥政府作用，对公共资源进行整合供应，并实施监督管理。具体工作包括但不限于新区规划设计、确定建设时序、制定政策标准以及实施全程监督四个方面。一是新区规划设计。根据党中央明确的新区建设方向，高标准开展新区规划设计工作，明确新区总体规划及相关专项规划。二是确定建设时序。根据党中央明确的新区建设时序，确定相匹配的近、中、远期建设项目。明确雄安集团作为实施主体进行投资、建设、运营的项目。三是制定政策标准。负责制定新区土地、住房、经营性城市基础设施（水电气暖、轨道和公共交通、综合管廊等）等领域政策标准，明确投资、建设、运营模式，明确雄安集团在上述领域内享有资产运营未来收益。针对雄安集团承担新区开发建设运营制定优惠的税收政策；在职责范围内豁免雄安集团行政事业收费。四是实施全程监督。建立绩效考评机制，对雄安集团在工作职责范围内负责的投资建设运营工作，包括投资效益、建设质量、运营效果等进行考评监督，并根据考评结果给予运营补贴。

雄安集团发挥市场作用，对公共资源进行市场化配置，使公共资源利用效率最大化。具体包括但不限于集团对自身作为实施主体的项目进行方案编制、投融资、组织建设和运营管理工作。一是方案编制。在片区总规、控制性详规下，组织开展项目实施方案、可行性研究报告的编制工作，并取得合法批复。二是投融资。设计投融资方案，负责资金足额到位，保障建设工作按时完成。三是组织建设。按照实施方案或可行性研究报告进行项目建设，可采用自建、总包或联合社会投资人共同建设等方式。四是运营管理。雄安集团在运营期内，对建成资产进行运营，可采用自身运营、招标社会资本方共同运营或全部外包运营等方式。

第二，从基础性和公共性资源配置领域看，主要有土地、住房等由雄安集团开发建设运营的资源。一是土地。新区管委会负责制定土地政策，明确土地一、二级开发模式，供地方式，土地价格形成机制等；制定土地收储、供应计划，承担土地收储和一级开发责任，明确由雄安集团具体实施；负责一级市场供地，对于经营性用地，土地定向出让给雄安集团，非经营性用地，土地划拨给用地单位。雄安集团具体实施土地一级开发和二级市场供地，经定向出让，享有经营性土地的使用权和运营权，对有收益项目灵活采用作价入股、租赁、转让等方式运营土地资源，并享有二级市场土地运营收益。二是住房。新区管委会负责制定住房建设运营政策，承担安置房建设责任，明确由雄安集团具体实施。雄安集团负责安置房运营，非安置房、租赁住房、有限产权房等经营性住房的建设运营，并可适当参与商品房的建设销售。新区管委会明确雄安集团享有非安置住房的产权。三是其他经营性公共服务设施。新区管委会负责适时制定城市水电气暖等基础设施、轨道和公共交通、综合管廊、地下空间利用等领域政策，明确雄安集团作为建设运营责任主体，按市场化方式向雄安集团采购运营服务；明确雄安集团承担水电气暖等基础设施、轨道和公共交通、综合管廊、地下空间利用等经营性资产的建设运营；明确雄安集团享有水电气暖等基础设施、轨道和公共交通、综合管廊、地下空间利用等领域项目的产权。针对供水、供热等市政服务定价标准，雄安集团享有申请调价权。

第三，从建设资金来源方面看，新区管委会负责统筹各类资金对雄安集团给予注册资金、项目资本金等支持；对于公益类项目，新区管委会向雄安集团支付成本及运营支出；新区管委会设立雄安城市发展基金专项用于雄安新区建设。雄安集团负责按照管委会明确的建设运营内容，以市场化方式筹措建设资金，保证规划建设目标如期完成。

（三）构建雄安新区管委会和雄安集团新型合作关系的现实设计——以容东片区为例

第一，合作双方为河北雄安新区管理委员会与中国雄安集团有限公司。

第二，合作范围为容东片区项目，占地面积 12.7 平方公里，四至范围可根据规划情况确定。

第三，合作期限。可由雄安新区管委会与雄安集团协商确定，建议不少于 50 年。

第四，合作内容。新区管委会授权雄安集团在容东片区区域内进行整体开发建设和运营，包括但不限于区域内土地征转、基础设施、公共设施、城市建筑、绿化景观以及配套保障性项目等。新区管委会发挥政府作用，对公共资源进行整合供应，实施监督管理。具体工作包括但不限于新区规划设计，确定建设时序，制定政策标准以及实施全程监督四个方面。雄安集团发挥市场作用，对公共资源进行市场化配置，使公共资源利用效率最大化。具体工作包括但不限于雄安集团对自身作为实施主体的项目进行方案编制、投融资、组织建设和运营管理工作。

一是征拆及土地整理项目，由新区管委会负责按照容东片区开发建设进度，对片区内实施征拆和土地整理，并合规向雄安集团提供建设用地。

二是中央绿轴、市政道路、绿化景观工程等公益性基础设施项目由新区管委会提供资金，授权雄安集团负责建设。项目建成后新区管委会以政府购买服务方式委托雄安集团运营维护。

三是教育、医疗、文化娱乐等公共服务设施项目由新区管委会提供资金，授权雄安集团负责建设。项目建成后新区管委会以政府购买服务方式委托雄安集团或第三方机构运营维护。

四是综合管廊、轨道交通、污水给排水燃气热力等可经营性项目由新区管委会授予雄安集团特许经营权。雄安集团作为雄安新区容东片区特许经营项目实施机构代表及政府出资代表，依法合规负责项目的前期评估论证、实施方案编制、合作方及合作方式选择等工作。待雄安集团和合作方成立项目公司后，该项目公司获得项目特许经营权。政府根据运营情况给予财政补贴。

五是综合开发地块内的住宅、商业、产业办公等由新区管委会授权雄安集团片区综合开发，由雄安集团以市场化方式自主运营，其中安置房和政策性保障房由新区管委会提供资金，委托雄安集团负责建设，项目建成后新区管委会以政府购买服务方式委托雄安集团运营维护。新区管委会根据规划和政策情况，通过协议出让向雄安集团供应片区开发的建设用地。

第五，资金来源和政策保障。双方以新区开发建设阶段总体资金平衡为共同目标，全力确保新区层面和集团层面的稳健可持续发展。雄安集团充分发挥市场优势，积极争取社会资本、金融机构、资本市场等市场化资金，弥补新区基础设施投融资建设尤其是起步阶段财力的不足，全力保障建设资金需求，并独立承担市场化项目建设运营风险。新区管委会发挥政府优势，积

极争取中央及河北省综合财力、专项补助、地方政府债券等财政资金，对雄安集团承担的项目依法合规给予资金和资源支持，支持雄安集团可持续经营。

一是征拆及土地整理项目由新区管委会通过财政资金支付。如需雄安集团提供征拆及土地整理服务，新区管委会应向雄安集团支付服务费，服务费=征拆及土地整理成本×系数。结算方式为参照双方协议支付。

二是中央绿轴、市政道路、绿化景观工程等公益性基础设施项目由新区管委会通过财政资金支付。建设期，新区管委会向雄安集团支付建设资金，建设资金=建设成本×系数。结算方式为项目竣工决算后1年内支付。运营期，新区管委会向雄安集团支付运营服务费，结算方式为根据双方签订的政府购买服务合同支付。

三是教育、医疗、文化娱乐等公共服务设施由新区管委会提供资金，建设期，新区管委会向雄安集团支付建设资金，建设资金=建设成本×系数。结算方式为项目竣工决算后1年内支付。运营期，如需雄安集团提供运营服务，新区管委会应向雄安集团支付运营服务费，结算方式为根据双方签订的政府购买服务合同支付。

四是综合管廊、轨道交通、污水给排水燃气热力等可经营性项目，新区管委会向雄安集团支付财政补贴，结算方式为根据特许经营协议或政府和社会资本合作协议按年支付。

五是综合开发地块内的住宅、商业、产业办公、市政基础设施等用地由新区管委会协议出让给雄安集团。

综合地块内的市政基础设施、景观工程等基础设施、安置房和政策性保障房由雄安集团从项目公司回购，政策性保障房不动产权确权至雄安集团，回购资金由雄安集团向新区管委会申请列入下年度财政预算，由财政资金补足。道路、景观、安置房、政策性保障房等公益性项目通过政府购买服务方式由雄安集团运营管理，新区管委会依据政府购买服务协议向雄安集团支付服务费。

综合地块内的综合管廊等经营性基础设施项目纳入主干工程建设、运营。新区管委会向项目公司支付补贴资金，结算方式为根据特许经营协议或政府和社会资本合作协议按年支付。

住宅、商业、产业办公等市场化项目新区管委会授权雄安集团与社会资本组建合资公司，不动产权确权至合资公司，由合资公司进行市场化出租或出售。合资公司及雄安集团独立承担上述市场化项目的建设运营风险。

第六，其他事项。一是新区管委会及时推动规划、政策、土地、投资审批等相关工作，为雄安集团有序推进相关项目建设积极营造有利环境。二是雄安集团按照新区管委会明确的建设运营内容，积极整合外部资源，以市场化方式筹措建设资金，确保规划建设目标如期完成。三是如雄安集团授权其下属全资子公司或全资子公司成立的项目公司实施项目建设运营，则该子公司或项目公司承继本协议约定的全部权利义务。四是其他未尽事项，双方视实际情况，签署相关补充协议予以明确。

五 对策建议

（一）建立健全基础设施投融资相关法律法规

近几年，财政部、国家发改委等有关部委陆续出台了政府购买服务、PPP 等一系列涉及基础设施投融资领域的规定或通知，但这些规定或通知往往政出多门，且往往带有本部门的倾向性，给基层的政策执行者带来了一些困惑。建议借鉴日本、英国等国家的经验，出台统一的 PPP 或 PFI 法律法规，并对通过 PPP 或 PFI 方式进行融资的行为起草专门条款予以约束和规范。

（二）加强完善基础设施投融资的制度保障

一是进一步完善"一会三函"等项目审批制度。该制度是河北省持续推进投融资体制改革和贯彻《国务院关于投资体制改革的决定》的重大举措之一，对推进雄安新区基础设施先行建设有极大作用，但对于建设项目来

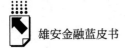

说，被"一会三函"跳跃过去的若干项审批手续并未取消，项目建成之前需要完成所有规定的审批程序，这些程序仍存在进一步简化的空间。二是营造稳定、宽松、友善的投资环境，在国家保密范围之外，尽快明确土地、住房、投资等相关政策，完善财政利益补偿机制，积极引导、充分吸收社会资本投资，最大限度地鼓励国内外资本共同参与雄安建设。三是建立"政银企"协调联动机制，或政府、金融机构与雄安集团等相关企业的联席会议制度，构筑相互信任、相互支持、互惠互利、共谋发展的新型"政银企"关系。

（三）以正式的制度性安排明确、规范和固化新区管委会与雄安集团的合作关系

可选载体包括但不限于政府制定政策、出台制度、印发纪要、签署合作协议等，具体可结合法律效力和实际情况予以确定。当前，考虑到《容东片区建设实施意见》已在征求意见阶段，建议新区管委会与雄安集团通过签署合作协议的方式，对即将印发的实施意见进行补充和深化，并对未明确事项予以约束。

（四）进一步加强城镇综合开发类 PPP 模式的研究和创新力度

前期，雄安集团会同国家开发银行河北省分行开展了"理顺新区管委会与雄安集团关系"的研究工作，相关成果得到了新区管委会陈刚书记肯定批示。下一步，建议以实操为标准，充分发挥开发性金融的专家银行优势，对华夏幸福、张江高科等案例进行更加深入的调查了解，对城镇综合开发类的 PPP 模式在雄安新区的适用性、绩效考核标准等关键问题进行更加深入细致的研究，探索建立与当前政策相适应，与雄安新区起步建设特点相契合的基础设施投融资新模式。

B.7
雄安新区综合管廊项目投融资
模式探讨与相关建议

魏术鹏 *

摘　要： 综合管廊是雄安新区建设与发展的重要基础性工程，其建设关系到雄安新区的整体建设与可持续发展。投融资模式与综合管廊项目的融资渠道息息相关，是项目顺利推进的重要保障。随着国内地下综合管廊建设需求及规模的不断扩大，投融资模式的选择和创新成为各地综合管廊建设实践过程中的重要议题。本文重点研究 PPP 与 EPC 模式在雄安新区综合管廊项目中的运用及模式，建议不断完善 PPP 模式相关法律法规，加大对综合管廊专项债券的扶持力度，鼓励设立综合管廊专项投资基金，并提出了优化 PPP 模式和 EPC 模式的具体做法。

关键词： 综合管廊　投融资模式　PPP　EPC

综合管廊是城市地下管道综合走廊，即在城市地下建造一个隧道空间，将城市电力、燃气、给排水、供热、通信等各种工程管线集于一体，敷设在这个地下空间内，并设有专门的检修口、吊装口和监测与控制系统，实施统一规划、统一设计、统一建设和运维管理，是保障城市运行的重要基础设施

---

* 魏术鹏，工程师，一级建造师，湖南中建管廊运营有限公司副总经理，主要从事城市地下综合管廊运营管理工作，主要研究方向为管廊运营管理、管廊综合管理智能化信息平台等。

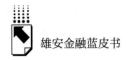

和"生命线",属于城市基础设施的重要组成部分。综合管廊对满足民生基本需求、提高城市综合承载能力发挥着重要作用。

雄安新区的设立对于集中疏解北京非首都功能,探索人口经济密集地区优化开发新模式,调整优化京津冀城市布局和空间结构,探索未来城市建设与功能,都有重大现实意义和深远历史意义。提供优质公共服务,建设优质公共设施,创建城市管理新样板,是雄安新区城市建设的一项重大任务。综合管廊系统是城市建设的"里子"工程,建成后,将提高雄安新区的综合承载能力,有助于雄安新区节约地上空间,美化城市面貌,解决城市交通拥堵问题,提升抗灾抢险能力,还将极大地方便电力、燃气、给排水、供热、通信等各类市政设施的维护和检修。

一 综合管廊项目投融资模式分析

投融资模式与综合管廊项目的融资渠道息息相关,是项目顺利推进的重要保障。随着国内地下综合管廊建设需求及规模的不断扩大,投融资模式的选择和创新成为各地综合管廊建设实践过程中的重要议题。地下综合管廊的准公共产品属性和物业属性,决定了政府对综合管廊负有投资和建设责任,但同时也具有一定的使用者付费基础,并具有可融资性。

根据原住建部进行的相关测算,在把入廊的相关管线加入之后,地下综合管廊每公里造价将达到 1.2 亿元,比同期四车道高速公路造价还要高出0.4 亿元。这就对运用传统建设模式的地方政府财政支付能力提出了较高的要求。综合管廊项目具有规模经济属性,综合管廊的建设规模达到一定程度才能达到理想的经济效应,且规模越大,经济效应越好。这就要求地方政府在上马综合管廊项目时不能匆忙上马小规模综合管廊项目,需要结合地区实际统筹有一定覆盖区域、建设成规模的地下综合管廊。

在当前财政收入增长放缓,地方基础设施建设和民生支出压力较大的现实情况下,即便国家出台了系列资金配套奖补政策,地方政府面对巨量的综合管廊建设成本,也很难将建设资金足额筹集到位。即使是财政资金较为宽裕的深圳，亦在颁布的《深圳市地下综合管廊管理办法（试行）》中提出"鼓励社会资本参与综合管廊的开发和建设"。

近些年 PPP 模式在国内可谓如火如荼，同时 EPC 模式也受到了很大的关注，因而就产生了将两种模式结合起来的设想。这种模式简单来讲就是，项目采用 EPC 的模式来实施包括设计、施工、采购等在内的总承包的交钥匙工程，工程总承包商通过 PPP 模式中的投融资进入项目，通过与投资企业签订相关的特许经营协议获得相应回报，并且按照 PPP 模式的规则在项目周期结束后将设施移交给政府部门的一种方式。

（一）PPP 模式在综合管廊项目中的应用及特点

1. 社会资本门槛高

地下综合管廊 PPP 项目模式下选择社会资本应属于政府采购行为。若项目边界条件已经比较明确、完整，技术指标相对比较稳定，推荐采用公开招标的采购方式，以便确保项目采购过程中竞争充分，较好地做到公开、公平、公正。同时，由于地下综合管廊项目一次性投资大、合作周期长，协调难度大，对设计、施工运维都有很高的要求，无形中对社会资本设置了较高的门槛。

目前，国内综合管廊施工、运营服务的社会资本高度集中在大型央企，综合管廊设计服务也大部分被少数几个设计院承接，虽然这有利于承接单位相关实力的快速提升，但并不利于市场的充分竞争，更不利于民营资本的介入，建议综合考量，给有实力的民营社会资本更多参与的机会。

2. 项目的合作期限长

地下综合管廊全寿命周期一般在 100 年左右，地下综合管廊经济社会效益的实现往往需要一个非常漫长的周期，相应的 PPP 合作期限也应适当延长。建议地下综合管廊项目的合作期限一般不低于 20 年，通常设置为25～30 年。30 年后，若经政府与社会资本协商一致，也可考虑由原社会资本继续负责运营维护。

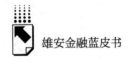
3. 股权及回报方式复杂

《关于规范政府和社会资本合作合同管理工作的通知》（财金〔2014〕156 号）中《PPP 项目合同指南（试行）》规定："政府在项目公司中的持股比例应当低于 50% 、且不具有实际控制力及管理权。"《国务院办公厅关于推进城市地下综合管廊建设的指导意见》（国办发〔2015〕61 号）明确："优先鼓励入廊管线单位共同组建或与社会资本合作组建股份制公司，或在城市人民政府指导下组成地下综合管廊业主委员会，公开招标选择建设和运营管理单位。"

4. 使用者付费不确定性大，回报机制设置难度大

《政府和社会资本合作模式操作指南（试行）》（财金〔2014〕113 号）明确，PPP 项目回报机制主要包括使用者付费、可行性缺口补贴和政府付费等支付方式。地下综合管廊属于准经营类的项目，一般采用可行性缺口补助方式来设计项目的回报机制。但目前国内地下综合管廊实际运营经验少，入廊收费政策还在起步阶段，具体管线单位付费情况并不确定。在使用者付费不理想的情况下，为保证项目公司合理收益和利益，可以考虑研究以资产证券化的方式提前收回部分或全部投资成本，减少风险，同时也可以保证项目公司有持续现金流支撑项目的正常运转。

政府和社会资本合作模式，不能理解为单一的融资工具，而应从全面深化改革的高度，充分认识到其对国家、地方政府、社会资本及公众等各方带来的好处和利益。

对地方政府而言，PPP 模式不会产生新的政府债务，能够较好地缓解债务压力，拓宽融资渠道，提高资金使用效益，激发经济体的活力和创造力；有利于整合社会资源，提升增长动力，促进结构调整和转型升级；有利于利益的共享和风险的分担；有利于提高公共服务质量和效率；有利于创新投融资机制，增强经济增长的内生动力。

对社会资本来说，PPP 模式可为企业提供稳定合理的收益，拓宽企业的投资范围，盘活存量资本，激发投资活力；通过明确的风险分配机制，减少商业风险，保障企业的合理利益，促进企业的长期健康发展；可以通过组建

PPP 项目公司，由企业融资变为项目融资，从而拓展融资渠道，提高项目融资成功的可能性。

对公众来说，PPP 模式能够"让专业人干专业事"，发挥社会资本的技术、管理优势，促进公共服务提质增效，持续聚力改善民生，不断增进人民福祉；有利于基础设施、公共服务的品质改善，降低公共服务费用支出，降低公众参与基础设施和公共服务的门槛，使其更方便对公共服务提出意见建议，也有利于监督。PPP 模式的支付模式和实际投入服务情况相关，体现了"投资收益"的匹配，在某种程度上更能体现"代际公平"。

（二）EPC 模式在管廊项目中的应用及特点

目前，我国地下管廊的建设中很多都运用 EPC 模式。EPC 模式得到了广泛认可。财政部、原住建部《关于开展 2016 年中央财政支持地下综合管廊试点工作的通知》（财办建〔2016〕21 号）的申报指南中明确提出："积极采取设计采购施工运营总承包（EPCO）等模式，实现地下综合管廊项目建设运营全生命周期高效管理。"

1. EPC 模式的内涵

EPC 来源于国际咨询工程师联合会菲迪克（FIDIC）银皮书，即 1999 年版《设计采购施工（EPC）/交钥匙工程合同条件》。自 1982 年江西氨厂改尿素工程算起，EPC 模式在我国经历了几十年的发展。

严格来讲，在我国大陆地区现行环境下，"EPC 模式"并非一个准确用词。根据 FIDIC 1999 银皮书原始条款来看，EPC 模式主要被推荐用于以交钥匙方式提供加工或动力设备、工厂以及类似的设施、基础设施或是其他的开发项目。与传统的工程模式相比，EPC 模式项目的最终价格和要求的工期具有更大的确定性，且总承包商承担项目的设计和实施的全部职责，风险也基本由总承包商承担。

但在我国大陆范围内，此种工程总承包模式设有工程监理制度，使得权责划分发生了一定的变化。从基本的法律逻辑上来看，工程监理的存在给了业主监督承包商并发表自己意见的机会，可以对项目造成实质上的影响，因

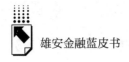

而业主也应当承担此部分的责任。举例来说，如果说严格按照 FIDIC 条款规定来运行 EPC 工程，即便是业主提供的原始数据有误而造成，承包商依旧要承担这一部分损失的责任，这在存在工程监理制度的我国则不同。

因此，在我国大陆范围内，并不能随意使用 EPC 这个概念，或者说，使用 EPC 仅是为了交流方便，其本质上仅仅是代表工程总承包，与真正国际通行的 FIDIC 的 EPC 概念存在重大差别，应当予以一定的区分。

2. 应用及特点

（1）总承包人高度的资源整合和协调能力

综合管廊工程具备实行工程总承包的有利条件，目前，总承包人通常是以施工为主导产业的大型国企单独或与实力强劲的设计单位以联合体形式承担总承包任务。这就要求以施工为主业的企业转变观念，调整传统营销策略，结合企业自身的实力和特点，组建相应规模的综合管廊运营维护机构，并与有实力的设计公司建立长期稳定的合作关系，为构建综合管廊竞标联合体做好充分准备。对需要总承包人承担融资的项目，考虑到综合管廊项目的大体量的投资和长期限的合作，强大稳定的融资能力成为进入综合管廊项目的必要条件。总承包人应充分考虑好项目融资问题，可考虑与具有实力的金融机构，通过谈判建立框架合作关系，一旦中标，能够迅速地筹措项目建设资金，满足工程建设进度的需要。

（2）利益和风险的合理分配

采用 EPC 模式是实现综合管廊项目工程造价控制的有效方式。通常，项目的具体设计、施工、采购等工作并非政府实施机构所擅长的内容。EPC 模式中，将项目包括设计、施工、采购等在内的全部工作交由有经验和能力的总承包人来完成，既有利于专业承包人发挥其设计、施工全过程效率，也减轻了业主负担。建设项目工程造价的 90% 在设计阶段就已经确定。在传统施工承包模式下，施工和设计是分离的，沟通协调难度较大。施行 EPC 模式后，设计、施工和采购过程合三为一，能够充分发挥设计优化作用，最大幅度地降低成本。同时，施工介入设计，更有利于合同总价和工期的确定，也有利于业主控制费用和进度，降低工程实施风险，提高项目效益，在向总承包商转移风险的同时也给了总承包商创造价值和获取利润的机会。

（3）较强的运营维护能力

考虑到管廊项目的全寿命周期，在项目建成后，还需进行相对长时期的运维。对 EPC 项目来说，若总承包人和运维由不相关的两方分别负责，可能造成责任界限难以划分、协调难度大等问题，固推荐使用"EPC + 运营"（EPCO）模式。对总承包人来说，EPCO 模式可充分综合考虑到设计、采购、施工各个环节与后续的运营维护协调。这也要求在 EPCO 模式中，总承包人不仅要有较强的设计施工能力，也应注重运营维护的管理。如在长沙管廊试点项目中，总承包人就自行组建了专业的运营公司，既确保了项目全寿命周期的顺利高效运行，又可利用其在全国范围内不同的管廊项目合理配置资源，有效减低运营费用。

（三）PPP + EPC 模式和 EPC + PPP 模式

PPP + EPC 虽然是两种模式的结合，但在实际操作中，因介入先后而区分为 PPP + EPC 或是 EPC + PPP，二者的适用环境存在一定差别。

对于 PPP + EPC 来讲，这种模式主要是在新建项目中采用。除要进行一般的项目论证、前期立项等程序外，需要采用招标的方式选择社会资本方，社会资本方应当具备项目建设的资质，同时对于中标社会资本方来讲，尤其是采用联合体方式进行招投标的，必须注意的是不能有不投入股权资金而成为股东的情形。

EPC + PPP 模式则是在现实中存在已久的一种针对在建项目的模式。因为是现有 EPC 的存在，项目建设权只能通过公开招标的方式取得，而不可能通过框架协议的方式获取，并且此种情形下一个较为棘手的问题是先期中标 EPC 的总承包商并不一定能够成为 PPP 项目的社会资本方，因而一旦此种情形发生，如何处理 EPC 合同与 PPP 协议的关系需要进行复杂的考虑。

因而，我们可以看到，两种模式的结合因为前后顺序的不同实际上存在巨大的差异，在实践中应当注意具体情形具体分析，避免一概而论。

1. PPP + EPC 模式的前景

PPP + EPC 既吸收了 PPP 模式的特点，同时又解决了工程建设的实际问题，因而具有许多优点。由于我国基础设施投资日趋大型化、复杂化和集成化，政府作为业主方倾向于由一家承包商来承担某一项目的全部工作而采取工程总承包的方式。同时，《招标投标法实施条例》以及财政部《关于在公共服务领域深入推进政府和社会资本合作工作的通知》（财金〔2016〕90号）中关于"两招并一招"条文的出台，以避免"二次招标"的操作方式使得 PPP + EPC 模式有了发展的广阔空间。

其一，在 PPP + EPC 模式下，项目的设计方案更趋合理化。此种模式下，建设单位需要在满足规范的情况下做出更为精细的、经济的设计计划，加强施工企业同设计单位的沟通。当设计、采购、施工均在同一机构宏观操作下完成时，将使方案更加易于施工操作，也更加经济合理。同时，各部分协调统一，避免了过去传统施工模式下分阶段验收等待的弊病，各部分工作得以重叠进行，极大地缩短了工期，从而降低了成本，并使得收益得以更早实现。

其二，PPP + EPC 模式更契合目前环境下建设市场和建设施工企业的真实需要，有助于实现更高的经济效率。在此种模式下，无论是建设还是运营成本，或是维修和翻新、融资成本等 PPP 合同的约定成本，都可以通过 EPC 模式在建设施工、技术以及运营管理等方面所具备的优势而小于公共部门自己独立实施项目的成本，将 PPP 模式同 EPC 模式二者对成本控制的优势叠加，形成 1 + 1 > 2 的有利情形。

但同时，PPP + EPC 模式也确实存在对项目整体管理要求过高的现实问题。选取 PPP 模式来运行的工程，往往因为地方政府缺乏对大型工程项目的管理经验，从而对施工单位的管理能力提出了更为高标准的要求。在这种情况下，对于施工单位来讲，就需要转变主导工程项目施工的思想，更多地承担起管理方面的责任，为项目的有序推进付出更多的努力。

PPP + EPC 模式对经营管理以及设计的要求也较高。在工程变更方面，因 EPC 项目往往是按照总价包干来进行的，需要变更的那一部分可能需要由社会资本方来承担责任，而此类项目往往是政府投资项目，政府投资项目的一大特点就是严格的计划性，无论是反映在项目的数额还是所建设的内容上，这类计划一旦做出就不会轻易被改变，因而在项目进行之初就进行良好的预先设计就显得十分重要。实际上这一点在招投标阶段同样是个问题。由于这种不易变更性，联合体的设计施工方必须尽量在招投标阶段就做出大致准确的方案设计，以避免在实际施工过程中发生招投标时报价同实际施工成本出现较大差异的情形。与此同时，必须注意到的还有经营管理方面，地方政府往往缺乏系统的经营管理体系，也少有变更、计量方面的相关经验以及具体的资料，因而在选择时对经营管理的要求也就随着他们对这种知识的缺乏而反向提升。

2. 我国 PPP + EPC 模式存在的问题

其一，PPP + EPC 模式的规范来源于多个不同的部门，但同时这些规范又没有一个统一且高位阶规范来进行指导。因而在现阶段，事实上无论是 PPP 模式还是 EPC 模式，面临的首要问题都是规范不完善所带来的操作混乱。

在现阶段，PPP 模式规范的主要来源是发改委和财政部两个部门，而这两个部门对于 PPP 模式又长期存在各自按照各自的理解出台规范的现象。国务院层面关于 PPP 的行政法规虽然已经公布了征求意见稿，但是迟迟没有颁布。因而，PPP 模式在我国处于一个极为尴尬的境地。一方面，如果宽泛地理解，将 BT、BOT 等模式均包含在 PPP 模式内的话，其在我国已经拥有了几十年的发展历史，并且在 2014 年达到一个发展的巅峰；另一方面，对 PPP 模式的规制却又令出多门，并且变动频繁。仅以 2017 年财政部 92 号文为例，虽然 92 号文的目的在于规范 PPP 模式的运行，然而突然的整改变化使得大量已经入库的 PPP 项目面临整改甚至有被清退的风险。

而对于工程总承包 EPC 来讲，首先通过《建筑法》来看，虽然提倡工程总承包模式，但是缺乏配套的法规文件，使得《建筑法》中的条文成了一条原则性的指引，不具有操作性。而其他的法律规范更是散见在各个部门法中，使得工程总承包在实践中以一种近乎"类比"的方式在运行，比如

在"重灾区"招投标阶段就是如此。

对于 PPP + EPC 模式来讲，一般选取两标并一标的方式进行操作，但是事实上，此种方式的合法性基础存在一定的风险。《招标投标法实施条例》第九条规定："已通过招标方式选定的特许经营项目投资人依法能够自行建设、生产或者提供"的项目可以不进行招标。但是此一规定的限定范围是"特许经营项目"，然而"PPP"究竟同"特许经营"之间是否可以画等号现在依然存在很大的争议，因而很可能造成可以广泛进行操作的模式变成"合理而不合法"。

当然，此种状况正在面临一定的改变，比如上海市建纬律师事务所即受委托起草相关规范，相信在不远的将来工程总承包必将由为他们"量身定做"的规范来指引。

其二，工程监理的作用在这种模式中被弱化。在工程监理中，有关监理单位接受一般作为业主的甲方的委托对工程建设实施监控。之前的论述中也提到，这也是在我国的工程总承包制度同严格的 FIDIC 下 EPC 的一大区别。因为工程监理制度的存在，在我国的工程总承包中，业主方根据权责一致也要对工程承担相应的风险。与此同时，监理制度的存在使得业主对工程建设拥有一定的掌控权，从某些意义上也保障了业主的利益。

但是在 PPP + EPC 模式当中，发生了一定的变化。虽然理论上监理工程师应当秉承公正独立且自主的原则，但是难以回避的一个问题是监理工程师的监理职权乃是依赖于业主的授权。事实上，这类授权不仅应当反映在双方的监理合同中，也应当作为业主与承建单位之间的建设工程合同的条件之一，监理工程师只能依据此来进行监理活动。因而如果投资人同承包商为同一主体时，监理的地位无疑在工程建设中略显尴尬。

与其说 PPP 与 EPC 是两种单独的模式，不如说是两种诸多模式的结合。以 PPP 为例，其涉及行政、公司、工程等诸多领域，每一领域都有成文的规范，但正是这些领域的相互杂糅，使得这些规定在 PPP 模式上又似乎模棱两可。对于 EPC 或工程总承包来讲亦是一样。比如在工程总承包下分包商的再分包问题，在施工总承包项下，总承包商 B 将部分工程分包给分包商 C 是毋庸置疑的，二次分包仅是不允许 C 再分包给下一级 D。然而在工程总承包中，由于工程总承包商 A 的出现，在数学逻辑上二次分包的计算节点就变成了 C 而非 D，事实上并未发生变化，但是严格地从法律上来讲，产生了争议。因而说来，不论是 PPP 模式、EPC 模式，还是 PPP + EPC 模式，其在我国实践中所面临的最大问题是法律的滞后性，正是原有的立法并未考虑到这些新型模式的出现导致了前文中列举的大量的"合理却不合法"的情形出现。但我们应当相信，并且应根据朴素的基本法理推导出未来的方向，切不可因现行法律法规的不完善而打擦边球。

二 国内综合管廊项目投融资现状

自 2015 年《国务院办公厅关于推进城市地下综合管廊建设的指导意见》（国办发〔2015〕61 号）印发以来，国内地下综合管廊建设步入快车道，各地纷纷将地下综合管廊推至城市规划的重要位置，一大批城市地下综合管廊项目落地，拟建项目数量呈不断增长之势。作为重要的基础设施，地下综合管廊在建设运营的过程中带动了巨额的资金投入。伴随着综合管廊在全国范围内的进一步推广，资金需求也将持续扩大，投融资问题是亟待解决的关键问题。

从国内已建的综合管廊项目来看，政府是最主要的投资方，提供了绝大部分综合管廊建设资金的供给。在传统模式下，综合管廊通常由政府融资平台出资，政府代建单位负责建设。例如，2004 年建成的广州大学城综合管廊，由政府机构广州大学城指挥办投资并建设，建成后移交给大学城投资经营公司管理，管廊全长 18 公里，总投资约 4.46 亿元。2010 年建成的上海世博综合管廊，由政府全资公司世博土地控股公司出资并建设，建成后移交给浦东新区市政管理署管理，管廊全长 6.4 公里，总投资约 2.5 亿元。从国内在建的综合管廊项目来看，综合管廊建设资金来源呈现政府投资为主、积极寻求多元化投资的特征。项目资金筹集渠道虽包括银行贷款、企业债、基金及融资租赁等多种方式，但不难发现除政策性金融工具外，银

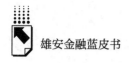

行贷款和发行债券是最具竞争优势的融资方式，尤其是低价的银行资金是项目融资的主要来源，而其他融资方式的运用则相对不成熟。总体而言，由于我国综合管廊建设刚刚步入"快车道"，投融资经验尚不丰富，目前政府资金仍是综合管廊建设的主要资金来源，大部分在建的综合管廊项目也仍由政府主导投资。

考虑到日益扩大的综合管廊建设规模及政府直接投资模式下巨大的资金缺口压力，目前我国在积极寻求综合管廊投融资方式创新，探索采用政府与社会资本合作（PPP）模式进行地下综合管廊建设。作为原住建部和财政部确定的首批地下综合管廊建设试点城市，包头、长沙、白银等10个城市的地下综合管廊建设即采用稍有差别的PPP模式来引入社会资本。经过三年时间，各试点区域管廊项目已陆续建成并投入运营，取得阶段性成果。原住建部公布的数据显示，首批试点城市综合管廊项目总投资约351亿元，其中中央政府投资102亿元，地方政府投入56亿元，拉动社会投资约193亿元。此次大规模的综合管廊PPP项目实践，在为引入社会资本支持综合管廊建设积累经验的同时，对进一步发现和解决现存综合管廊投融资问题具有重要意义。

（一）PPP模式在国内综合管廊项目中的应用情况

目前，PPP模式在综合管廊项目中得到全面推广。上述两部委在第一批试点工作安排中明确，对PPP模式达到一定比例的管廊试点城市，补助可另行奖励10%，可见国家层面对管廊采用PPP模式的重视和鼓励。

2015年8月，《国务院办公厅关于推进城市地下综合管廊建设的指导意见》（国办发〔2015〕61号），明确鼓励由企业投资建设和运营管理地下综合管廊，推广运用PPP模式。同时，各地方政府也相继发文推进管廊建设，鼓励使用PPP模式。

2015年12月，《上海市人民政府办公厅关于推进本市地下综合管廊建设若干意见的通知》（沪府办〔2015〕122号）印发，明确"完善地下综合管廊建设运营模式，创新地下综合管廊投融资模式，充分发挥市场作用，吸引社会资本广泛参与地下综合管廊建设";"可以由企业投资建设和运营管理地下综合管廊,推广运用政府与社会资本合作(PPP)模式,政府通过特许经营,投资补贴、贷款贴息等形式给予支持";对"落实建设资金",提出"将地下综合管廊建设要求纳入地下综合管廊建设区域及相关地块的土地出让合同"。

2016 年 8 月,《浙江省人民政府办公厅关于推进全省城市地下综合管廊建设的实施意见》(浙政办发〔2016〕99 号)印发,明确"各级政府要大力推广运用政府与社会资本合作(PPP)模式,通过特许经营、购买服务、投资补贴、股权合作等形式,鼓励企业投资建设和运营管理地下综合管廊;鼓励社会资本组建项目公司参与建设运营;鼓励入廊管线权属单位入股共同组建或与社会资本合作组建股份制公司;鼓励施工企业和建材企业入股参与,投资建设运营地下综合管廊",在"加大财政投入"中,特别提到"各级政府要将规划确定的地下综合管廊建设要求纳入相关地块的土地出让合同,并从土地出让收益中安排一定比例的资金用于地下综合管廊建设"。

2016 年 5 月 17 日,《广州市人民政府办公厅关于推进地下综合管廊建设的实施意见》(穗府办规〔2016〕6 号)印发,提出"管廊建设可采取政府全额出资及政府与社会资本合作两种投资建设模式";对 PPP 模式可采用"政府采购和特许经营两种具体实施模式",对建设资金来源"可通过纳入宗地土地收储成本、财政补贴、收取入廊费、配建设施租售收益、政策性贷款、社会融资等方式筹集";进行了"建设内容界定","管廊项目建设内容除管廊本体及其附属设施外,还可配建道路、地下空间商业开发、地下停车场、环卫设施、地下过街设施、小型商业以及人文景观等设施"。2018 年 4 月 3 日,广州新发布了《广州市人民政府办公厅关于推进地下综合管廊建设的实施意见》(穗府办规〔2018〕8 号),对原意见中"政府与社会资本合作"的"政府采购模式"表述进行了修正。

2017 年 4 月 11 日,《长沙市人民政府办公厅关于加强城市地下综合管廊建设管理工作的实施意见》(长政办发〔2017〕12 号)印发,明确"坚持发挥市场配置资源的决定性作用，坚持政府在地下综合管廊建设中的主导和调控引导作用，多渠道、多模式进行地下综合管廊建设，同步加大配套政策支持力度，营造良好投资发展环境；积极推广政府和社会资本合作（PPP）、代建、租赁、特许经营等建设模式，吸引各类社会资本广泛参与地下综合管廊建设和运营"，突出市场在资源配置中的决定作用，"创新建设模式及投融资机制，科学界定地下综合管廊建设项目准公益性产品属性，因地制宜推广运用政府与社会资本合作（PPP）"。

（二）EPC 模式在国内综合管廊项目中的应用情况

工程总承包是国际通行的建设项目的组织实施方式。EPC 是工程总承包模式中最常用的一种。大力推进 EPC 模式，有利于提升项目可行性研究和初步设计深度，实现设计、采购、施工等各阶段工作的深度融合，有效解决设计与施工的衔接问题、减少采购与施工的中间环节，顺利解决施工方案中的实用性、技术性、安全性之间的矛盾；有利于发挥总承包企业的技术和管理优势，最大限度地发挥工程项目管理各方的优势，实现工程项目管理的各项目标，促进企业做优做强，推动产业转型升级。

2014 年以来，原住建部先后批准浙江、吉林、福建、湖南等省市开展工程总承包试点。2016 年，《住房城乡建设部关于进一步推进工程总承包发展的若干意见》（建市〔2016〕93 号），明确提出"建设单位在选择建设项目组织实施方式时，应当本着质量可靠、效率优先的原则，优先采用工程总承包模式。政府投资项目和装配式建筑应当积极采用工程总承包模式"。2017 年，《国务院办公厅关于促进建筑业持续健康发展的意见》（国办发〔2017〕19 号）提出，"加快推行工程总承包"，作为有利于"深化建筑业'放管服'改革，完善监管体制机制，优化市场环境，提升工程质量安全水平，强化队伍建设，增强企业核心竞争力，促进建筑业持续健康发展，打造'中国建造'品牌"的重要工程建设组织模式。2017 年 5 月，原住建部发布《建设项目工程总承包管理规范》（中华人民共和国住房和城乡建设部公告第 1535 号）。

（三）存在的问题

在中央高度重视及相关政策的有效推动下，目前我国大中小城市的综合管廊项目正全面有序启动，建设现状十分可喜。与此同时，随着建设资金缺口压力的不断加大，综合管廊项目存在的投融资问题也日渐暴露，成为制约综合管廊项目顺利推进的重要因素。具体来看，投融资问题主要体现在以下四个方面。

1. 投资主体相对单一，社会资本参与积极性不高

整体来说，目前国内的地下综合管廊建设仍处在政府主导的阶段，无论是初期投资，还是后期运维费用，大部分由政府承担，投资主体相对单一。虽然政府与社会资本合作（PPP）模式正在地下综合管廊项目中大力推广，但社会资本实际参与投融资的积极性并不高，多数仍处于观望状态。一方面，由于地下综合管廊投资量大，且入廊管线公益性较强，项目的投资回报率无法达到社会资本方的预期；另一方面，作为新生事物，地下综合管廊建设运营中的不可控因素较多，且使用过程中的责、权、利还缺乏有效制衡和匹配机制，总体投资风险大。社会资本方基于自身利益考虑，始终对参与地下综合管廊 PPP 项目保持谨慎态度，虽然在政策的感召下已有渐趋之势，但社会资本直接投资管廊项目的热潮仍然没有出现。另外，在目前开展的地下综合管廊 PPP 项目中，社会资本方主要是国有资本在积极响应，国企与国企合作较为常见，民营企业和民间资本则反应冷淡，这意味着真正意义上的政府与社会资本合作尚未实现。

2. 政府主导投资压力大，地方债务风险加剧

在新形势下，我国经济社会已经进入"三期叠加"的特殊阶段，经济增速放缓的同时，财政收入增速也相继放缓，而不断推进的地下综合管廊项目需要巨额的财政支持，地方政府面临巨大的财政压力。为弥补资金缺口，地方政府只好通过债务融资渠道实现资金筹集。而随着地方政府债务融资规模的不断扩大，地方债务风险积聚，在一定程度上成为威胁国家金融安全的重要隐患。目前我国把严控地方债务风险工作摆在突出位置，通过出台一系

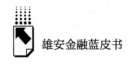

列文件加强对地方政府融资行为的监管，严堵违法违规融资渠道。在两端施压的严峻局势下，政府划拨资金全力支持地下综合管廊建设的处境十分艰难。因此，如何有效平衡政府投融资与控制地方债务风险之间的关系是目前综合管廊投融资工作中的难点。

3. 市场化融资渠道狭窄，金融产品开发力度不够

由于我国地下综合管廊项目投融资经验尚不丰富，目前有效的融资机制仍未建立，市场化融资渠道狭窄。政府财政投入、银行信贷作为目前最主要的融资渠道，虽能在一定程度上满足综合管廊项目的资金需求，但从长远来看，这些渠道下的资金供应都是不可持续的。与此同时，债券、股权、基金、租赁、信托等多样化、市场化的融资方式在地下综合管廊的融资环节中暂未得到充分、合理、灵活的运用，这在一定程度上制约了融资效力的发挥，因此，打通资本市场直接融资渠道是未来实现突破的重要方向。另外，目前利用资产证券化手段进行地下综合管廊项目金融产品开发的相关法律法规和项目回报机制有待进一步完善。一方面，现已推出的地下综合管廊类金融产品种类丰富度不够，市场导向性不强，缺乏竞争力；另一方面，市场上综合管廊类金融产品交易不活跃，未能最大化地实现其融资目标。

4. 资金期限错配，成本与风险管理不完备

地下综合管廊项目具有投资回报期长的特征，这意味着能覆盖项目建设周期的长期资金才能最好地匹配综合管廊项目资金需求。然而受制于成本及来源等多方因素，目前项目资金多为短期资金，存在严重的期限错配问题。为防止资金链断裂、实现资金的持续供给，在地下综合管廊建设期间需要频繁地进行"债务续期"及"借新还旧"操作，存在极大的风险隐患，这也反映出目前地下综合管廊项目投融资环节中成本与风险管理不完备问题。作为易被忽视的重要环节，目前综合管廊建设中粗线条、不规范的成本管理不仅加重了项目融资及后续的还款压力，还降低了项目的经济效益，而不完善的风险识别及风险控制流程使项目投融资风险积聚，不利于项目的顺利推进，也成为吸引社会资本方积极参与投资的阻碍。

为解决好投融资问题，务必在综合考虑经济及金融政策的前提下，进行

综合管廊投融资体制改革，以创新完善多元化、市场化的综合管廊投融资策略为主线，兼顾地方债务风险的控制和化解，同时通过实现对符合综合管廊项目属性的投融资及建设模式的正确选择及系统规范的配套成本与风险管理流程的构建，化解融资难题，为项目的成功推进提供资金保障。

三 雄安新区综合管廊项目投融资模式的相关建议

（一）打好综合管廊项目投融资模式的基础

国内外综合管廊基本是依靠财政和行政强制力建设普及，但随着综合管廊的需求日益增大，单纯依靠政府财政经费划拨将越来越难以支撑庞大的资金需求。虽然日本在实践中采用政企合资模式也能顺利完成综合管廊建设，但这要求成熟的法律法规和严格的执行机制，如果不能规避在费用分摊、产权界定等方面的寻租风险，管廊项目将有可能面临失败。因此，引入社会资本促进综合管廊的发展，有节约资金、提高效率的双重优势，有助于发挥市场机制在基础设施资源配置中的决定性作用，提高综合管廊建设效率和成果质量。改革投融资体制是解决综合管廊建设运营问题的一项关键突破口。

目前，世界主流且可行的综合管廊投融资模式有政府与社会资本合作（PPP）、发行综合管廊专项债券、设立综合管廊产业基金等。PPP 模式是引导社会资本进入综合管廊建设的重要渠道，综合管廊专项债券有助于拓宽政府的资金来源。综合管廊产业基金是提高 PPP 模式可行性的有力手段。在运用上述方法进行投融资时应当注重顶层设计，加强制度创新，我们从政府与社会资本合作（PPP）、发行专项债券、设立综合管廊产业基金三个方向出发，对雄安新区综合管廊项目融资提出相应的建议。

1. 不断完善 PPP 模式相关法律法规

为充分发挥社会资本在城市地下综合管廊建设中的作用，雄安新区政府应引导社会资本参与综合管廊的建设。与此同时，应谨慎评估综合管廊建设风险，在综合考虑各个风险因素的基础上确定社会资本的收益水平，保障合

理的社会资本长期收益。规范建设合同管理，明晰界定风险分担机制、特许权以及价格机制等内容，确保合同全面、规范、有效。厘清政府和社会资本的合作博弈地位，设立激励约束机制，避免串通。在 PPP 模式的应用初期，需要不断完善相关法律法规，理顺政府和企业在采购、招投标、特许权履行等环节的责任和义务。需对地下综合管廊 PPP 模式试点项目实施全生命周期的监督和管理，定期进行项目绩效评价，合理调整定价，以实现社会经济效益的最大化，而非企业利润最大化。

2. 加大对综合管廊专项债券的扶持力度

在不断完善专项债券相关法律的基础上，鼓励综合管廊项目的参与企业发行专项债券，并将发行债券募集到的资金用于综合管廊建设。可发行的债券有企业债券、可续期债券、项目收益债券等。完善地下空间的规划设计，为综合管廊项目预留地下空间，降低社会资本参与综合管廊建设的进入门槛，运用各种有效措施来加大对综合管廊专项债券的扶持力度，例如，设立专项政府债券和城市建设配套资金，从多个层次缓解综合管廊建设运营风险；采取投融资分担、产权划分等措施，创造收益持续稳定的政策氛围，引导社会各企业发行地下综合管廊项目专项债券。

3. 鼓励设立综合管廊专项投资基金

引导社会力量建立综合管廊建设投资相关基金，支持参与综合管廊建设 PPP 项目的社会机构以设立基金为手段进行资金募集。综合管廊专项基金具有与其他基金相区别的属性，应该制定规范可行的专项管理办法，为其设立和运作提供法律支撑。完善基金相关法律法规，建立良好的基金设立环境，法律保障先行，从审批制度和审批效率着手改进，明确综合管廊基金的使用方、服务方、贷款方，为综合管廊专项投资基金的后续运行保驾护航。以科普性电视节目、书刊、网络新闻等各级媒体为平台进行综合管廊优势宣传，引导社会主流舆论看好综合管廊项目，进而逐步接受综合管廊投资基金。同时建立合理的投资回报机制，维护社会投资者利益，减轻政府财政压力。

雄安新区正处于综合管廊建设的起步期，在此关键阶段，必须避免投入主体单一、融资渠道匮乏等问题成为综合管廊建设稳步发展的障碍。因此，要突破上述难题,一方面应当以创新为驱动力,改革综合管廊项目投融资体制,发散思维、勇于突破,以更具前瞻性的视角科学规划城市地下空间;另一方面应当完善与地下管线相关的综合性法律法规,健全综合管廊建设、运营、维护等配套制度,并明确政府在综合管廊项目建设中的权责边界,厘清各管线单位之间的利益关系。体制改革与法律法规完善双管齐下,积极促成政府主导、市场运作、社会参与的良性投融资格局。

(二)采用优化的 PPP 模式

PPP 模式并非综合管廊项目的"万精油",各城市试点管廊 PPP 项目实践中也暴露出很多瑕疵和不足。雄安新区综合管廊项目的 PPP 模式在实施之初应充分考虑和规避这些问题,实施优化的 PPP 模式。

1. 健全 PPP 相关法律政策

PPP 项目的整个周期通常为 10 ~ 30 年,时间跨度长,受法律、政策变动影响的风险大。目前,我国现行制度层级偏低、效力较弱,缺乏 PPP 专门立法,各方权益难以通过法律途径得到有效保障,造成 PPP 项目各参与方可能对长期合作心存顾虑。土地、融资等方面的配套政策尚不能满足 PPP 项目发展需要,有待后续进一步完善。同时,由于涉及部门职能转变,没有立法很难协调推进工作。由于缺乏统一的 PPP 立法,部分部委的办法规定及制度政策存在前后不一、条款冲突与内容模糊的情况。相关法律框架的缺失使得政府、政府出资方、社会资本方三者之间的沟通成本上升。

2. 规范项目实施,加强能力建设

部分参与部门及人员观念转变不到位,缺乏市场观念和平等合作意识,给项目的推进带来了不便,也给社会资本和地方政府造成了一定风险隐患。还有些地方"重数量、轻质量",在物有所值评价、财政承受能力论证等方面把关不严、流于形式。PPP 工作专业性强、复杂程度高,对从业人员综合能力要求高,尽管许多地方政府都成立了专门管理机构,但仍普遍存在专职人员、专业人才不足,人员稳定性不高等问题。同时,目前咨询服务市场发育不够成熟,水平参差不齐,还存在部分服务质量不高、违反职业道德等现

象。即使在国内排名靠前的知名咨询机构中，因 PPP 的爆发式增长，也存在从业人员素质参差不齐，难以确保咨询质量的情况。从项目识别开始，以做真正的 PPP 模式为导向，遵循 PPP 初心，稳步推进。项目前期推进过程，正是国家部委规范 PPP 的相关政策和文件持续发布的过程，在项目推进中只要遵循 PPP 初心就不会偏离部委 PPP 政策文件精神太远。相关领导、部门人员和咨询机构人员应基本保持固定，保障参与人员对 PPP 和具体项目深化认识、凝聚共识，为项目的顺利推进提供强有力的支撑。

3. 缩短审批、决策周期

PPP 模式全面推广时间短，目前仍存在政府决策程序不规范、部门职能不清晰等情况，造成 PPP 项目审批程序过于复杂，协调难度大，决策周期长。如长沙试点管廊 PPP 项目（第一批），2015 年 4 月成立工作小组项目发起，到 2016 年 5 月才完成社会资本采购，7 月才成立 PPP 项目公司，正式进入项目执行阶段，整个过程用时超过一年。而后受雨水、污水入廊等政策影响，项目需做较大调整，给各参与方带来了较大风险。为此建议一方面加强相关制度的完善，明确职能部门责权利，加快相关审批流程，另一方面对 PPP 项目也要预留足够的项目准备时间，提前准备，确保项目顺利实施。

4. 厘清各部门职责

不论是国家部委、地方政府及职能部门，还是社会资本、专家学者等对 PPP 模式的认知还存在一定偏差，对一些具体问题的理解并不完全一致。在 PPP 项目执行过程中存在职能部门职责不清和参与各方职责不清的情况。在综合管廊 PPP 项目准备阶段中，就存在各职能部门具体职责不清的情况。在项目执行过程中也存在政府职能部门、政府出资方、社会资本方等多方利益博弈，部分职责界定模糊，协调难度大。为此在 PPP 实施方案中就应明确各方责权利，把明确、统一的思路贯彻到 PPP 项目的全过程。针对 PPP 项目覆盖领域广、涉及部门多、协调难度大的客观情况，应该建立层次清晰、分工明确的组织保障体系。

5. 确保项目收益

某些 PPP 项目收益并不明朗，一些 PPP 项目使用者付费不可控，影响因素复杂，责任难以界定；一些 PPP 项目建成后，还存在与该项目形成实质性竞争的其他新建或改建项目，社会资本方利益难以得到保障。在综合管廊 PPP 项目中，对入廊费、运维费等使用者付费难以确定，给政府和社会资本方带来了较大风险。为此，一方面可加强各项费用的测算工作，另一方面也可考虑采用其他绩效考核模式分解相关风险。同时对布有管廊的区域，应明确规定可入廊的管线不得另建通道，确保管廊建设者的合理收益和管廊的充分应用。

6. 规避 PPP 模式存在的问题

基于 PPP 模式的种种好处，对于 PPP 模式的推广势在必行。但也不能为了推广 PPP 模式，不考虑项目的实际情况对所有项目强推 PPP。对管廊项目采用 PPP 模式虽有众多优势，但对存在的问题也不能忽视：（1）受一般公共预算支出比例 10% 的限制。《政府和社会资本合作项目财政承受能力论证指引》（财金〔2015〕21 号）第二十五条规定："每一年度全部 PPP 项目需要从预算中安排的支出责任，占一般公共预算支出比例应当不超过 10%"。比如，长沙市拟上马的 PPP 项目多、体量大，需财政付费或补贴的费用大，市本级 PPP 项目政府支付最高年份已近一般公共预算支出的 8%。对综合管廊类的项目来说，投资体量大，所需财政补贴多，获 PPP 政府缺口补贴的空间已不大。（2）不利于管廊产业链的形成。《长沙市人民政府办公厅关于加强城市地下综合管廊建设管理工作的实施意见》明确提出将长沙市建成我国中部地区"技术先进、结构合理、功能健全、运维高效"的地下综合管廊先进城市。而 PPP 模式会造成不同项目由不确定社会资本主导的 PPP 项目公司分别负责建设和运营，不利于地方"管廊产业链"的形成。（3）不利于地方政府充分享受国家对管廊建设的政策性支持。目前国家对综合管廊有诸如专项基金、PSL、管廊专项债等政策性支持，PPP 模式客观上会造成政策相关红利绝大部分甚至全部被社会资本享有，同时补助政策的不确定性也给社会资本方带来了一定风险。（4）加大了管廊统一建设和运营的难度。由社会资本主导 PPP 项目管理和运营，是 PPP 模式的核心之一，对单个项目来说有利于更高效地满足社会对公共产品和服务的诉求，以及促进政府职能的转型，但从整个区域来看，无法实现管廊的统一建设和统一运营，也可能造成运营的不便及费用的大幅增加。（5）绩效考核复杂，操作难度大。管廊运维涉及政府方、政府出资方、社会资本方、入廊单位、公众等多方利益，考核复杂、影响大，入廊单位的规范化操作也会影响项目公司的运维管理工作，这要求项目公司的考核指标、考核办法更加全面，难度也会增加。同时，使用 PPP 模式的综合管廊项目绩效考核与可行性缺口补助挂钩，政府方依据绩效考核情况支付可行性缺口补助，如何确定考核指标和考核比例会直接影响项目公司的收益和政府可行性缺口补助的支付。

为此，针对不同项目，要具体项目具体分析，结合"物有所值评价"和"财政承受能力论证"等情况综合判断，确定项目的最合适模式。对综合管廊等项目除了 PPP 模式，还可以探索采用政府直接投资、与道路共同建设、分阶段采用不同模式等方式。

（三）采用优化的 EPC 模式

EPC 模式是政府职能部门管理理念的一次革新。综合管廊项目周期长、投资大、运维收费协调难度大，部分工作已超出了传统设计或施工单位的能力，原有的行业资质要求也难以满足管廊项目的需要。如此庞大而复杂的管廊市场必然打破原有的行业现状，这要求政府在采购环节合理设定资格门槛，摒弃不合理的限制性要求。目前，在综合管廊项目实操中，部分地方政府为严控项目建设风险，固守传统建设模式，采用完成施工图设计后再进行招标采购的现象并不罕见，这种模式下的综合管廊项目也无法实施 EPC 模式。因此，在雄安新区综合管廊项目中采用 EPC 模式，应做好如下几点。

1. 营造综合管廊 EPC 发包的有利环境

（1）地方政府高度重视。建立以政府主要领导牵头的协调机制，将地下综合管廊建设纳入政府绩效考核体系，建立有效的督查制度，相关职能部门共同参与。（2）"地上、地下"统筹考虑，完善标准规范。管廊与片区规划、道路及地下空间开发等综合考虑，使管廊规划建设符合各类管线发展需求。对人防、消防、抗震防灾等要求也应统筹考虑。（3）明确入廊要求。

已建设地下综合管廊的区域，该区域内符合规定的管线必须入廊，既有管线要根据管廊建设实际进度和规划要求，有序迁移至地下综合管廊或废除。（4）实行有偿使用。入廊管线单位应向地下综合管廊建设运营单位交纳入廊费和日常维护费，入廊费主要根据地下综合管廊本体及附属设施建设成本，以及各入廊管线单独敷设和更新改造成本确定。

2. EPC 模式下的采购招标工作与传统模式应有所区别

传统招标模式由招标人提供设计图纸和工程量清单，投标人按规定进行应标和报价，而 EPC 工程总承包招标时只提供概念设计（或方案设计）、建设规模和建设标准，不提供工程量清单，投标人需自行编制用于报价的清单，因此招标时应注意以下事项：（1）确定合理的招标时间，确保投标人有足够时间对招标文件进行仔细研究、核查招标人需求、进行必要的深化设计、风险评估和估算。（2）参照国际咨询工程师联合会（FIDIC）《设计采购施工（EPC）/交钥匙工程合同条件》与《生产设备和设计—施工合同条件》拟定合同条款。（3）改变工程项目管理模式，发包人对承包人的工作只进行有限的控制，一般不进行过程干预，而是在验收时严格按照建设规模和建设标准进行验收，只有达到招标需求的工程才予以接收。EPC 工程总承包工程可不实行工程监理，发包人可仍然聘请工程监理，但是对工程监理的工作内容与工作形式进行适当调整。（4）在招标过程中，允许投标人就技术问题和商务条件与招标人进行磋商，达成一致后相关条款作为合同的组成部分。（5）工程款支付不宜采用传统的按实计量与支付方式，可采用按比例或按月度约定额度的支付方式。（6）慎重选择定标方法，目前建筑市场中具备工程总承包管理能力和经验的承包人较少，不宜采用较大范围的直接抽签或较大范围的票决抽签定标方式。

3. 施工总承包单位提升综合管理能力

EPC 模式在我国经历了漫长的发展过程，目前正处于大力推广、方兴未艾阶段。EPC 模式对以施工为主的总承包单位来说，转型难度较大。目前，建筑施工企业设计实力是常见短板，就算是大型集团公司，也往往会因集团内部管理的相对独立、协调能力较为有限，很难真正有效地整合内部资源，

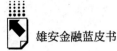
承担起设计、施工、采购、运维等全部环节工作的重任。建筑施工企业需要从综合管理能力入手，合理整合实力强大的设计公司，发展壮大自己的运营团队，加强与金融机构合作，逐步弥补在运维、设计、融资等能力方面的欠缺。同时，EPC模式对政府和业主的管理也提出了新的思路，政府或业主方需转变思路，合理选择招标采购模式和投标报价方式，提高采购效率，控制政府和业主风险。

探 索 篇

Explorations on Local Financial Development

B.8
雄安新区金融发展的基础与方向

陈建华*

摘　要：　雄安新区建设对探索人口经济密集地区优化开发新模式、调
整优化京津冀城市布局和空间结构具有重要的现实意义。金
融是国之重器，在定位高、标准高、发展空间巨大的雄安新
区建设过程中，必须明确统领、贯穿整个新区金融发展的方
向。本文首先梳理了相关理论研究成果，总结了深圳特区、
浦东新区在金融支持新区发展方面的经验，在分析了雄安新
区金融发展的基础之后，提出了雄安新区金融发展的五大方
向，即制定金融规划、完善监管架构、健全机构体系、完善
基础设施、强化政策扶持。

关键词：　金融发展　发展基础　发展方向

---

* 陈建华，经济学博士，高级经济师，中国人民银行石家庄中心支行行长、党委书记，主要研
究方向为货币政策与宏观经济发展。

雄安新区作为我国设立的第 19 个国家级新区，既有一般新区作为（区域）经济增长极和制度增长极的基本内涵，又独具自身特色，需要打破传统国家级新区与周边区域利益冲突、产业布局雷同、溢出效应小于虹吸效应的局面，构建一个点与面协同发展的重要子系统和全新的空间发展模式。金融作为国之重器，在这一定位高、标准高、建设空间巨大的新区建设过程中，必须明确"金融要干什么，金融能干什么"，即必须明确统领、贯穿整个新区金融发展的方向，并以此为核心制定一系列政策和措施。从形式上看，研究新区金融方向，必须涵盖要实现的目标，以及由目标指向的重点任务，还有为了完成这些目标所涉及的政策制度调整和完善等。从内容上看，方向的选择首先要体现前瞻性、大局观，将雄安新区金融发展与中国金融改革的重大内容相联系，具有一定意义上的广泛性。其次，提出的方向要有针对性，即有利于解决当前金融领域存在的最棘手问题。最后，还应该涉及实施中的可操作性问题。

一　理论基础

（一）有关反磁力吸引体系的研究

现代城市规划学把大城市对人口的吸引称为磁力吸引；把为摆脱这种磁力吸引而采取的一系列措施称为反磁力吸引体系。最早提出这一理论的是英国社会活动家霍华德，他在著作《明日的田园城市》中指出，工业化条件下城市与理想的居住环境以及接触自然之间存在巨大矛盾，因此应该构建"田园城市"，解决大城市盲目发展问题。① 霍华德认为，建设具有"城镇—乡村"结构的田园城市，使其拥有城市和乡村的所有优点，能够逆转人口涌向过于拥挤的大城市的趋势，改变城市和乡村的磁铁吸引力，成为"反磁力中心"。该理论的核心思想可以概括为四点：一是要有区位优势，必须

---

① 〔英〕埃比尼泽·霍华德：《明日的田园城市》，金经元译，商务印书馆，2010。

位于大城市周边，从而可以通过便捷的交通与中心城市形成高度融合的城市群；二是严格控制人口规模，打造中小型宜居城市，总人口不超过3万人；三是要存在于田园之间，即以绿地为空间手段，解决大城市与接触自然的矛盾；四是强调田园城市是具有经济独立性的新城，公共政策和基础设施建设良好，中央为商业、住宅和工业的混合区。

在田园理论的基础上，恩温、沙里宁、赖特、杜安伊和卡尔索尔普等又分别发展了卫星城理论、有机疏散理论、广亩城理论和新城市主义理论，将卫星城从单纯依赖母城且仅限于母城周边的卧城，逐渐发展成为建设标准更高、功能更加完善、环境更加宜居的独立城市，同时与母城的距离也越来越远，进一步丰富了卫星城或新城①建设的理论体系。

（二）有关雄安新区建设发展的研究

雄安新区设立后，国内学者就从新区的战略定位、建设意义、产业定位、对京津冀协同发展的作用等多个方面进行了科学论证和相关研究。雄安新区作为解决"大城市病"问题的关键一招，是创新区域发展路径、打造新经济增长极的点睛之笔，体现出中央对疏解北京非首都功能核心任务的新思维。② 对于像北京这类特大型城市，仅依靠发展卫星城市不足以完全解决问题，建设大型"反磁力中心城市"才是首选。根据这一战略定位，建设雄安新区需要考虑和处理好几个重要关系：一是与周边区域的利益协调问题。郝寿义认为，传统的国家级新区开发模式具有严重的虹吸效应，通过挤占周边区域的发展资源实现自身快速发展。③ 二是改变传统产业发展模式，以创新驱动产业升级。雄安新区的产业发展应当打造高端高新产业，建设产城融合的创新引领区和综合改革试验区。④ 三是增强新区扩散效应和带动效

---

① 20世纪50年代以后，将新型的卫星城统称新城。
② 孙久文：《雄安新区的价值、意义与规划思路》，《经济学动态》2017年第7期，第6~8页。
③ 郝寿义：《雄安新区战略笔谈》，2017年7月28日，http://www.sohu.com/a/160505884_498793。
④ 孙久文：《雄安新区的价值、意义与规划思路》，《经济学动态》2017年第7期，第6~8页。

应，形成新增长极。以雄安新区建设为契机，推动京津冀区域政府治理协同开放、基础设施协同开放、产业协同开放以及市场协同开放，促进京津冀区域内信息流、技术流、人流、物流、商流交互融合，[1] 改善京津与河北之间呈现的断崖式落差，跨越由于发展轨迹和体制机制原因形成的贫困陷阱，打造世界级城市群。[2]

二 金融支持新区发展的经验

（一）金融支持深圳特区、浦东新区建设的总体情况

金融是区域建设发展不可或缺的关键力量，主要体现在两个方面。一方面，金融作为一种服务手段，为区域建设初期提供资金保障。无论是深圳特区还是浦东新区，大型基础设施和项目的顺利完成都离不开银行信贷、资本市场和外汇市场的支持。一是银行信贷。1981～1986 年，深圳财政累计从金融机构融资 7.6 亿元，而浦东新区在"八五""九五"期间从银行获得的资金分别为 217.5 亿元和 200 亿元。二是资本市场。深圳特区积极推进企业股份制改造，走出了一条"企业股份化、股份证券化、证券市场化"的道路；浦东新区四大开发公司[3]均组建了股份有限公司，并在上海证券交易所上市发行股票。三是利用外资。1980～1985 年，深圳经济特区累计利用外资 9.22 亿美元；而浦东新区城市建设资金中外资占比高达 70% 以上。[4] 另一方面，金融作为一种产业，能够为区域经济社会发展创造良好环境。浦东新区作为我国金融开放和改革创新的"试验田"，一开始就提出了"浦东开发，金融先行"的口号。通过政策引导和市场培育，率先吸引各类金融机

---

① 刘秉镰：《雄安新区与京津冀协同开放战略》，《经济学动态》2017 年第 7 期，第 12～13 页。

② 李兰冰：《雄安新区的历史地位与成长路径》，《经济学动态》2017 年第 7 期，第 14～15 页。

③ 浦东新区四大开发公司分别为上海陆家嘴金融贸易区开发股份有限公司、上海外高桥保税区开发股份有限公司、上海金桥出口加工区开发股份有限公司和上海张江高科技园区开发股份有限公司。

④ 杨其五：《关于上海浦东开发的几个问题》，《经济研究参考》1992 年第 5 期，第 865～872 页。

构的潜在客户——企业或区域总部入驻，带动金融机构进驻，最终形成企业、金融机构和全球性运营机构集聚的金融中心，将资金流、信息流和人才流合为一体，产生巨大的经济能量，进一步推动经济的快速发展。

（二）金融支持深圳特区、浦东新区建设的具体措施

1. 完善机构体系

金融功能的有效发挥取决于金融业务与金融机构的空间集聚效应。集聚程度越高，金融发展越有竞争力，金融资源的配置效率越高。我国曾经长期以计划经济为主的发展模式，导致金融机构自发实现集聚效应的可能性较小。在深圳特区和浦东新区成立初期，中央政府都给予了特殊政策支持。一是建立健全了金融监管体系。1984 年 7 月，中国人民银行深圳经济特区分行正式组建，专门行使中央银行职能。1995 年，中国人民银行上海市分行正式迁入陆家嘴金融贸易区，成为浦东金融发展的"领头羊"。2005 年，中国人民银行上海总部落户浦东，将浦东金融监管能级提升到更高的层次。

二是设立和引入金融机构。在证券期货方面，1987 年，中国人民银行深圳经济特区分行注资成立全国首家证券公司——深圳经济特区证券公司。1996 年，上海产权交易所迁入浦东新区；1997 年，上海证券交易所迁入浦东新区陆家嘴证券大厦；1999 年，由上海金属交易所、上海商品交易所、上海粮油商品交易所组建的上海期货交易所在浦东新区成立；2006 年，中国金融期货交易所在浦东新区成立。在银行机构方面，深圳特区、浦东新区不仅成立了地方法人机构（1987 年成立深圳发展银行和招商银行，1995 年成立深圳市商业银行；1993 年成立上海浦东发展银行，1995 年成立上海银行），还吸引大量国内外金融机构入驻。以浦东新区为例，1995 年起，国家开发银行、日本富士银行、三菱银行、渣打银行香港、汇丰银行、花旗银行等接踵而来。

2. 加强信贷支持

一是信贷资金特殊管理权。在 1998 年人民银行取消信贷资金（计划）规模管理之前，对深圳实行所谓的"资金切块"管理体制，即每年由人民

银行总行把分配给深圳的信贷资金规模一次性整体划拨给人民银行深圳经济特区分行，由特区分行直接向当地各商业银行进行分配使用。这一方面有利于深圳特区根据当地经济运行情况进行灵活的宏观经济调控，另一方面方便深圳从人民银行总行的信贷规模总量中多争取一部分规模。在当时信贷紧缺的情况下，这一"资金切块"管理体制对于促进深圳地方经济发展发挥了重要作用。

二是利率调节自主权。仅在人民银行深圳经济特区分行实行以基准利率为中心的利率体系，存款利率管上限、贷款利率管下限，可自行确定利率调整的幅度，有效扩大了特区银行的经营自主权，有利于吸引外地资金流入。

三是配套资金特殊筹措权。1992年，中央决定给上海配套资金筹措权，明确"八五"计划期间在金融上：（1）在原定每年给上海1亿美元贷款的基础上，每年再给予上海2亿美元的优惠利率贷款；（2）尽可能为上海安排第四批日元贷款、亚洲开发银行和世界银行贷款。

3. 发展资本市场

1987年5月，深圳市政府决定由人民银行深圳经济特区分行批准深圳发展银行首次以公募方式向社会公开发行股票，共筹集资金793万元。

浦东新区的四个重点开发小区的集团公司都通过上海证券交易所这个资本市场窗口，募集到大量资金用于开发建设。1992年1月24日，《国务院关于上海市进一步开发开放浦东和搞活国营大中型企业有关问题的通知》（国函〔1992〕5号），授权上海市在中央核定的额度范围内自主发行股票和债券，并允许全国各地发行的股票在上海上市交易。同时，允许上海在原定额度外每年再发行1亿元股票和1亿美元B种股票，为浦东新区开发筹资。

4. 有效利用外资

一是增大外汇留成比例。自1979年我国实行外汇留成制度起，广东省的外汇留成比例一直高于其他省份，深圳特区的留成比例为100%。

二是健全外汇调节机制。由于缺乏外汇市场，外商投资的利润不能自由兑换外汇，深圳形成了外汇地下交易市场。1985年，人民银行深圳经济特区分行起草《深圳经济特区外汇调剂暂行办法》，深圳特区外汇调剂中心挂牌营业,开创了中国外汇交易的先河。1985 年 11 月开业至 1988 年,深圳特区外汇调剂中心的外汇调剂成交总额达 15.45 亿美元。同时,还建立了外汇拆借市场,解决了国内外汇资金流动性差的问题,初步建立了境内外汇资金市场和汇率形成机制。

三是创新外汇管理体制。人民银行深圳经济特区分行结合深圳经济发展实际,对汇率制度改革中的一些管理体制进行了大胆创新,包括允许创汇单位开立"待结汇账户",代替文件中关于银行自动结汇的条款;将"禁止外币在境内流通"改为"禁止外国货币在境内流通",使得港币能够在特区内流通。

四是设立外资银行并经营人民币业务。1990 年,中共中央、国务院允许上海市有步骤地增设外资银行。中国人民银行于 1990 年 9 月 8 日颁布《上海外资金融机构、中外合资金融机构管理办法》。该办法的颁布实施,促使越来越多的外资银行在上海开设分支机构。继汇丰银行、麦加利银行、东亚银行、华侨银行四家外资银行上海分行在 1991 年 1 月经中国人民银行批准重新登记之后,美国花旗银行、美洲银行,日本三和银行、兴业银行、东京银行、第一劝业银行,法国里昂信贷银行、东方汇理银行八家外资银行上海分行相继获得批准在上海开业。

1996 年 12 月,中国人民银行颁布《上海浦东外资金融机构经营人民币业务试点暂行管理办法》(〔1996〕银发第 425 号),允许外资金融机构在浦东试点经营人民币业务。1997 年 3 月 27 日,汇丰银行上海分行和日本兴业银行上海分行举行首笔人民币贷款(协议)的签字仪式,上海外资银行开始在浦东进行人民币业务试点,标志着中国银行业本外币业务全面对外开放。

三　雄安新区金融发展的基础

目前,雄安新区规划编制取得了重要阶段性成果,管理机构起步运行平稳,交通网络有序建设,项目引进工作有条不紊,金融服务工作蓄势待发,

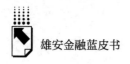
各方都在凝聚合力，坚持高标准、高质量建设雄安新区这座未来之城。

在规划设计方面，自 2017 年 4 月 26 日雄安新区就启动区规划设计向全球招标以来，先后有 300 多名一流专家参与规划编制，优选 12 个国内外顶尖团队提出的城市设计方案，目前，雄安新区总体规划已获中央批准，各专项方案正在抓紧制定中。

在管理机构设立上，经中央编委批准、中央编办批复设立雄安新区管理委员会为新区管理机构。雄安新区管委会为河北省委、省政府的派出机构，同时接受国务院京津冀协同发展领导小组办公室指导。按照"精简、高效、统一"原则，雄安新区管委会实行大部门制，暂设 7 个内设机构（党政办公室、党群工作部、改革发展局、规划建设局、公共服务局、综合执法局、安全监管局）。

在金融支持雄安新区建设方面，一是金融机构积极布局，机构种类、数量双提升。目前，雄安新区金融业态日益丰富，2018 年末，雄安新区银行业机构、保险业机构和证券业机构共有网点 151 个，较年初增加 13 个；从业人员 2304 人，较年初增加 233 人。全国金融行业加快推进新区分支机构筹建。工商银行、农业银行、中国银行、建设银行、交通银行五大国有商业银行在雄安新区设立的分行正式获准开业；国开行、农发行、邮储银行、华夏银行、中信银行、河北省农村信用联社已成立分支机构筹备组或工作组；中国进出口银行与当地政府签署战略合作协议；浦发银行、北京银行、天津银行、沧州银行等也正在积极选址准备筹建分支机构。股份制商业银行的进驻，将改变新区没有股份制商业银行的局面，丰富金融机构种类。中国人民养老保险有限公司在雄安新区完成工商注册工作，成为首家在新区注册成立的总部型金融机构。

二是做好金融绿色布局，设立绿色发展基金。根据雄安"绿色生态宜居新城区"的功能定位，金融机构积极筹划，着手绿色金融，助力新区建设发展。截至 2017 年末，金融机构在雄安新区及周边县市投放的绿色项目贷款余额 10.9 亿元，占全部项目贷款余额的 10% 以上。金融机构积极与雄安新区管委会和中国雄安建设投资集团对接，拟通过设立绿色基金、加大授信额度等形式，支持新区建设发展。农业银行与中国雄安建设投资集团合作，谋划设立"雄安新区建设绿色发展基金"，同时，计划对集团授信1500亿元，其中500亿元用于支持新区前期建设、棚户区改造项目等；国开行、农发行、中国银行、浦发银行、邮储银行等也纷纷发力，合计授信额度达4820亿元，用于支持新区建设发展。

三是做好金融统筹规划，加快重点领域项目贷款投放。随着雄安新区建设的稳步推进，央企、国企等机构落户新区，重点区域建设项目同步跟进。2017年末，雄安新区项目建设贷款余额136.2亿元，同比增长48.0%，其中，重大交通基础设施贷款余额40.8亿元，生态环境保护项目贷款余额15.1亿元，产业转移项目贷款余额36.6亿元，其他重要项目贷款余额43.7亿元。同时，加大金融对新区相关企业的信贷支持。2017年，金融机构主要依托雄安新区毗邻的白沟、高碑店等支行网点辐射作用，对新区企业进行授信，信贷主要投向加工制造等中小企业。截至2017年末，雄安新区产业园区内中小企业贷款余额24.2亿元，同比增长20.4%，比年初增加4.1亿元，同比多增1.9亿元。

四 雄安新区金融发展的五大方向

（一）制定金融规划，描绘发展蓝图

雄安新区设立的目的是打造北京非首都功能疏解集中承载地，积极、稳妥、有序地疏解北京非首都功能。虽然雄安新区区位优势明显，但是开发程度较低、基础设施欠账较多，要以高起点、高标准开发，需要大量建设资金。由于雄安新区在引进外资方面不具备天然优势，"土地财政"又难以保证经济持续发展需要，金融支持势在必行。建议制定《雄安新区金融产业发展规划》，首先从整体上搭建金融支持雄安新区建设的大格局、大框架，为今后金融工作发展定下总基调；其次根据各个建设阶段的具体要求，细化金融在每一个阶段的发展重点和发展要求，可以按照"先易后难、分步推

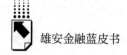

进"的原则，分阶段制定金融业发展专项方案；最后是给予货币、财税和产业政策支持，为金融发展营造良好环境，尤其加大对绿色金融、科技金融、产融结合等方面改革创新的支持力度。

（二）完善监管架构，统筹金融资源

目前雄安新区只有人民银行的三个县支行和银保监会的三个监管组，在金融监管、金融创新、金融发展、金融开放等各个环节上都无法满足雄安新区未来发展的需要，亟须进行机构设置升级和改革。建议尽快设立符合雄安新区发展定位的高规格金融监管机构体系，不断完善金融市场运行机制，统筹协调雄安新区金融市场发展，优化金融发展环境，扩大金融对外开放以及集聚各类金融机构，通过强化金融配套服务功能，加强金融监管机构的调节能力和服务能力。

（三）健全机构体系，增强发展动能

深圳特区和浦东新区建设初期，都成立了各具当地特色的银行机构，为区域发展提供金融服务和资金保障。建议雄安新区结合地区情况，完善金融产业功能布局，进而提升金融支持新区发展的能力。一是组建地方法人金融机构。成立雄安银行，支持雄安新区县级农村信用社改制重组。二是吸引各类金融机构入驻。引导金融机构按照京津冀协同发展空间、产业布局，立足有序疏解北京非首都功能，设立高规格的雄安新区分支机构，创新中长期建设资金供给方式，加大对基础设施建设、环境保护、产业升级、扶贫开发等重点领域和薄弱环节的支持力度。

（四）完善基础设施，提供发展支撑

按照雄安新区产业功能定位和人口需求，提供优质的金融基础设施，提升金融功能发挥和金融产品服务能力。建议雄安新区在金融产业功能布局的规划上，加强金融信息化战略实施。一是在雄安新区试行新的金融信息化技术，如金融云计算和金融大数据的金融标准、共享和处理技术，金融信息风险评估技术，金融信息安全技术等。二是加紧制定雄安新区金融信息化领域的主要业务范围、产品标准和技术标准，加大计算机网络等基础设施建设力度，为金融信息化发展奠定硬件基础。三是强化金融信息化的风险防控能力，建立金融安全风险评估体系，为金融系统进行金融风险预警与防范提供有力的信息支持和科学的分析工具。

（五）强化政策扶持，加大支持力度

在深圳特区和浦东新区建设初期，中央都给予了特殊的信贷政策，保证了区域建设所需资金。建议采取如下措施。一是在雄安新区建设初期探索实施有针对性的货币政策，为新区建设提供资金保障。比如，对法人金融机构适当降低存款准备金率，增加金融机构可贷资金来源；实行区域差别化再贴现率，可以参照某些再贷款利率优惠模式，给予雄安新区金融机构一定的再贴现率优惠；合理调整差别准备金动态调整公式相关参数，支持雄安新区地方法人金融机构增加信贷投放。二是实施差异化的信贷政策，支持雄安新区基础设施建设。实行信贷增长优先政策，各全国性商业银行总行给予雄安新区分支行最大限度的信贷准入政策自主调节权和信贷产品先行先试权，满足区域内各类客户的信贷需求，增加信贷支持力度。人民银行在进行信贷合意规模考核时，对商业银行在雄安新区的信贷规模单独考核，保证商业银行贷款积极性。

B.9
雄安新区金融业发展的 SWOT 分析及若干建议

沙思颖　曾相崙*

摘　要： 金融业是促进社会经济发展和社会繁荣的主要动力，是实现雄安新区跨越式发展的重要手段与支柱产业。在现有基础上，雄安新区发展金融业优势、劣势、机遇与挑战并存，本文通过研究雄安金融业面临的发展环境，提出雄安金融业发展的目标应是建设未来金融科技创新中心、建设金融基础设施中心、打造创新创业金融中心、打造"雄安金融品牌"，并从发展绿色金融、发展金融科技、创新资金供给方式、推进雄安金融业国际化发展四个方面提出了对策建议。

关键词： SWOT分析　发展环境　发展目标

　　一直以来，金融业扮演着激发经济活力，推动地区走向繁荣发展的重要角色。未来，雄安新区作为京津冀协同发展的全新支点，对周边地区乃至更大范围的地区具有较强的辐射带动作用。按照中央政府的规划部署，雄安新

---

* 沙思颖，中国科学院大学管理学博士，中信银行博士后工作站在站博士后，主要研究方向为宏观经济、商业银行风险管理。曾相崙，中国人民大学经济学博士，中国社会科学院金融研究所博士后，中信银行总行资产托管部资产托管业务风险内控经理，主要研究方向为产业金融、商业银行风险管理。
文章仅代表作者个人观点，不代表所在单位立场。

区要成为地区经济的新引擎，成为推动高质量发展的全国样板，与之相应，金融业也应制定科学且长久的发展策略。

一 雄安新区金融业发展的基础

（一）雄安新区金融业发展的起点较低

1. 经济开发程度较低

雄安新区三县开发程度低，人均 GDP 不足全国人均 GDP 的 50%，处于全国较落后地区，发展空间充裕。截至 2017 年底，雄安新区传统所辖三县的 GDP 占保定市的 6% 左右。从近年来的增长速度看，三县中仅有雄县勉强达到全国平均增长速度。一张白纸可以画出更加美丽的画面。虽然雄安新区三县经济发展水平较低，但也体现了其较大的发展潜力，为未来发展留下了巨大的想象空间。未来雄安新区会变成京津冀地区全新的增长动力，彻底解决京津冀地区"中部塌陷"的问题，建设覆盖京津冀整个地区甚至东北亚地区的全新经济增长带。

2. 产业结构层次总体偏低

目前雄安新区雄县、安新、容城三县的产业结构层次总体偏低，都是以第二产业传统工业经济为主，第二产业占比在 50% ~ 70%，均高于全国（41%）和河北省（48%）的平均水平。目前安新县第三产业占比较高，达到 33%，安新县和容城县的产业结构较为相似，雄县的产业结构正在进行从"二三一"到"三二一"的转型升级。较低的产业结构层次为雄安新区未来发展以第三产业为主的经济结构创造了良好的条件。

3. 现有金融结构较为单一

当前，雄安新区的金融部门构成大多数为国有银行的分支行以及农信社，功能结构单一。伴随本地区的快速开发建设，金融业也将迎来更大的机遇。参考河北有关部门公布的信息可知，截至 2017 年 6 月，该地区内的雄县、安新、容城三地总共建设了十家银行，主要有农业发展银行、中国银行、农业银行、工商银行、建设银行、邮政储蓄银行、保定银行、农村信用社，共有 113 家持证银行网点，1561 名从业人员。此前银行在此设立的最高规格是支行，其中主要为采矿业等行业提供贷款。当前该地区正在筹建新型农村金融部门。尽管当前金融结构相对单一，却也为未来快速构建雄安新区现代金融体系提供了条件，不仅少有体制机制障碍，同时还能降低金融结构调整的风险成本。

（二）雄安新区金融业发展意义巨大

1. 雄安新区发展需要金融业支持

在国家政策的推动下，雄安新区发展进入了"快车道"，城市建设中的征地拆迁、基础设施建设、环境保护、产业发展以及创新创业等方面均需要大量资金支持。参考雄安新区三步走的整体计划①，可预估投资结果，本地起步区和安置区征拆需要安置费用为 2000 亿元左右，此后五年的基建投资数额是 3600 亿~8200 亿元。白洋淀和其周围的河湖治理资金大概是 3000 亿元。招商证券预估本地区此后 20 年会在基础设施建设方面投入 1.2 万亿元，瑞银证券预估本地区此后 20 年固定资产投资数额将超过 4 万亿元。另外，雄安新区专注于高规格高新行业的建设，需要大量资金以及金融业的扶持和帮助。

2. 京津冀区域协同发展需要雄安金融业支持

雄安新区的建设可以持续促进周边区域的发展与进步，弱化区域发展差距。北京和天津之间的距离较近，地区经济发展较快。但一直以来冀中南地区的经济截然不同。其中，河北南部城市经济与大型城市差距较大的原因在于产业失衡，过于倚重第一、第二产业的发展。在上述环境下，促进雄安新区的建设，应进一步加快河北和周围区域的经济发展，最终弱化周围区域经济的差异，确保京津冀地区的共同建设和发展。

---

① 计划要求 2020 年本地区要形成基本框架，2022 年起步区基础设备正式健全，2030 年变成拥有强大竞争力以及深远影响力的城市。

3. 雄安新区金融业发展有利于促进国民经济的协调发展

目前我国与世界经济联系更加密切，国内外经济融合度较高，世界经济发展局势也会深刻地影响国内经济发展。由于雄安新区建设正处于全球经济金融的大变动、大重组、大创新时期，全球经济金融的不确定性增加，各国政治经济发展的不稳定性会限制国内经济的进步。尽管我国经济基本面良好，但也处在经济增速不断放缓的时期，进入了一个中速增长的平台区。在此背景下，雄安新区金融创新发展高地不仅是国家的千年大计，也是规避国际金融危机的重要战略举措。

二 雄安新区金融业发展的 SWOT 分析

基于政府对雄安新区制定的规划以及对其高点定位的要求，雄安地区诸多即将建设和投产的重大项目有着巨大的融资需求，需要强大的金融支持。对雄安新区金融业的发展来说，既有重大的机遇，又存在一定的挑战，对其规划发展进行 SWOT 分析很有必要。

（一）雄安新区金融业发展的优势

1. 中央政策扶持力度大

国家对雄安新区发展高度重视，在金融方面提供了一系列的支持措施，助力雄安新区金融业高质量发展为全国样板。习近平总书记数次亲临京津冀地区实地调查，亲自参与研讨审议发展规划，并发表了重要讲话，做出了重要指示以及关键批示。2017 年 4 月，国务院国有资产监督管理委员会清楚地提出全力促进雄安新区发展，引导以及促进和该地区战略发展需求相符合的在京部门迁入新区。2019 年初颁布的《中共中央 国务院关于支持河北雄安新区全面深化改革和扩大开放的指导意见》提出 35 条重要任务，对金融机构、企业上市、并购重组、外汇资金进出管制等多个方面提供政策支持（见表 1）。未来，中央和京津冀地方政府将有一系列促进雄安新区发展的政策措施出台，雄安新区金融业发展拥有强大的政策支持。

表1　国家对雄安新区提供的主要金融支持

编号	提供支持	具体说明
1	企业上市	对达到标准的本地公司的上市、并购重组、股权转让、债券发放、资产证券化等提供一定的帮助
2	直接融资	加大对雄安新区直接融资的支持力度,对雄安新区的债券额度进行单独核定,扶持10年期和更久的雄安新区建设一般债与专项债发行
3	金融基础设施建设	设立雄安新区金融资产交易平台,筹备建立雄安股权交易所,支持设立资本市场学院(雄安),培养金融人才
4	金融监管	准备设立人民银行雄安新区分支机构,推动雄安新区金融活动监管实现全覆盖
5	国际业务	拓宽中外金融市场的合作领域,放宽外汇资金进出管制,推动雄安新区投融资汇兑的便利化
6	创新发展	加强供应链创新,开展金融创新发展试点,支持设立跨境电商综合试验平台、数字化贸易平台等
7	国企迁入	支持在京国有企业向雄安新区有序转移,推动雄安新区国有经济布局的优化和结构调整
8	税收政策	加强北京迁入雄安新区企业的税收政策引导,支持符合雄安新区发展和定位的税收政策在雄安新区优先实施或设立试点
9	财政支持	加大中央财政转移支付和省级财政支持力度,对雄安新区基建、科技创新、生态保护、公共服务等领域提供支持

资料来源:《中共中央 国务院关于支持河北雄安新区全面深化改革和扩大开放的指导意见》。

2. 各类金融机构积极响应

雄安新区启动建设之后,众多金融部门自主促进地区建设。国家开发银行、中国进出口银行等重要金融机构,中国银行、工商银行等在我国影响力较高的商业银行开始在雄安新区组建专业工作团队,支持雄安新区建设。另外,阳光保险、中国太平等保险机构开始自主促进雄安新区金融业的发展;九州证券、长江证券等众多金融机构在雄安新区建设下属分支部门;中国信达、中国长城、中国华融以及中国东方等重要企业开始彰显自身综合金融服务优势,促进雄安新区经济的发展(见表2)。未来,随着雄安开发建设的不断深入,城市框架体系的不断完善,基础设施健全,将有更多来自国内外的金融机构和创新企业入驻雄安新区,为本地区金融行业的发展以及建设奠定坚实的资金基础。

表 2 各大金融机构积极对接雄安建设

机构	时间	内容
九州证券	2017 年 4 月 8 日	拟设立九州证券雄安分公司,并委派专人负责雄安分公司的筹建工作
中国银行	2018 年 4 月 20 日	成立支持雄安新区建设领导小组和决策委员会,成立雄安新区分行,在机构人员、专项费用、审批权限、准入标准、信贷规模、行业限额、产品定价、信息科技等方面,为雄安分行支持新区建设提供有力保障
阳光保险	2017 年 4 月 12 日	成立专门工作组,筹建雄安分公司。同时,筹建面向雄安新区的投资发展平台,未来将用于全面支持雄安新区的基础设施建设等各项综合建设计划
中华保险	2017 年 4 月 13 日	成立支持雄安新区建设领导小组,筹备雄安新区分支机构
中国长城	2017 年 4 月 20 日	支持雄安新区建设过程中的存量资产盘活和不良资产处置;参与和支持雄安新区建设中的产业升级、产业链整合;积极创新业务产品,积极支持雄安新区的建设
中国华融	2017 年 4 月 27 日	成立领导小组,积极响应雄安新区的总体规划,主动提供综合金融支持。筹备设立新机构,在公司总部层面设立雄安新区事业部以及在雄安新区成立资产管理公司、绿色产业基金等分支机构
安信证券	2017 年 5 月 3 日	获准设立雄安分公司
中国东方	2017 年 5 月 12 日	支持雄安新区城市基础设施建设、公共服务配套建设;积极研究特色业务板块和新区金融板块规划的对接,支持新区金融集群的构建。研究设立新机构,积极进行业务和产品创新
中国信达	2017 年 5 月 25 日	中国信达总裁带队赴雄安新区考察,与河北雄安新区筹备工作委员会进行座谈,研究业务对接措施
长江证券	2017 年 8 月 21 日	获准设立雄安分公司
农业银行	2018 年 3 月 19 日	成立雄安新区建设领导小组,设立雄安分行
国家开发银行	2018 年 4 月 4 日	"规划先行融智、改革创新融制、市场运作融资",高起点、高水平支持雄安新区起步建设
建设银行	2018 年 4 月 10 日	成立了以董事长为组长,行长、两位副行长为副组长的服务雄安新区建设领导小组,并设立了建设银行河北雄安分行
工商银行	2018 年 4 月 24 日	成立服务雄安新区建设领导小组,组建雄安新区分行,积极提供投资银行、债券发行、资管业务、金融租赁、产业基金、PPP、投贷联动等多元金融服务。开辟"绿色通道",全力满足新区建设需求
交通银行	2018 年 12 月 21 日	交通银行河北雄安分行正式揭牌
中国进出口银行	2018 年 12 月 22 日	进出口银行与河北雄安新区管理委员会签署战略合作协议

资料来源:新浪网、凤凰网、和讯网、国金证券研究网。

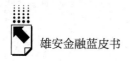

3. 人力资源优势明显

雄安新区地处京津冀经济带，教育资源丰富，各大金融机构总部汇集，人才聚集度较高，尤其是京、津两地培育并吸纳了众多专业人才。2016 年 10 月，通州、武清、廊坊联合创立"通武廊人才一体化发展示范区"，标志着京津冀一体化人才战略取得实质性突破，为区域间人才交流提供了机会和平台。2017 年 4 月，我国有关部门负责组织制定《京津冀人才一体化发展规划（2017—2030 年）》，成为国内首个区域性人才发展计划，也成为我国战略中的重要专项人才计划，这一文件的制定对加快整个地区的共同发展具有重要价值。与此同时，通过一系列优惠政策措施，未来可以进一步吸引大量熟悉国际经济金融运作的海外优秀金融人才进驻雄安新区。在这一系列国家支持政策的推动下，河北省人才"走出去"容易、"引进来"的困难现状得以缓解。并且，根据雄安新区"北京非首都功能疏解集中承载地"的发展定位，在京学校迁入雄安新区是其中不可忽视的主要内容。基于当前情况进行分析，雄安新区高校总共有 262 所，包含"211 工程"学校 30 所，"985 工程"学校 10 所，上述高素养的专业人才，在以后会变成雄安新区经济发展的主要动力。

4. 区位和交通优势

雄安新区处于河北省中心，和北京、石家庄等重要城市的距离大概是 100 公里，因此具有无可匹敌的区位优势。另外，雄安新区对外交通设施齐全，东部到大广高速、京九铁路，南部到保沧高速，西部到京港澳高速、京广客专，北边到荣乌高速、津保铁路等众多道路，前往周围多个核心城市只需要半个小时。也通达华北核心城市，连通东北、华东、华中地区，具有带动北方腹地发展的区位优势。此外，雄安新区到东北、内蒙古、宁夏、平壤、首尔等大中城市也比较近。该区域具备空港优势，连通北京新机场，与周边国家和地区交通便捷，可满足各类高端高新产业的发展需要，为专业人才资源的跨地区高效流通提供便利。

5. 京津冀协同效应

京津冀地区的建设取得了良好的效果，合作发展并不是甩包袱，而是开启全新的时代，在较大的范围内高效配置资源，制定更科学的产业发展格局。雄安新区的建设，如同在京津冀地区建设等边三角形，为各地区发展提供强大的支撑。协同效应如同强大的磁场，只要参与进来，就可以深刻地体会到其中的影响力。目前大部分学校、医院、公司、科研部门开始进入雄安新区，在未来也会促进雄安新区甚至国家经济的发展，首都经济圈更加生机盎然。2011 年，京津冀地区有关组织签订《京津冀银行业监管合作备忘录》，针对银行业合作发展得出基本共识。2014 年 7 月，"京津冀产权市场发展联盟"正式建立，通过三个地区的股权交易平台进行密切的合作与协商。2015 年 9 月，中关村协同发展投资有限公司建立。此外，总额为 1000 亿元的"京津冀开发区产业发展基金"设立。在《京津冀协同发展规划纲要》提出以来的四年里，大思路、大战略带来大转变，从疏解非首都功能到产业大转移，再到教育、医疗等基础设施一体化，该区域开始朝着各类资源一体化、共同发展的全新时期发展。

（二）雄安新区金融业发展的劣势

（1）雄安新区金融发展起点低。京津冀地区当前以北京与天津为重点，附带引导石家庄、保定等地区的建设。雄安新区处于规划初期，由于当前整个地区并未产生类似于粤港澳大湾区以及长三角那样的发展格局。"黑洞"和"磁吸"效应导致大量资源集聚在京津双核心城市，造成大量资源的重复开发和浪费，需要利用雄安新区建设全面促进资源在整个地区内的科学与高效使用。（2）产业趋同现象严重。当前地区发展减慢的主要原因是协同率低，大量低端产业重复建设，造成市场恶性竞争，资源浪费等问题。（3）经济发展不平衡。在制定的综合发展规划中，河北省人均 GDP 明显更低。雄安新区 2016 年生产总值 200 多亿元，不到北京的 1%。（4）金融文化欠缺。雄安新区缺乏悠久的历史文化沉淀，没有坚实的经济工业基础。反观深圳特区和上海浦东新区，它们都有着得天独厚的经济区位优势和雄厚的历史文化积累。此外，本地区缺少科教资源，发展高新科技产业的时候缺少丰富的资源。因此，本地区能否担负起历史给予的使命依旧需要实践的验

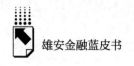

证。同时，央企、高校、政府机关等优质资源搬迁难度较大，能否吸引到其他地区乃至国外的人才、企业、资金，对雄安新区而言，也是很大的考验。

（三）雄安新区金融业发展的挑战

1. 产业基础薄弱、金融支持效果不明显

雄安新区位于京津冀地区中心，主要包括雄县、容城、安新三个县以及周围少数地区，当前经济条件较差、金融业资源不足，整体市场规模相对较小。近期雄安新区三县生产总值占河北全省的比值开始降低、财政效益明显减少。雄安新区金融业务及其资产汇聚在存贷款行业，债券、保险、期货等众多市场以及业态处于建设早期。

由于雄安新区金融资源明显不足，又过于分散，依靠自身金融力量扶持地区经济建设的效果并不突出。金融协调发展与产业协同发展不同，转移协同程序较为复杂，因此对雄安新区而言，金融发展与其他地区不协调成为其发挥疏解北京非首都功能过程中的最大短板。

2. 金融机构环境风险敞口较大

由于雄安新区目前的经济发展水平较低，没有形成较为规范和完善的金融运行规则，金融机构环境风险的敞口较大，主要体现在三个方面：一是金融结构不合理，产品以及业务类型较少。当前金融机构以国有银行县支行以及农信社为主，其余种类的金融机构数量不多。另外，资金外流现象严重。二是民间融资大部分依靠以往的筹资渠道，行业监管难度高。大部分污染严重的小微公司依靠民间借贷等方式得到资源，其风险无法被高效管控。三是银行对污染性公司贷款的存量比重较高。制造业与采矿业公司的银行贷款余额占雄安新区所有公司贷款的比重高于50%，大部分是污染严重的工厂。

目前雄安新区确定了更为详细的功能定位，持续优化以及改善产业发展结构。大部分中小微公司遇到关闭、迁移、兼并重组以及转型升级的问题。怎样确保存量贷款从污染产业中稳定且顺利地转移出来，怎样处理环保监管升级之后的不良贷款风险加剧问题，怎样适应地区的全新定位，怎样促进环

保产业的发展，就是雄安新区有关部门要尽早处理的重要问题。

3. 经济下行期，高增长红利趋弱

在改革开放之后，我国社会经济发展的动力也随之改变，处于长期经济发展战略调整、消费升级、制造业迈向中高端、清除低效投资、金融信贷多元化、需求端变化促使供给侧结构性变革、生产结构重新调整的重大历史变迁之中。新旧动能转换也位于变化的关键过渡时期，优惠政策的制定促进宏观环境转好。领导层对财政支出和宽松货币政策的使用更为严谨，减税降费，激发经济活力，改革要维持长久性以及稳定性，供给调整逻辑始终存在。此后经济发展重点就是减少费用以及弥补不足，传统产业减少，新兴经济崛起。未来中国经济增速处于一个缓慢下行的通道里，高速增长的红利在明显弱化，雄安新区金融业的发展无法得到深圳特区以及浦东新区建设时期的宏观经济红利。

4. 京津地区的"磁吸效应"和"黑洞效应"

区域一体化中最常见、最有可能出现的负面影响就是大城市容易产生"磁吸效应"和"黑洞效应"，从而引致或者加大区域内不同地区的发展差距。传统政策和"特权"理念、方便的交通、教育和医疗等高质量资源的聚集，使得京津两市对人才、优质资源的吸引力更强，从而造成"强大"的京津更"强大"，"瘦弱"的河北更"瘦弱"这一棘轮效应。在我国多个一体化发展区域中，京津冀地区非均衡发展的"棘轮效应"最为明显。雄安新区的设立是重新平衡京津冀地区格局的重要举措，必须谨防陷入两极化发展怪圈，充分发挥其"反磁吸效应"作用力。

5. 与南方金融市场的竞争

英国《金融时报》提出，我国南方的珠三角以及长三角在竞争中互促发展，成为我国经济发展高地，然而我国北方缺少类似的案例。和我国其他类似区域进行比较，雄安新区遇到了"换挡减速"的重要时期，缺少宏观经济高速发展的红利。城镇化程度、地方政府财政和债务情况、公众对改革的预期、私企和普通民众的投资信息、金融体系的整体状况、全球化带来的机会与挑战都不尽相同。雄安新区在未来建设中要处理更多的难题以及阻碍。不仅和北京等地区的金融业发展差距难以短期弥补,与南方发展已经相对成熟的上海、深圳、香港等金融城市相比,金融机构和人才资源也具有宏大差距(河北雄安新区与上海浦东新区、深圳经济特区的对比见表3)。如何在竞争中取胜,吸引更多的人才和金融力量也是雄安新区金融业发展亟待思考的问题。

表3　我国三大经济特区比较

	河北雄安新区	上海浦东新区	深圳经济特区
土地面积	远程控制区面积约2000平方公里	1210平方公里	1992平方公里
人口规模	113万人	547.5万人	1137.9万人
GDP规模	71亿元,过去10年年均增速为9.3%	7110亿元,过去10年年均增速为14.4%	19493亿元,过去10年年均增速为12.9%
所处城市群	京津冀	长三角	珠三角
发展定位	环保宜居新城市,创新驱动发展引导区,协调发展示范区。对外发展试点区,坚持贯彻执行新发展原则的创新建设示范区	重视科技进步的区域。"四个中心"发展区,整体改革的试点区,开放环保的生态区	我国经济中心以及世界金融中心,国内创新型地区,国内特色社会主义示范区域,和世界接轨的都市

资料来源:新华网。

(四)雄安新区金融业发展的机遇

对国内现实情况进行分析。对外开放之后,国内出现全球规模最庞大的城市化现象。规模庞大且高效的城市化,变成我国经济持续进步的核心动力。伴随国内经济进入新时期,大众相信以及充分认可城市化对我国社会稳定发展的积极影响。雄安新区建设的启动无疑标志着京津冀协同发展和城市化又迈出重要一步,中央高度重视、城市协同发展提速区域经济、资金需求旺盛、成为金融创新沃土都为雄安金融业的发展带来了良好的发展机遇。

三 雄安新区金融业发展建议

制订雄安新区金融发展计划，研究符合现实需求的发展方式，加快本地发展目标的完成，以京津冀协同进步为基础，加快当前东北亚区域经济金融业的发展，为地区金融业发展提供助力。

（一）雄安金融业发展目标

1. 建设未来金融科技创新中心

雄安新区可以学习伦敦、纽约、香港、上海等各国著名金融中心的发展经验，重点加快金融制度系统的变革，在政策上进行创新与改革，全面扶持智慧金融、互联网金融以及金融技术进步和创新，创造国内甚至世界知名的金融云平台、大数据中心、技术实验室等，构筑国际一流、东北亚领先的未来金融科技城和科技金融交易市场中心，吸引东北亚大量中小高新企业来此上市交易。与互联网金融领军者和国有大型银行进行全面合作，主要把联合实验室等相关渠道放置到雄安新区，促进金融科技成果的实践应用。

2. 建设金融基础设施中心

雄安新区需要主动加强与"一行两会"等监管部门的联系，尽可能承接由其负责的金融基础设施建设，加快组建全新的金融基础设施部门。在资金支付清算方面，需要持续促进金融 IC 卡的普及，进一步推广移动支付，参加建设非银行支付机构互联网支付清算所；在金融交易方面，研究创建国内高规格的票据交易基地，创建规模庞大的期权交易所、基金份额转让交易所、知识产权交易所、东北亚中小高新科技公司股权交易组织等；在金融统计方面，创建完善、高效、共享的金融大数据库，建设涉及国内所有地区的金融综合统计研究系统，创建资产管理产品信息库等；在交易报告方面，创建涉及整个行业的、完善的交易信息报告系统，创建场外衍生品交易信息库以及金融产业征信渠道；在风险监控领域，持续探究创建规模庞大的金融产品统一记录、数据公开以及风险预警中心。

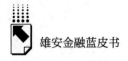

3. 打造创新创业金融中心

雄安新区建设创新驱动示范区，在吸纳专业人才的时候，需要为他们提供充足的创新资金，产生不同金融工具合作应用的创新创业金融环境。需要持续促进我国科技金融创新中心的建设，创建扶持技术创新的成熟金融机构系统，吸纳国内甚至世界高规格项目进入雄安新区。探究创建针对创新创业公司的重要政策性银行或担保机构，全面彰显我国新兴行业创业投资引导基金以及中小公司发展基金的积极效果。激励以及扶持天使投资、创业投资、产业投资部门的建设，持续强化对种子期、创业早期公司的扶持。指导保险资源、民间资源进入创新产业，扶持国外股权投资、创业投资部门集中建设。激发保险扶持创新产业发展的动力，创建规模庞大的创新创业保险基地，健全专利保险服务制度。

4. 打造"雄安金融品牌"

《北京城市总体规划（2016年—2035年）》指出，扶持少数北京金融部门向雄安新区稳定转移。参考河北省金融办有关金融扶持雄安新区发展的资料，雄安新区在引入各国金融机构、集中金融资产的时候，也会建设众多"雄安"品牌金融机构，创造一系列知名品牌，以金融增量促进地区经济建设。另外，在以后的发展中雄安新区内的县级农村信用合作社也许会进行重组，组建地区农村商业银行，可根据现实情况给予其政策优惠以及扶持。

（二）发展对策

雄安新区定位高，未来会变成金融改革创新的重要区域，在促进绿色金融、创新资金供应模式以及促进金融科技建设等方面发挥深远的作用。

1. 发展绿色金融

发展绿色金融、改变资金供给模式以及促进金融科技建设等内容是未来改革的主要趋势以及特点。发展绿色金融是扶持地区绿色产业崛起，创建生态环保宜居城市的关键形式。应指导金融机构自主寻找全新的绿色金融创新方式，提高综合服务水平，加快公司发展绿色产业，扶持地区绿色生态城市的建设。

2. 发展金融科技

雄安新区也许会成为未来重要的金融产业改革试点地区，发展金融科技的重点主要目标是将雄安新区建设成重要的创新引导区。雄安新区发展的主要目标是支持高端高新行业，创新驱动是地区发展的核心动力，高端高新行业则是地区建设的主要行业，此后雄安新区也会自主培养以及建设科技创新公司，支持高规格高新行业的建设，自主吸纳以及集中创新资源，创建国内知名的"创新之都"。在上述环境中，金融科技会充分彰显"催化剂"以及"润滑剂"的功能，为地区技术行业的发展奠定良好的基础。

3. 创新资金供给方式

促进金融产品以及业务改革与创新，寻找全新的债权股权融合模式，计划创建完整的资本行业，扶持以及激励达到要求的公司利用发放债券、票据、资产证券化等方式筹集资金。彰显政策性、开发性金融组织的优点，支持重要项目的发展，深入探索高效的 PPP 模式，激发社会资本参与雄安新区建设，为雄安新区创新以及改革提供专业服务，进一步加快雄安新区经济发展。

4. 推进雄安新区金融业国际化发展

雄安新区发展建设和定位吸引了国内外金融机构的广泛关注，其超大规模投资计划和经济建设，为金融机构提供更多的发展机会以及资金。为推进雄安新区金融业的国际化发展，应做好如下两点。一是优化人才发展环境，通过营造优越的社会环境、设立基金、提升福利水平等方式吸引国际人才；二是依托优势项目开展积极的国际合作，稳步创建和国外金融部门（比如世界银行、亚洲开发银行、德国复兴信贷银行等）的协作和业务对接，提高投融资业务的国际化水平和规范化运营能力，提升新区建设的国际影响力，打造国际化金融市场。

B.10
关于雄安新区金融开放的
几点思考和建议

张云亭[*]

摘　要： 在经过 40 年改革开放之后，我国新一轮改革开放正在加快推进，金融领域的对外开放将进入落地实施阶段。雄安新区在发展初期，不仅需要充分利用资金、人才和技术等全要素生产力优势来提升区域竞争力，更需要通过扩大金融开放程度来优化投资和市场环境，提升金融支持体系的效率、活力和水平，实现金融资源配置合理高效。本文在总结国内自贸区金融开放实践经验的基础上，厘清雄安新区金融开放的思路，探索金融开放的可行路径，在金融机构市场准入、资本项目可兑换、促进金融创新、加强金融监管等方面提出了几点建议，并做了雄安新区金融开放的前景规划。

关键词： 金融开放　金融创新　前景规划

2017 年 7 月，习近平总书记在全国金融工作会议上明确指出，扩大金融业对外开放是我国对外开放的重要方面，要合理安排开放顺序，积极稳妥推动我国金融业对外开放。雄安新区在发展初期，不仅需要充分利用资金、

---

* 张云亭，经济学博士，高级会计师，中国注册会计师（资格），公司律师，毕业于清华大学五道口金融学院，现任中信集团/中信股份库务部总经理兼中信财务有限公司董事长，主要研究方向为公司财务、行为金融。

人才和技术等全要素生产力优势来提升区域竞争力，更需要通过扩大金融开放程度来优化投资和市场环境，提升金融支持体系的效率、活力和水平，以实现合理高效配置金融资源。充分扩大金融服务业的对外开放，加快金融开放体系建设，使金融改革调整与雄安发展战略更加匹配，是未来一段时期内雄安新区对外开放的重点和优先项。

一　实施金融开放战略的理论基础和现实意义

（一）金融开放的内涵

关于金融开放的定义，学者们主要从两个方面进行讨论和界定：一是从国际资本流动的角度来看金融是否开放。金融开放本质上就是允许国内外资本跨境自由流动，即从法律上放松对国内外资本的流动。[1] 二是从金融市场和金融服务的角度来看其包容程度，即区域内金融机构和金融市场逐步与区域外金融机构和国际金融市场融合的过程，也就是金融制度的开放和金融服务的市场化。与此相对应，从理论和学界的共识角度来看，我国金融开放的发展方向也可以区分为资本项目自由化和金融服务业的开放两个方面。[2] 前者主要指取消跨境资本流动的限制，属于金融自由化范畴；后者是指允许境外金融机构在我国通过独资或合资方式开展金融服务，其本质是贸易自由化。

相关实践经验和实证研究表明，相较于资本项目自由化，金融服务业的开放所带来的效率提升更加明显，对宏观经济和金融稳定影响较小，引起的金融风险也相对较小和可控。基于现有研究成果和我国的具体实际，本文"金融开放"的定义是：国内金融机构与外资金融机构、国内金融市场与国际金融市场逐步融合的过程，也即金融服务业开放。

---

① 董占奎：《河南省自贸区金融开放体系构建与创新研究》，《经济研究导刊》2018 年第 25 期，第 79 ~ 80 页。

② 任泽平：《金融开放的成就、不足与变革》，新浪网，2018 年 9 月 14 日，http：//finance. sina. com. cn/zl/china/2018 – 09 – 14/zl – ihiixzkm8591632. shtml。

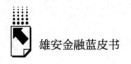

（二）扩大金融开放是新形势下中国经济发展的需要

改革开放40年来，我国的经济增长和金融稳定取得的发展和成就来之不易，金融开放贯穿于整个进程之中。然而，金融业的发展存在"量增质缓"的现象——从数量指标来看，我国金融体系发展规模已处于全球领先地位；但在发展质量方面，金融服务业开放程度相对滞缓，市场机制在资金定价和资源配置方面的作用还受到诸多约束。在我国经济进入全面深化改革的新阶段下，进一步扩大金融开放，更好地服务实体经济，是金融业发展的重要方向。

1. 金融开放有助于构建健康、多元的金融体系

从本质上看，金融服务业是完全竞争行业。竞争是资源有效配置的前提，是行业持续健康发展的保证。充分的市场竞争有利于提升行业的效率和活力，更好地发挥金融对实体经济的支撑作用。[①] 反言之，缺乏竞争会导致产品种类单一、融资难、融资成本高和行业效率低下等现象。

金融机构的核心竞争力主要体现在客户关系、核心技术和金融创新等方面。从我国金融开放的发展历程来看，包括银行、证券公司和保险公司在内的外资金融机构进入中国市场，一方面可以引入先进的管理模式和监管理念，有利于加强行业竞争，进而促进金融机构拓展服务渠道；另一方面，更多国外金融机构进入中国市场，必将形成规模效应，提高区域竞争力。此外，国外机构也将带来新业态和新经营模式，进而形成吸引更多新业务和新技术的向心力，极大地丰富我国金融体系。

2. 金融开放有助于更好地服务实体经济，推动供给侧结构性改革

金融与实体经济密切联系，互促共生。研究表明，金融开放对经济增长的影响会随着金融发展程度的不同呈现非线性转换现象。当金融发展水平过高或者过低时，本期金融开放对经济增长呈现负效应；当金融发展水平与金融开放处于较合理区间时，本期金融开放对经济增长呈现正效应。总的来

---

① 朱隽、郭凯、艾明、赵岳、白雪飞：《进一步扩大我国金融业对外开放》，《新金融评论》2017年第5期，第49~76页。

说，现阶段我国的金融开放对要素积累、技术进步等具有积极作用，有利于推动经济增长和社会福利的提高。

2017 年全国金融工作会议指出，要把服务实体经济作为金融业的根本目的，当作金融体系的"出发点和落脚点"。金融服务实体经济，关键内容之一是商业银行向中小企业提供金融支持。我国金融机构在消费信贷、小微贷款、风险投资等领域发展相对缓慢，投机和套利行为层出不穷，真正服务实体经济的金融产品种类反而较少。相比之下，外资金融机构在治理结构、信贷管理、风险定价等方面的优势可对中资机构起到示范甚至倒逼作用，促进国内金融机构回归本源。

3. 金融开放有助于化解和降低金融风险

相较于一般竞争性行业，金融业具有自身独有的特点。一是金融机构的资产负债结构具有特殊性，如高杠杆率和期限错配导致其流动性风险较高，对资本的要求也较高，这即金融业"内在的脆弱性"。二是金融机构的经营管理受市场情绪的影响，公众信心对金融体系的稳健性至关重要。三是金融危机具有传染性，一家机构出现问题可能导致多家金融机构产生连锁反应，甚至波及整个金融体系。

从金融开放的国际经验中，我们不难发现，开放本身不是风险的根源，反而是降低和化解金融风险的重要方式，有利于提高金融业的运行效率和金融系统的稳定性。首先，金融开放可以改善金融业的经营效率、资产质量、公司治理现状，进而带来金融业监管标准、会计准则的变化，对规范金融业良性发展、防范金融风险有着重要作用。其次，金融机构主体的增加有利于风险分散，降低国内金融风险的影响力。最后，就我国当前金融体系而言，金融业开放程度与实体经济发展和整体开放程度越来越不匹配，不仅影响了行业竞争，也对人民币国际化、企业"走出去"等形成较大程度的制约。预算软约束、刚性兑付、隐性担保和投资越界等诸多扭曲市场规律的行为，给防范系统性风险带来了挑战。

4. 复杂多变的国内外形势对金融业开放提出较高要求

从国际上看，受技术发展不均衡、经济增长动能缺失、收入不平等加剧等因素影响，金融资本的全球化面临巨大挑战，"逆全球化"的社会思潮也逐渐孕育。① 在政治层面上，部分国家国内民粹主义、民族主义和贸易保护主义日益抬头；在经济层面上，资源出现"逆向"流动，工业能力从发展中国家向发达国家回流，资本从新兴市场向发达国家流动。我国作为全球化和现行多边机制的受益者，需要通过开放公平的国际经济环境，以保障贸易、资源、资本和技术的跨国流动，更好地维护自身利益。

从国内来看，我国经济发展进入"新常态"，经济转型升级进入攻坚期，金融发展的经济基础也正在发生深刻变化，金融支持供给侧结构性改革的任务十分艰巨。我国要在坚持"中国开放的大门不会关闭""继续推动贸易和投资自由化便利化"的立场下，适当调整金融开放的战略部署，在提高自身实力，解决好中国国内发展和建设问题的基础上，稳步有序地积极推进金融业的改革开放，通过在全球更大范围内的资源配置和金融市场的改革开放寻求新的经济增长点。

二 我国金融开放的整体思路

近年来，外资金融机构在国内的发展相对有限。究其原因，主要是外资金融机构在国内开展业务掣肘较多，持股比例、设立形式、股东资质、业务范围、牌照数量等方面并未真正做到准入前国民待遇。时任银监会主席郭树清在党的十九大中央金融系统代表团讨论会上表示，过去五年外资银行在华发展总体稳健，但在中国银行业市场中的份额下降，这不利于促进银行业竞争和结构优化。党的十九大提出了"赋予自由贸易试验区更大改革自主权，探索建设自由贸易港"的目标，明确了新时代金融开放创新的发展方向，明确了金融体制深化改革的着力点应该是增强金融服务实体经济能力，提高直接融资比重，促进多层次资本市场健康发展，深化利率

---

① 丁嘉伦：《"逆全球化"背景下中国金融如何安全平稳开放》，《国际融资》2017 年第 9 期，第 39～42 页。

和汇率市场化改革，健全金融监管体系，守住不发生系统性金融风险的底线。① 2018 年 4 月，习近平总书记在博鳌亚洲论坛上强调，要确保放宽银行、证券、保险行业外资股比限制的各项重大措施落地，放宽外资金融机构设立限制，扩大外资金融机构在华业务范围，拓宽中外金融市场合作领域。

中国人民银行行长易纲表示，金融业对外开放将遵循三条原则：一是准入前国民待遇和负面清单原则；二是金融业对外开放将与汇率形成机制改革和资本项目可兑换进程相互配合，共同推进；三是在开放的同时，要重视防范金融风险，要使金融监管能力与金融开放度相匹配。② 中国人民大学副校长、金融与证券研究所所长吴晓求表示，我国的金融开放可以分为三个步骤：第一步是从机构开始，通过逐步放开机构股权比例限制、允许外商直接投资金融机构等政策，吸引外国的优质金融资源进驻我国。第二步是人民币国际化，即推动人民币可自由交易的改革，并推动人民币成为国际货币体系中的储备性货币。第三步是中国金融体系的对外开放，特别是金融市场的开放。未来我国金融市场将全面开放，在遵守中国法律的情况下，外国金融机构、金融服务可以来到中国市场，共同参与市场竞争。③

三 国内自贸区金融开放的经验启示

在经过 40 年改革开放后，我国新一轮改革开放正在加快推进，金融领域的对外开放将进入加紧落地实施阶段，上海、天津、广东、福建等地自贸区均已陆续开始试点推进金融开放。各省市紧抓自贸区建设契机，

---

① 高玉美：《国内自贸区金融开放经验对河南自贸区的启示》，《金融经济》2018 年第 14 期，第 27~29 页。
② 易纲：《供给侧结构性改革中的金融政策》，中国发展高层论坛 2018 年会，2018 年 3 月 25 日。
③ 吴晓求：《中国金融结构正在发生历史性变化》，"2017 国际货币论坛暨《人民币国际化报告》发布会"，2017 年 7 月 15 日。

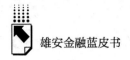

创新金融制度、自由贸易账户体系、金融机构和业务、风险防控机制等，积极探索金融开放新路径，已经培育出许多可借鉴、可复制、可推广的案例。

（一）上海自贸区打造扩大金融开放的新高地

为贯彻落实中央关于金融服务业扩大开放的部署，加强上海自贸区与上海国际金融中心建设联动，上海自贸区成立以来一直在金融服务业先试先行，先后从吸引外资金融机构集聚、便利外资金融机构落户、全面深化金融改革创新、建设金融服务科创中心、集聚发展高层次金融人才、构建与国际规则接轨的金融法治环境等方面推出多项重大举措，其对外开放程度在全国保持领先地位。这些举措简单概括如下。

一是扩大金融机构市场准入。自贸区对符合条件的民营和外资金融机构全面开放，允许符合条件的外资金融机构设立外资银行；支持符合条件的民营资本依法设立民营银行、金融租赁公司、财务公司、汽车金融公司和消费金融公司等金融机构。二是扩大资本项目可兑换。通过设立自由贸易账户（FT）实现"分账核算"，自贸区可开展跨境双向人民币资金池业务，简化了区内企业母公司与子公司之间境内外资金调拨的手续，大幅提升了跨国公司内部资金的使用效率，人民币跨境结算的范围和交易规模进一步扩大，吸引更多的境外投资者进入上海自贸区。三是创新设立各类资产交易中心。上海自贸区着眼于促进投资贸易便利化，开展了一系列金融开放创新——设立国际金融资产交易平台，参与外汇市场交易的境外机构达到55家；自贸区"沪港通""沪伦通"的实施，开创了风险可控的跨境证券投资新模式；成立"非标资产交易平台"，开放国际资本为国内保险业提供支持；上海期货交易所加快国际能源交易中心建设等。四是加强对金融风险的监管。上海自贸区"金改"要求完善金融监管体制，探索建立符合国际规则、适应中国国情的宏观审慎金融监管框架；在精简行政审批项目，加强事中事后分析评估和事后备案管理中，加强金融信用信息基础设施建设，构建与国际接轨的统计、监测信息的共建共享体系。

（二）天津自贸区的金融开放

天津是北方国际航运中心，区位交通优势明显，工业基础好，门类齐全。天津自贸区的金融开放紧紧围绕推进金融制度创新、增强金融服务功能、提升租赁业发展水平、建立健全金融风险防控体系和推动区域金融市场一体化五个方面开拓创新。

一是支持通过自由贸易账户或其他风险可控的方式，促进跨境投融资便利化和资本项目可兑换的先行先试。二是扩大机构开放，在外商独资银行、中外合资银行、民营中小型银行、有限牌照银行、专业机构设立等方面进行尝试，对中小型金融机构实行差别化监管。三是扩大业务开放，在离岸金融、动产融资、跨境再保险、巨灾保险等业务开放方面进行探索。四是加快建设国家租赁创新示范区，巩固优势产业，形成自身特色，打造比较优势。五是建立健全金融监管和风险防控体系，完善跨行业、跨市场的金融风险监测评估机制；推进区域金融市场一体化，优化京津冀地区金融资源配置。

天津自贸区借助高端制造业体系向第三产业延展，促进产融深层次融合，包括金融资本与新兴产业相结合、产业资本与新兴金融相结合、金融资本与产业资本相融合，促进金融创新飞速发展。自贸区建立了以银行、保险、证券为主体，以信托公司、财务公司、金融租赁公司、消费金融公司等为补充的多层次、多元化的金融机构体系，获得了全牌照金融业务资质，形成独有的"特色金融"，其中融资租赁业是天津金融创新品牌，已经形成了行业先期集聚的优势。

（三）广东自贸区的跨境融资

广东自贸区占沿海地区改革开放风气之先，拥有更宽松的金融环境和较好的政策、文化基础。自贸区强调粤港澳合作的理念，在贸易投资金融等方面互联互通，优势互补。自贸区的特色金融对接香港金融创新，为企业拓宽了融资渠道，降低了融资成本。在市场准入方面，对接国际通行规则，实行

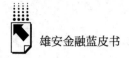

准入前国民待遇加负面清单管理模式，负面清单外的金融投资项目按照内外资一致的原则，由核准制改为备案制，打破行业垄断，建立公平、开放的市场竞争环境。在跨境资本流动方面，跨境双向人民币贷款不设额度和期限限制，人民币境外筹资转贷款、跨境股权贷款、跨境银团贷款等业务形式涌现，形成了跨境人民币信贷体系。

四　雄安新区金融开放的具体建议

雄安新区金融开放体系的构建，应有效利用新区建设的平台，集成国内自贸区金融开放试点的成功经验，在金融开放的产业、机制、政策窗口、空间布局等方面实现集成式突破，应至少涉及以下几个方面。

（一）加强落实准入前国民待遇和负面清单原则，鼓励外资金融机构入驻

金融服务体系和多层次资本市场的构建离不开金融机构的参与。雄安新区金融开放的重要步骤之一，是吸引银行、保险、证券、基金等金融机构通过设立新区分支机构或合资企业等形式实现较快速聚集，从而通过市场机制形成较优竞争氛围。作为一种市场准入管理方式，负面清单管理模式在当前世界各国推进金融服务业对内对外开放中被越来越普遍采用。目前全球已有超过100个国家开始施行负面清单管理模式，而在金砖国家和G20中，只有中国等极少数国家尚未实行。目前，除上海自贸区外，广东、天津、福建自贸区也正按照可复制、可推广的负面清单模式管理。各自贸区出台的负面清单范围仍较广，在持股比例、设立形式、业务范围和牌照资质等方面对境外金融机构还存在一定区别对待。未来，雄安新区的金融服务业开放应该借鉴和优化负面清单管理模式，并在现有基础上大幅缩小金融业负面清单范围，用审慎监管代替准入限制，激发境外金融机构参与新区金融市场的积极性。

（二）扶持实体经济和重点产业，精准服务实体经济的跨境活动需求

金融开放应以服务实体经济、促进贸易投融资便利化为出发点和落脚点，提高金融体系适应性，增强对经济实体的服务能力，特别是依托加大信贷投放、扩大直接融资、发展投资基金、金融创新等方面的政策优势，发挥金融服务重点产业和项目的作用，促进贸易投融资便利化。可采取的改革措施有：完善制度建设，防止跨境资金异常流动，扩大跨境资金净流入；允许跨国企业通过自贸区搭建跨境双向人民币资金池；允许高科技公司的海外人才拥有上海自贸区账户，允许对电子商务公司的本外币金融服务；允许自贸区启动跨境私募股权投资等。这些具体措施，对雄安新区围绕精准服务实体经济，积极当好金融改革创新破冰船的前哨具有重要的借鉴意义。

（三）鼓励金融创新，构建科创金融新生态

近年来，金融科技领域的快速发展为金融业带来了新的发展活力。金融开放必将伴随着金融创新，而金融创新也会有效促进金融进一步开放，两者在相辅相成中相互促进。雄安新区的金融创新可先从金融科技创新、金融模式创新做起。引入具有先进水平的金融科技公司，鼓励金融机构针对雄安新区推出金融模式或产品创新，开展互联网金融、供应链金融等便捷化金融服务，推动大数据、人工智能等技术在金融企业多方面应用，实现传统金融业务与服务转型升级；鼓励创新创业服务平台与金融机构加强合作，允许符合规定的金融科技创新企业接入相关支付清算系统；规范市场秩序，发挥创新创业服务平台的桥梁作用，支持众创空间、创新工场等新型孵化器与天使投资、创业投资、互联网金融机构等开展合作，创新投融资服务。

（四）加强金融监管体系建设，建立健全宏观审慎管理框架

金融服务开放，既要鼓励创新，同时也要防范风险。提高金融开放水平，金融风险防范、金融监管能力建设也成为重中之重。我国的金融监管

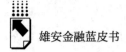

政策以分业监管为主，但是对于打造综合化金融服务的雄安新区而言，金融监管的顶层统筹设计和协调更加重要。相关部门需要转变金融发展思维，加强统筹协调，改革并完善适应雄安新区金融市场发展的金融监管框架，这是应对综合经营的基本政策。金融监管需要加强宏观审慎管理，不断健全金融法律体系配套建设，完善清算、支付等金融基础设施。同时，要不断探索和发展监管体系，建立由市政府相关部门和金融管理部门组成的金融科技服务工作协调机制，定期评估，研究新情况、新问题，及时监测金融运行风险。

（五）增加对金融业的财政和税收支持

从上海自贸区以及香港自由港的实践经验来看，减少政府对市场的干预是重要原则之一。但在雄安新区建设初期阶段，政府管理在其中起着主要的引导和规范作用。首先，主管部门要细致调研和充分沟通，财政部门可以设立专项基金，推广应用 PPP 模式，积极利用政府投资基金，以支持自贸区产业发展。其次，及时明确和优化境外机构债券投资所涉及的税收细节问题，为境外机构投资中国债券市场营造良好氛围。要厘清国际条约或税收协定中对税收优惠的相关规定，从而推动税收优惠政策落地。为境外机构投资银行间市场创造更加公平透明的政策环境，推动实现免征企业所得税和增值税，以避免双重征税。

五 雄安新区金融开放的前景规划

雄安新区的建立，在我国金融开放和经济发展进程中有着重要的战略意义。近几十年来，我国经济金融经历了空前的快速发展阶段，取得了一系列巨大成就，但也遇到了一些值得高度重视的问题。雄安新区将吸取我国长期经济金融发展中的经验教训，从经济金融制度、中央地方财权事权划分、房地产模式等顶层设计着眼，避免过去的土地财政、金融空转和脱实向虚等问题。雄安新区的金融开放，将在以下几个方面发挥示范带头作用。

（一）打造金融开放发展示范区

雄安新区作为我国新设立的国家级新区，承载着集中疏解北京非首都功能的重要任务。而"金融功能"作为非首都功能的重要组成部分，将是雄安新区在发展初期就需要加强关注的领域。将我国整体的金融开放体系建设思路融入雄安新区顶层设计，做好新区金融发展规划，积极采取各项金融政策试点措施，一方面能够顺利接纳和安顿好从北京逐步疏解出来的金融机构和金融服务，另一方面也能吸引国外高效的金融资源扎根雄安新区，最终营造出一个一视同仁、鼓励竞争的金融市场环境，为我国金融开放体系的建设做好示范。

（二）探索多元化城市建设融资模式

雄安新区的发展是长远大计，从基础设施建设到产业发展，再到环境治理，其融资需求是长期、巨大和多元的，这对融资效率和融资模式创新提出了非常高的要求。目前，雄安新区建设刚刚起步，财政实力较弱，只有创新融资模式、解决好融资问题，才能助力雄安新区开发建设有序推进、良性发展。以高起点、高标准建设雄安新区为契机，加快探索投融资体制改革，建立长期稳定的资金投入机制，将为探索高效、多元、可持续的城市建设融资体系积累宝贵的经验。

（三）形成金融与实体经济互相促进的新格局

雄安新区不仅承接了北京的金融资源，更引入了北京的实体经济资源，这其中既包括大量的央企、国企，还有很多科技创新型的高端高新企业。摩根士丹利预计，雄安新区在集中承接北京非首都功能的过程中，未来10年到20年吸纳的投资总量将达到1.2万亿~2.4万亿元。雄安新区的一项重要使命是紧跟世界潮流，有针对性地培育科技创新企业，打造在全国具有重要意义的创新驱动引领区和新引擎。通过金融开放，不断完善金融服务体系，充分支持中小企业和高科技创新企业的快速发展，有利于当地金融与实

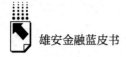

体经济形成互利互惠的良性循环，最终形成金融和实体经济互相促进的新格局。

（四）推进金融监管改革创新试点

雄安新区金融开放的另外一个重点内容是探索建立区域金融监管协调机制，完善风险防范机制，及时化解潜在的金融风险，维护好新区金融安全。按照规划，雄安新区将以创新、协调、绿色、开放、共享的新发展理念为指导，加强顶层设计，加大体制机制改革力度，自上而下地做好新区金融发展规划和金融监管，提高制度设计的合理性、系统性、全面性和可操作性，减少监管漏洞，营造公平公正、鼓励竞争的监管环境。

B.11
高标准构建雄安新区金融
市场基础设施

成家军*

摘　要： 金融市场基础设施是一国金融市场运行的核心支撑，也是跨
市场、跨地域开展金融活动的主要载体。雄安新区金融业的
健康发展同样需要构建符合国际标准、具有区域特色的金融
市场基础设施。本文在借鉴金融市场基础设施建设的国际经
验的基础上，明确了金融市场基础设施建设的基本原则，结
合我国金融市场基础设施现状，阐述了当前加强我国金融市
场基础设施建设的现实意义，提出了高标准构建国家级金融
市场基础设施的建议，旨在为雄安新区金融业发展贡献新动
能，为我国金融业改革与经济转型升级贡献雄安新区新力量。

关键词： 金融市场基础设施　金融风险　金融创新

一　金融市场基础设施建设的国际实践和经验

金融市场基础设施是指为一个国家或地区的金融活动提供公共服务的硬
件设施和相关制度安排。根据 2012 年国际清算银行支付与结算委员会与国

---

* 成家军，经济学博士，毕业于中国人民银行金融研究所研究生部国际金融专业，银行业信贷
资产登记流转中心副总裁，主要研究方向为经济金融理论、金融改革、金融监管。

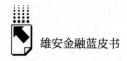

际证监会组织共同发布的《金融市场基础设施原则》①，金融市场基础设施主要包含支付系统、中央证券存管系统、证券结算系统、中央对手方和交易数据库这五类机构。

其中，支付系统是指市场参与者之间进行资金转账的相关系统和规则，一般包括提供清算服务的中介组织和实现支付指令传送与资金清算的技术手段。中央证券存管系统是指为参与者提供证券账户、集中保管、相关权益分配等服务的账面管理系统。证券结算系统是指根据预先设定的多边规则进行证券转账并通过簿记实现结算的系统。中央对手方是指在证券结算过程中，中央对手介入一个或多个市场中已达成成交合约的交易主体之间，通过成为每个"买方的卖方"和每个"卖方的买方"，从而实现所有交易合约的履行。交易数据库是指集中保存交易数据电子记录的系统或机构，交易数据库能够有效提升交易透明度，并可以为金融监管部门检查及防止市场滥用提供支持。

（一）美、欧金融市场基础设施建设实践

1. 美国主要金融市场基础设施

支付系统。"美联储转移大额付款系统"（Fedwire）和"纽约清算所同业支付清算系统"（CHIPS）是美国主要的支付系统。1913 年，为了改善混乱的支票清算过程，尤其是跨区域银行间的清算，美联储成立了自己的清算系统 Fedwire。Fedwire 是一个高度集中化的系统，无论使用者在哪个联储开户，其大额资金清算都需要通过纽联储的主处理中心进行，保证了全美支付清算规则的一致性。纽约清算所成立于 1853 年，是美联储成立之前美国金融市场上最主要的银行间支付清算组织，1970 年纽约清算所建立了 CHIPS 支付结算系统，以电子化手段代替了原有的纸质支付清算方式，打破了美联

---

① 2008 年金融危机后，国际社会对构建高效、透明、规范、完整的金融市场基础设施十分重视并达成广泛共识。2012 年 4 月，国际清算银行支付与结算委员会（CPSS，2014 年 9 月更名为 CPMI，即支付和市场基础委员会）与国际证监会组织（IOSCO）共同发布《金融市场基础设施原则》（*Principles for Financial Market Infrastructures*）。

储在支付体系中的垄断地位。美国的支付系统呈现出管理者与被管理机构相互竞争的特殊格局。[①]

中央证券存管、结算系统。美国证券存托与清算公司（DTCC）是美国乃至全世界最大的证券存托和结算机构，为各类证券提供发行人服务、托管、结算等全方位的服务。DTCC 成立于 1999 年，由负责证券集中保管和券款交割业务的美国存管信托公司（DTC）和负责证券交易清算的全国证券清算公司（NSCC）合并而成。在 DTC 与 NSC 成立前，美国证券市场的存托和清算业务非常分散，缺乏统一的业务规范与操作标准，在市场竞争的驱动下，美国的清算托管机构开始进行整合，DTC 与 NSC 相继应运而生，并最终合并形成了 DTCC。目前，全美近乎所有的股票、公司和政府债券、抵押支持证券、货币市场工具和场外交易衍生品等都由 DTCC 负责清算和结算。同时它还提供相应的资产托管和财富管理等服务。[②]

中央对手方。芝加哥商业交易所集团（CME）、美国证券存托与清算公司（DTCC）、美国洲际交易所（ICE）和美国期权清算公司（OCC）是美国四大中央对手方。中央对手方清算机制起源于 1892 年建立的纽约股票交易所清算中心，并在 20 世纪获得长足发展，如今，中央对手方清算机制已经遍布全球各类证券交易市场。在美国证券市场中，DTCC 的业务范围涵盖了股票、固定收益证券以及场外衍生品等各类金融产品，CME、ICE 和 OCC 则主要服务于期货、期权及场外衍生品市场。

交易数据库。由 DTCC 运营的全球交易数据库（GTR）是美国最重要的交易数据库。早在 2006 年 11 月，DTCC 就开始通过其子公司 DTCC Deriv/SERV 为信用衍生品市场提供交易信息仓库服务，随着行业准入及服务范围的不断拓展，DTCC 逐步建立起了多品种、跨区域、高效率的全球交易数据库，目前已成为美国场外衍生品市场管理系统风险的重要

---

① 仇京荣：《美国的银行清算系统》，《当代金融家》2015 年第 7 期，第 147 页。

② 李剑：《美国证券业托管和清算机构的发展与现状》，《金融电子化》2008 年第 2 期，第 74 页。

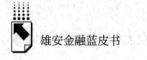
工具。

2. 欧洲地区主要金融市场基础设施

支付系统。欧洲地区的支付系统主要分为大额支付结算系统和跨境零售支付系统两类。泛欧自动实时全额结算快速转账系统（TARGET）是欧洲地区最早的大额支付结算系统，TARGET 于 1999 年开始运行，主要为参与机构提供实时全额清算服务；另一主要的大额支付结算系统是欧元 1 号系统（EURO1），主要为银行间国内和跨境的大额欧元支付提供延时净额清算服务。欧洲地区主要的跨境零售支付系统包括银行间自动转账支付系统（TIPANET）、欧元直接转账系统（Eurogiro）、S-Interpay 系统、欧元直通处理支付系统（STEP2 – T）以及欧洲市场的零售支付运营商 STET 运营的零售支付系统［CORE（FR）］等。上述零售支付系统主要提供跨境的小额支付服务。2014 年欧洲中央银行结合欧洲地区的特点，发布了《关于系统重要性支付系统监管要求的规定》，明确规定了重要性支付系统需满足的条件，并根据上述条件确定了欧洲地区的 4 个重要性支付系统：TARGET 系统、EURO1 系统、STEP2 – T 系统以及 CORE（FR）系统，并构建了对于重要性支付系统的监管机制。

中央证券存管、结算系统。欧洲清算集团（Euroclear）、明讯国际（Clearstream）、T2S（TARGET2 – Securities）平台是欧洲地区主要的三家中央证券存管与结算机构/系统。Euroclear 由纽约摩根担保信托公司于 1968 年创建，其业务范围覆盖了近乎整个欧洲地区和世界上其他一些主要市场，能提供多币种结算、托管、融资融券、担保等全方位服务。Clearstream 前身是成立于 1970 年的世达银行，在 1999 年由世达银行与德意志清算公司各出资 50% 成立，是当时欧洲地区最大的证券结算与托管平台，后经过一系列的并购重组，Clearstream 的业务范围辐射全球，主要提供托管、结算以及全球证券融资服务。Euroclear 与 Clearstream 的业务范围重合度高，但前者主要服务于比利时、英国、法国和荷兰证券市场，后者主要服务于卢森堡和德国市场。随着欧盟对欧洲证券托管、结算服务的进一步规范，并制定了《中央证券托管机构管理条例》，欧洲央行开始大力推行 T2S 平台，试图为欧元区、欧洲其他国家的中央托管机构创建一个全新的模式。① T2S 是一个单一证券结算平台，旨在利用央行资金，提供实时一体化的货银对付（DVP）结算，以提高证券结算的效率和安全性，消除国内和跨境结算的区别。T2S 的出现对 Euroclear 和 Clearstream 的欧洲市场份额造成了一定影响。

中央对手方。欧洲清算中心（EuroCCP）、欧洲期货交易清算所公司（Eurex Clearing AG）是欧盟主要的中央对手方。2013 年欧洲两大清算机构 EMCF 和 EuroCCP 完成合并，组成了欧洲最大的中央对手方 EuroCCP，合并后的 EuroCCP 承接了原先两家机构的技术系统和运营设施，利用多平台清算的优势，可以将同一参与人在不同交易平台的头寸进行单一净额轧差，降低参与人的保证金要求和跨区清算成本，在欧洲市场的竞争力进一步提升。德国证券交易所旗下的 Eurex Clearing AG 是 EuroCCP 的主要竞争对手。Eurex Clearing AG 是欧洲期货交易所的全资子公司，主要为包括期货、衍生品和现货市场在内的大多数产品提供集中清算服务，同时还为法兰克福证券交易所、欧洲期货交易所债券市场、欧洲期货交易所回购市场提供中央对手方服务。

交易数据库。芝加哥商品交易所交易数据库、DTCC 的衍生品数据库（DDRL）、洲际交易所交易数据库、波兰 KDPW 交易数据库、卢森堡 REGIS - TR 交易数据库、伦敦股票交易所 UnaVista 交易报告库是经过《欧洲市场基础设施监管规则》授权的六家交易数据库。欧盟成员国参与衍生品交易时，其发生的每笔交易信息必须向上述之一的交易数据库报告。其中，DDRL 在欧洲的市场份额最高。DDRL 是 DTCC 在欧洲地区设立的交易数据库，其总部位于伦敦，DDRL 充分借鉴了 DTCC 已有的制度及运营经验，通过 DTCC 全球贸易存储库为欧洲地区场外衍生品的交易数据提供储存，汇总服务，同时与 DTCC 在其他地区设立的交易数据库相连接，有助于跨国监管机构的密切联系。

---

① 〔英〕彼得·诺曼、董屹：《金融危机以来欧洲证券结算行业的最新发展》，《债券》2016 年第4 期，第75 页。

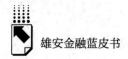

3. 各国推进金融市场基础设施建设概况

《金融市场基础设施原则》发布后，国际清算银行所有成员国均承诺将按照相关标准和要求完善本国金融市场基础设施建设。支付和市场基础委员会与国际证监会组织对《金融市场基础设施原则》监管实施情况进行持续评估，对各成员国的金融市场基础设施建设进展进行评级。

根据 2018 年 7 月最新发布的 PFMI 实施评估报告，在 28 个成员国家和地区中，除了阿根廷、智利等少数国家在部分领域的进展存在滞后外，近80% 的国家和地区的金融市场基础设施建设都已经进入了最终实施阶段。按照评估报告，我国已经建立起了符合《金融市场基础设施原则》要求的金融市场基础设施体系（见表1）。

表1　2018 年部分国家及地区金融市场基础设施概况

	中央对手方（CCP）	支付系统（PS）	中央证券存管/证券结算系统(CSD/SSS)	中央交易数据库（TR）
阿 根 廷	3	4	3/4	3
澳 大 利 亚	4	4	4	4
比 利 时	4	4	4	4
巴 西	4	4	4	4
加 拿 大	4	4	4	4
智 利	4	4	4	1
中 国	4	4	4	4
欧 盟	4	4	4	4
法 国	4	4	4	4
德 国	4	4	4	4
中 国 香 港	4	4	4	4
印 度	4	4	4	4
印度尼西亚	1	4	4/1	NA
意 大 利	4	4	4	4
日 本	4	4	4	4
韩 国	4	4	4	1

	中央对手方 （CCP）	支付系统 （PS）	中央证券存管/证券 结算系统（CSD/SSS）	中央交易数据库 （TR）
墨 西 哥	4	4	4	4
荷 兰	4	4	4	4
俄 罗 斯	4	4	4	4
沙特阿拉伯	1	4	4	4
新 加 坡	4	4	4	4
南 非	4	4	4	2
西 班 牙	4	4	4	4
瑞 典	4	4	4	4
瑞 士	4	4	4	4
土 耳 其	4	4	4	4
英 国	4	4	4	4
美 国	4	4	4	4

注：评分"1"表示相应措施尚未公布，"2"表示实施办法草案已发布，"3"表示实施方案已发布，但尚未开始实施，"4"表示实施方案已经开始施行，"NA"表示还没有任何的监管和实施措施，"＊／＊"表示不同监管部门制定草案或方案的进度不同，处于不同阶段。

资料来源：国际清算银行（BIS），国际证监会组织（IOSCO），*Implementation Monitoring of PFMI：Fifth Update to Level 1 Assessment Report*，2018.7。

（二）金融市场基础设施发展特点

从各国实践看，金融市场基础设施存在以下相似的发展趋势。

一是集中化发展。金融市场基础设施集中化发展有助于利用规模效应降低市场成本、提高市场效率。如 1999 年，美国存管信托公司（DTC）和全国证券清算公司（NSCC）合并组建了美国证券存托与清算公司（DTCC），实现了金融市场基础设施业务的统筹与整合，美、欧、日本等国家及地区的金融市场基础设施也呈现出相同发展特点。

二是标准化发展。一方面，随着金融市场不断发展与成熟，资本跨市场流动愈加频繁，这就需要依靠不同领域的金融市场基础设施提供高效的服务，促使各领域的金融市场基础设施迈入标准化发展的轨道；另一方面，在经济全球化的大背景下，资本跨境流动对各国金融市场基础设施的相互连接

与合作提出了更高的要求，使得各国金融市场基础设施呈现标准化、规范化发展的趋势。

三是科技化发展。积极探索、合理运用新兴金融科技，是助力实现金融市场基础设施高效、低成本运行的重要手段。各国金融市场基础设施均在积极探索金融科技在金融市场基础设施业务流程中的应用，推动了金融市场基础设施的现代化发展。如近年来，DTCC、Euroclear 均对区块链等金融科技开展研究并发布了相关报告。分布式记账技术可以为金融市场基础设施服务带来革命性的改变，使得金融市场基础设施更加简便与高效。

二　金融市场基础设施建设的基本原则

金融市场基础设施是金融生态的核心，是金融市场运行的有力支撑，也是监管部门落实监管政策的重要抓手，对于一个国家或地区的金融稳定、经济发展、社会安定具有非常重要的意义，因此，金融市场基础设施建设是一项长期的，具有战略意义的系统性工程。在建设金融市场基础设施的过程中应遵循以下原则。

（一）制度规范先行原则

制度基础是金融市场基础设施建设和运行的前提，金融市场基础设施的各项权利和义务都应于法有据。首先，金融管理部门的批准或授权以及相对应的法律法规是金融市场基础设施建立运行的前提和依据，金融市场基础设施开展工作必须有法可依。根据《金融市场基础设施原则》的要求，在所有相关司法管辖内，就其活动的每个实质方面而言，金融市场基础设施应该具有稳健、清晰、透明并且可执行的法律基础。其次，金融市场基础设施要能够以清晰明确的方式向有关部门、参与者及参与者的客户阐明其各项活动的制度基础，确保金融市场基础设施活动的每个实质方面具备高度确定性。最后，金融市场基础设施应为金融监管提供支持，及时了解和把握监管部门政策意图并贯彻执行，并通过统计监测等多种方式为金融监管服务。

（二）市场定位清晰原则

根据金融市场基础设施的实践经验和功能定位，建设金融市场基础设施时要遵循以下市场定位。

一是基础性。金融市场基础设施是金融市场有效运行的基石，为市场参与主体进行金融活动提供基础性服务。金融市场基础设施要根据相关政策法规制定统一的行业规范作为参与主体共同遵守的行为规则，保证金融市场的规范运行。同时，金融市场基础设施还要为市场参与主体提供系统接入、集中登记、统一管理等后台基础性服务。

二是公益性。基础设施意为向全社会提供基本服务的公共设施。基础设施行业提供的服务具有公用性和公益性特征。因而，金融市场基础设施应以服务金融市场为目的，在保障金融市场基础设施健康有序运转必要成本的前提下，为参与主体提供较为优惠的服务。

三是市场性。金融市场基础设施应始终坚持市场导向，充分调动参与主体的创新动力和经营活力，清除各种不必要的市场壁垒，从而为金融活动建立起统一、畅通、高效的金融市场，使金融要素在自由流动中实现市场化定价，充分发挥配置市场资源的作用。

四是动态性。金融市场基础设施须与经济发展需求相匹配，因而面对不同时期金融市场的不同需求，要能够做出动态性的调整。同时，国内金融市场基础设施要与国际通行准则接轨，积极推进金融市场的对外开放。

（三）强化分工合作原则

金融市场基础设施建设是一项非常复杂的系统性工程，它由若干相对独立又相互联系的系统构成，只有合理的分工合作才能保证金融市场基础设施整体高效、有序运行。因此，金融市场基础设施建设需要统筹规划、协调推进。

首先，金融市场基础设施之间要有明晰的法定业务边界。金融市场基础设施的权责不清不仅会使服务效率低下，更会导致监管真空、监管套利等不

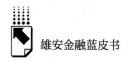
利后果。因此，金融市场基础设施要有严格的准入标准、明确的经营范围，禁止无证或超范围经营，从而逐步建立起多元化、覆盖广、合理分工、适度竞争的金融市场基础设施格局。

其次，金融市场基础设施之间要建立有效的合作与联通机制。随着现代金融业的快速发展，各金融市场之间联系日益密切，这就对金融市场基础设施之间建立规范的合作机制提出了要求。金融市场基础设施应在保持适度差异化的情况下建立统一的业务标准和规范，搭建智能化、系统化、规范化的信息共享平台，进而建立起跨行业、跨市场、跨区域、跨国界、高度协调的互联互通机制，提升金融一体化服务的水平。

（四）完善内部治理原则

金融市场基础设施具有系统重要性，因此需要高度重视其内部治理结构，实现安全有效运行。具体来讲，在建设金融市场基础设施时要满足以下基本要求。

一是规范性。金融市场基础设施应具备规范的内部治理结构、健全的内部控制制度、有效的制衡决策机制以及科学的激励与约束体系。董事会、管理层的人员任免以及权责划分应严格按照相关法律法规的规定进行。金融市场基础设施的重大决策，必要时应及时向公众披露，并建立起畅通的信息反馈机制。

二是安全性。为保证自身的安全和促进金融稳定，金融市场基础设施应完整、全面地审视自身所面临的风险，牢固树立安全运行风险防范意识，做好关键环节的风险管控，对内部运行维护制度进行动态监控，准确识别、检测、度量和管理风险头寸。

三是创新性。金融市场基础设施作为金融市场运行的基础，其发展水平制约和决定着整个金融体系的运行效率和发展层次。金融市场基础设施应充分重视对金融科技的前瞻性研究，合理运用金融科技创新成果，推进多元化金融服务体系创新，强化高新技术支持功能，逐步向信息化金融方向发展，顺应经济发展趋势，更好地服务于国家经济发展和社会繁荣进步。

三　当前加强我国金融市场基础设施建设的背景和现实意义

我国金融管理部门十分重视金融市场基础设施的建设。经过多年发展，金融市场基础设施的建设取得了显著成就，已经建立起了一套较为成熟的、现代化的金融市场基础设施体系。但是，我们也应认识到，随着内外部经济金融形势的变化，加强金融监管、防范金融风险、助力实体经济健康高效发展等都对进一步加强金融市场基础设施提出了新需求。特别是随着当前金融监管体系改革的不断深化，加强我国金融市场基础设施建设势在必行。

（一）我国金融市场基础设施建设现状

1. 我国已经建立了一套较为成熟的、现代化的金融市场基础设施体系

金融市场基础设施建设是支持金融可持续发展的重要条件。近年来，我国金融市场基础设施建设取得重大进展，围绕银行间市场、交易所市场、黄金交易市场、期货交易市场等都建立了对应的金融市场基础设施，为金融市场运行提供了保障。

以银行间市场及交易所市场为例，中国人民银行清算总中心、中央国债登记结算有限责任公司、外汇交易中心等作为我国重要的金融市场基础设施/服务机构，在促进金融市场发展，保障市场安全、稳定、高效运行方面发挥了重要作用（见表2）。

表2　银行间市场及交易所市场主要金融市场基础设施/服务机构

金融市场基础设施/服务机构	金融市场基础设施类别	主要职能
中国人民银行清算总中心大额实时支付系统	支付系统	大额支付指令逐笔实时发送、全额清算资金，主要为银行业金融机构和金融市场提供快速、高效、安全、可靠的支付清算服务，是支持货币政策实施和维护金融稳定的重要金融市场基础设施

续表

金融市场基础设施/服务机构	金融市场基础设施类别	主要职能
中央国债登记结算有限责任公司	证券存管与结算系统	财政部唯一授权的国债总托管人,中国人民银行指定的银行间市场债券登记托管结算机构、商业银行柜台记账式国债交易一级托管人,企业债总登记托管人及发行审核的第三方技术评估机构。通过其子公司为信贷资产、信托产品、理财产品等金融资产提供集中登记等基础设施服务
银行间市场清算所股份有限公司	中央对手方证券存管与结算系统	经中国人民银行认定的合格中央对手方,同时也为部分公司信用债券提供托管结算服务
中国证券登记结算有限责任公司	证券存管与结算系统	交易所市场证券存管、结算系统基础设施,为交易所市场各类证券提供集中登记、存管和结算服务。场内集中交易的证券品种,作为中央对手方以结算参与人为单位,提供多边净额担保结算服务;非场内集中交易的证券品种,提供双边全额、双边净额、实时逐笔全额及资金代收付服务
中国外汇交易中心暨全国银行间同业拆借中心	类交易报告库	为银行间外汇市场、货币市场、债券市场和衍生品市场等提供交易系统,组织交易,并履行市场监测职能
中证机构间报价系统股份有限公司	类交易报告库	为交易所市场类交易报告库,主要记录股权类场外衍生品数据。提供以非公开募集方式设立产品的发行、登记、转让和结算服务,以及私募市场的监测、统计分析服务

注:在金融稳定理事会发布的《场外衍生品市场改革第九次进展情况报告》(2015 年)中,外汇交易中心及中证机构间报价系统被视为类交易报告库(TR-like Entity)。

资料来源:根据公开资料整理。

除上述金融市场基础设施外,近年来,随着金融市场的发展与创新,一些新兴的金融市场基础设施涌现,并且在金融市场中发挥着重要的作用,如全国中小企业股份转让系统、银行业信贷资产登记流转中心、信托登记系统、理财登记系统、全国互联网金融登记披露服务平台等。

2. 当前我国金融市场基础设施还存在一些有待完善和加强的地方

金融市场基础设施的建设与金融稳定息息相关，一般而言，一国金融市场基础设施越发达，金融体系的弹性越高。尽管历次金融危机爆发原因各异，但金融市场基础设施建设滞后是一个共性的因素，1997 年的亚洲金融危机和 2008 年的国际金融危机都表明，金融市场基础设施存在缺陷的国家更容易受到金融冲击。[①]

目前，我国金融市场基础设施在助力监管、防范金融风险方面有待进一步完善。一是金融市场基础设施之间统筹不足，影响了金融市场基础设施效用的发挥。由于涉及跨部门监管等问题，不同金融市场基础设施相互分割，部分领域存在重复建设的问题，在商业银行股权监管等一些关键领域，尚未建立对应的金融市场基础设施，监管部门缺少对应的监管手段或途径实现对金融行业的有效监管。二是缺乏统一的金融数据统计监测平台或数据标准，金融监管部门无法获得全局化的监管统计数据，金融市场基础设施在金融行业综合性统计分析、系统性风险预警和防范方面发挥的作用有限。三是我国金融市场基础设施建设在前瞻性、灵活性方面存在一些不足，随着金融科技的快速发展，金融创新日益活跃，新的金融组织、金融产品和金融服务不断涌现，金融体系也在不断完善，需要与之相应的金融市场基础设施。前期，互联网信贷、众筹等新兴业态金融业务引发了一些风险，与金融市场基础设施无法覆盖这些新兴金融业态不无关系。

3. 当前的经济金融形势对于金融市场基础设施建设提出了新要求

随着我国经济发展由高速增长阶段转向高质量发展阶段，推进"一带一路"倡议、京津冀协同发展等，发展先进制造业、现代服务业、人工智能等中高端产业，都离不开金融资源的大力支持。然而，在目前我国以间接融资为主的金融体系下，以商业银行为主的传统金融机构在传统行业和过剩

---

① 张承惠：《下一步金融改革须重视金融基础设施建设》，《中国经济时报》2013 年 8 月 29 日第 005 版。

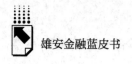

产业沉淀了大量的资金，资产流动性偏低，金融机构为实体经济提供融资支持的能力受到明显制约。各类金融机构对信贷资产、非标资产、PPP项目相关资产、产业基金等各类存量资产有着强烈的盘活需求，上述需求的实现有赖于建立相关的金融市场基础设施。

同时，金融支持产业结构优化升级、助力供给侧结构性改革，也需要通过金融市场基础设施充分吸收各类社会资本，构建多层次融资市场。产业结构调整带来融资需求结构的变化，以科技创新为驱动的战略性新兴产业在国民经济中的比重不断上升，其对各类融资方式的需求与传统加工制造行业存在显著差别，然而当前的金融市场基础设施服务尚未很好地覆盖这一领域，难以有效地提供有针对性的融资支持。

（二）加强我国金融市场基础设施建设的现实意义

金融市场基础设施建设既是金融改革的重要组成部分，也是金融改革的基础。党中央、国务院高度重视金融市场基础设施在服务经济、改善民生、提高金融资源配置效率、防范金融风险等方面的作用。党的十八届三中全会决定中明确要求"加强金融基础设施建设，保障金融市场安全高效运行和整体稳定"；"十三五"规划纲要也指出要建立安全高效的金融基础设施；国务院金融稳定发展委员会也明确表示要"加强金融基础设施的统筹监管和互联互通"，加强金融市场基础设施建设已经成为当前金融领域的一项重要工作。

具体来看，当前进一步加强我国金融市场基础设施建设，具有以下几个方面的重要意义。

1. 助力宏观调控与金融监管，防范化解重大风险

一是有助于维护国家金融安全稳定。发达的金融市场基础设施，可以为金融体系带来更大的弹性与更高的灵活度，从而加强其应对外部冲击的能力。通过完善金融市场基础设施，监管部门可以有效加强市场监测。一方面，通过建立完善统一的金融市场基础设施，能够将全部金融市场参与者纳入监管范围，使得各种市场操作与业务创新进入监管视野，从宏观层面更加

准确地掌握市场整体发展状况，分析、预测发展趋势，防范系统性风险，增强金融监管有效性；另一方面，从微观层面可以了解市场机构具体运营情况和风险状况，监测其流动性、违约情况、杠杆率及风险状况等，有效识别、预警、防范行业的个体风险、区域风险和系统性风险，促进金融市场稳定。

二是保障国家宏观经济调控的贯彻落实。完善的金融市场基础设施能够有效疏通货币政策传导渠道，及时准确地向市场传达宏观调控的目的与意图，并有效检验调控效果。

2. 适应多层次金融市场发展需要，有效提升金融服务实体经济质效

一是满足新兴业态金融健康发展的需要。近年来以互联网为代表的现代信息科技快速发展，大大改变了原有的传统金融模式，而随着政府融资方式的变革，PPP 与政府产业基金等融资模式也得到了快速发展。为适应金融市场的发展需求，在缺乏有效引导和监管的这些金融创新领域，需要通过建立统一的登记平台、交易场所、中央数据库等方式，引导各个行业规范业务流程，建立统一标准，提高市场运行效率，防控市场风险。

二是助力解决中小企业"融资难、融资贵"的问题，提升金融服务实体经济质效。金融机构在为实体经济，尤其是小微企业、三农经济等提供服务时，普遍面临信息分散、不真实、不完整的问题，这不仅增加了金融机构收集与甄别信息的难度，也变相提高了实体经济的融资门槛和成本。通过完善金融市场基础设施，改善中小微企业征信服务，构建居民储蓄、理财需求与企业融资需求之间的高效联通渠道，推动多层次资本市场建设，可以有效吸收各类社会资本为实体经济提供融资支持。

3. 提升金融市场运行效率、安全性与透明度，保护投资人权益

安全和效率是金融市场永恒的主题，加强金融市场基础设施建设，对于流动性风险和信用风险的防范和管理具有重要意义。金融市场基础设施可以为金融产品提供覆盖整个生命周期的全流程服务，从而大大减少金融资产的交易摩擦，改善金融资产流动性。在利率市场化的进程中，市场利率的波动可能有所增大，金融资产流动性的提升，可以有效防止个别交易方违约对市场造成的连锁反应，保证市场的安全、高效运行。

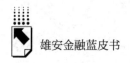

金融市场基础设施通过收集、存储所有金融市场交易信息，并向社会公众和投资人提供信息公示和查询功能，有利于改善目前部分金融子市场信息不对称、不透明的现状，提升金融市场整体透明度；同时通过提供第三方数据存储与查验机制，使用金融市场基础设施数据库所提供的数据可作为解决有关法律纠纷的证据，可以有效保护投资人利益。

四 建设雄安新区高标准金融市场基础设施，助力金融行业健康发展

建设雄安新区作为党中央、国务院大力推动的重要战略，是开创我国城市发展新模式、培育创新驱动发展新引擎的重要探索。金融业是雄安新区发展不可或缺的重要组成部分。《河北雄安新区规划纲要》也指出，要积极探索通过金融创新等方式为新区建设提供支持，金融支持雄安新区发展，要聚集金融资源，高起点发展金融业。

金融市场基础设施的运营主体作为金融市场标准制定的高端，能够带来产业集聚效应，可以有效聚合金融资源，有利于形成综合性金融机构服务网络。当前，我国金融市场基础设施趋于成熟，雄安新区金融业发展可以从完善我国金融业基础设施建设的角度着力，从补短板、提效率、覆盖新兴业态金融的角度出发，探索雄安新区金融发展路径，也为我国金融业改革提供支持。

（一）进一步完善我国金融市场基础设施制度建设

欧美金融业的发展经验表明，有效的金融监管是金融市场基础设施正常高效运行的重要基础和保障。建议从以下两方面完善我国金融市场基础设施相关制度。

一是强化金融市场基础设施的制度基础。目前我国金融市场基础设施领域缺乏统一的监管安排和监管规则，金融市场基础设施运行主要依据监管部门的零散规定，并没有健全的法规予以保障，部分金融市场基础设施日常运

行所依赖的法律环境还存在一些不确定性。建议尽快完善金融市场基础设施的立法体系，为金融市场基础设施运行提供统一的法律依据，并加快研究制定金融市场基础设施统一的管理规则和指引等。

二是明晰各金融市场基础设施的业务边界和管理规则。在目前我国分业监管体制下，不同的金融市场基础设施分属于不同的监管部门管理，各部门在监管理念、方式和标准上存在一定差异，容易导致职责不清、协调成本较高、管理效率降低的问题发生。近期，我国金融体系改革稳步推进，国务院金融稳定发展委员会的成立为金融监管部门以及基础设施之间的统筹协调提供了有效保障。建议统筹金融市场基础设施的发展规划，理顺金融市场基础设施的监管体制，逐步建立起合理分工、适度竞争的金融市场基础设施格局。

（二）充分发挥成熟基础设施服务机构优势，助力雄安新区金融市场建设

在关于金融如何支持雄安新区建设方面的报告中，河北省金融办等曾明确表示，要积极引进金融市场基础设施及各类金融机构落户新区。目前，我国金融市场基础设施建设趋于完善，围绕几个主要的金融子市场也形成了一些成熟、高效的金融市场基础设施服务机构。雄安新区探索建设新兴业态金融资产登记流转平台、非标准化（非标）金融资产登记交易平台，可以考虑通过与成熟金融市场基础设施服务机构合作的方式，充分发挥这些成熟机构的优势功能和经验积淀。以雄安新区为战略实施平台，推动我国多层次资本市场完善，助力实体经济发展。

其中，作为经财政部同意、原银监会批准成立的金融市场基础设施服务机构，银行业信贷资产登记流转中心有限公司（简称"银登中心"）依托母公司中央结算公司的技术优势和经验积淀，为包括信贷资产等在内的金融资产提供统一的登记机制和流转平台，促进金融市场的规范、高效和有序发展。经过近 5 年的实践，银登中心在推动金融资产规范化、阳光化流转交易方面积累了丰富经验，具备金融资产登记、交易、结算与存续期管理等全周

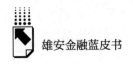

期服务能力。银登中心可以立足其作为金融市场基础设施服务机构的基本职能，充分发挥其技术优势和中介职能，为雄安新区金融市场基础设施建设提供助力。

（三）关于高标准构建雄安新区金融市场基础设施的具体建议

1. 建设新兴业态金融资产登记流转平台，助力雄安成为引领我国金融行业发展的创新中心

作为我国探索城市发展新模式的重要国家战略布局，雄安新区金融业发展空间大、创新活力强，容易形成金融创新中心，应特别注意引导和规范各类新兴业态金融业务的发展。

（1）建设新兴业态金融资产登记流转平台的背景和意义

近年来，随着互联网和信息技术的成熟，以及政府融资模式转型等，我国金融创新步伐加快，先后涌现出消费金融公司、小额贷款公司、P2P 网贷、众筹、PPP 基金、产业基金等多种新兴金融业态，对传统金融业态形成有益的补充，并逐步成长为一支有效助力融资体系变革、解决中小企业融资难问题的重要力量，能有效提高金融服务实体经济的效率。但由于涉及的服务对象普遍较为复杂、服务对象风险高、经营主体资产差异大、缺乏有效分散风险机制、相应的金融监管机制没有及时建立与完善等，部分新兴金融领域风险集中，引发了一些风险事件，对其后续发展造成了不利影响。

建立新兴业态金融资产登记流转平台等金融市场基础设施，对于实现规范化引导、监控风险、推动业务发展等都有积极作用。一方面，缺乏统一规范的监管机制，是当前制约我国新兴金融业态进一步发展的重要障碍，通过构建集中登记流转平台，可借助统计监测等方式实现对各类新兴业态金融业务风险的有效监测、预警和防范，为维护金融稳定提供保障；另一方面，新兴业态金融业务普遍存在市场分散、效率不高、风险分散机制缺乏等问题，通过构建金融市场基础设施，可以加速集中化市场以及自发性风险处置渠道的形成，可以有效提升业务效率和业务安全性，推动新兴业务金融业务的健康发展。

在相关管理部门的推动下，一些新兴业态金融领域已经建立了一定的基础设施服务平台或相应机制。例如，在政府出资产业基金方面，国家发改委办公厅印发了《政府出资产业投资基金信用信息登记指引（试行）》（发改办财金规〔2017〕571号），建立了集中登记制度；在P2P等互联网金融领域，中国互联网金融协会已经建立了全国互联网金融登记披露服务平台。雄安新区可以探索以上述基础服务设施平台/机制为基础，进一步拓展符合市场需求的金融市场基础设施服务，探索构建符合雄安新区特色的新兴业态金融资产登记流转平台。

（2）关于建设PPP项目相关资产流转平台的建议

以建设PPP项目相关资产流转平台为例，本部分具体阐述了雄安新区构建新兴业态金融资产登记流转平台的必要性和意义。

近年来，在地方债务严控和供给侧结构性改革的背景下，PPP模式在缓解地方政府债务压力、转变政府职能、提高公共服务供给质量和效率等方面，被寄予厚望。截至2018年6月末，PPP累计入库项目超12000个，总投资额超17万亿元，PPP已成为我国公共服务投资和基础设施建设投资领域的重要业务模式。然而，缺乏二级交易市场、流动性不足一直是制约PPP项目长远健康发展的一个重要症结。PPP项目融资普遍存在期限长、规模大的特点，在项目落地后，由于缺少二级市场流转交易，资产的流动性严重不足，大量资金沉淀，不仅影响了资金使用效率和社会资本参与意愿，也在一定程度上造成了风险积聚。

为进一步盘活资产，鼓励社会资本参与PPP项目，市场机构在相关部门的支持下进行了一些探索实践，但效果较为有限。一是鼓励开展PPP项目证券化。2016年以来，相关部门陆续印发了《关于推进传统基础设施领域政府和社会资本合作（PPP）项目资产证券化相关工作的通知》（发改投资〔2016〕2698号）、《关于规范开展政府和社会资本合作项目资产证券化有关事宜的通知》（财金〔2017〕55号）等文件，鼓励相关机构通过资产证券化等方式盘活PPP项目相关资产。然而，由于资产证券化业务对于底层资产要求较高、业务周期偏长等，PPP项目证券化产品发行较为缓慢。截至 2018 年 6 月，全国仅有 13 单 PPP 资产证券化产品发行，累计规模 102.9 亿元。并且，已发行的 PPP 证券化产品主要以收益权作为基础资产，鲜少涉及以合同债权和项目公司股权为基础资产发行资产证券化产品，表明项目公司融资需求强烈，而金融机构、社会资本方参与度较低。二是推动应收账款类资产盘活。2017 年，财政部政府和社会资本合作中心（PPP 中心）先后与天津金融资产交易所和上海联合产权交易所合作成立了 PPP 资产交易平台，目前所开展的主要为 PPP 项目应收账款类资产的盘活。然而，PPP 项目大量融资为银行信贷债务融资，而根据国发〔2011〕38 号文、国办发〔2012〕37 号文的规定，地方交易所不得开展信贷资产相关交易，此外，地方交易所市场参与主体范围有限，因此整体上能够发挥的作用较小。

目前，PPP 项目已经建立了较为完善的登记入库机制，雄安新区可以充分借鉴相关经验，在此基础上探索搭建全国性 PPP 项目资产流转平台。PPP 项目具有投资规模大、期限长、收益稳定等特点，与中长期机构投资者的需求相匹配，与保险和年金等资金投资需求相契合。通过构建全国 PPP 资产流转平台，可以引入各类中长期机构投资者，鼓励保险资金、社保基金、养老金、住房公积金、PPP 基金等各类市场资金参与 PPP 项目相关金融资产投资，推进建立多元化、可持续的 PPP 项目资金保障机制，推动 PPP 模式的发展。同时，由于 PPP 项目投资行业较为集中，大量中长期资产沉淀，很容易引发系统性风险，通过构建二级交易市场，可以有效实现 PPP 领域风险的转移和分散。

2. 构建非标准化金融资产登记交易平台，充分吸收社会资本服务雄安新区建设等国家重大战略

雄安新区发展定位十分明确，要"建设绿色生态宜居新城区、创新驱动发展引领区、协调发展示范区、开放发展先行区"，在高标准、高定位下，新区建设面临大量基础设施建设和投融资需求，可以通过构建非标金融资产登记交易平台的方式，有效吸收各类社会资本参与雄安新区建设。

非标业务的产生和发展，有其客观存在的必然性。在利率市场化的背景下，非标业务不仅为银行提供了实现业务转型、增加中间收入的手段，同

时，更好地满足了实体企业多元化的融资需求，反映了实体经济发展、金融体系转型与银行业自身变革的共同需求，雄安新区的建设也需要非标业务的支持。

对于非标业务的发展，当前的监管政策以抑制为主，需要加强正面引导。非标类业务游离于监管视野之外，在透明度、规范性方面有所欠缺，因而成了部分银行规避监管、隐匿风险的载体。因此，过去相当长一段时期内，监管部门对非标业务的监管思路，主要是通过设定各类金融机构及资管产品投资非标资产的限制来约束非标资产规模的过快增长，但对于非标业务本身的发展，缺少正向激励或支持政策。在这样一种监管思路下，虽然非标业务的整体风险得到了有效控制，但是在一定程度上也抑制了各类市场主体参与非标业务的积极性，对于非标业务"一刀切"式的过严限制很容易误伤到实体经济。

此外，目前非标资产二级市场交易以私下交易为主，存在较大的风险隐患。非标资产类型丰富、规模庞大，目前市场参与主体已经覆盖金融体系中的大部分机构，从资产负债动态管理和流动性管理等角度出发，各市场参与主体都有着很强的参与非标资产交易的需求。然而，目前非标资产交易主要通过商业银行私下交易、地方性交易场所交易等方式进行流转，由于缺乏统一有效的监管和引导，非标资产交易普遍面临以下几方面的问题。一是交易范围有限，非标资产交易市场分散，市场参与主体较少，供需匹配难度大，交易效率较低；二是规范化程度不足，非标交易多在私下进行，信息揭示不足，价格形成机制不透明，部分产品为规避监管进行"多层嵌套"，有的还存在利益输送的道德风险；三是难以实现有效监管，非标资产交易缺乏公允的信息披露或独立第三方登记机制，产品的具体形式、规模、法律关系等不为监管所知，并且相当一部分非标资产涉及银证信保多个金融子行业，存在不同监管部门间的跨业监管问题。

构建规范、统一的非标资产交易平台，是引导非标业务健康发展的有效途径，有助于实现非标业务的有效监管。首先，把非标市场统一化、规范化，有助于将场外业务转变为场内业务，提高市场交易效率，从而充分发挥非标业务在推动利率市场化、吸收各类社会资本支持实体融资等方面的积极作用，也有助于商业银行发展中间业务、实现经营转型。其次，透明集中的交易市场与相应的金融市场基础设施，可以有效提升市场透明度和阳光化水平，对金融机构的非标业务开展也可起到规范和约束作用。最后，对监管协调与合作也大有助益，通过利用现有信息科技及大数据分析技术，可以实现市场监管全覆盖，并推动跨部门的监管合作与信息共享。

3. 建立股权交易场所，服务雄安新区企业多元融资需求，推动融资体系变革

党的十九大报告指出，"深化金融体制改革，增强金融服务实体经济能力，提高直接融资比重，促进多层次资本市场健康发展"，这为新时代我国金融业发展指明了方向。探索建立雄安股权交易所，实现雄安新区金融业先行先试，对推动我国融资体系变革很有意义，同时也是充分集聚社会资源、支持雄安新区建设发展的有效方式。

《中共中央 国务院关于支持河北雄安新区全面深化改革和扩大开放的指导意见》明确，"筹建雄安股权交易所，支持股权众筹融资等创新业务先行先试"。雄安新区建立股权交易所，能够进一步丰富区域内企业融资渠道，可以有效引导社会资源向雄安新区支持鼓励和引导发展的、具有竞争力的战略性新兴行业、科技型创新型企业集聚，为新安新区发展培育富有长久生命力的新经济增长点。同时，股权交易所的建立，是大力发展股权融资、提高直接融资比重最主要的前提之一。以雄安新区探索实践为起点，可以为股权众筹融资等创新金融业务形态摸索出一条更为规范、有序的发展路径，从而为我国创新金融业务的健康、快速发展提供有益的经验和借鉴，服务于我国金融体制改革。

案例篇

Case Studies and Analysis

B.12

综合性企业集团在雄安新区
设立创新中心的设想

中信集团课题组*

摘　要：　雄安新区将建成高质量发展的全国样板，打造贯彻落实新发
　　　　　展理念的创新发展示范区。雄安新区要走一条有别于传统城
　　　　　市的发展道路，创新驱动发展将成为其进步、引领高质量发
　　　　　展的不竭动力。综合性企业集团在雄安新区设立创新中心，
　　　　　能够在践行自身发展战略的同时，助推区域创新系统演化，
　　　　　助力新区创新发展。本文分析了综合性企业集团在雄安新区

*　中信集团课题组对"综合性企业集团在雄安新区设立创新中心"这一主题进行了持续关注与
　研究。本文为课题组的阶段性研究成果。本课题由中信集团王炯总经理指导，课题组成员有
　中信集团战略发展部总经理助理付临芳、中信银行石家庄分行行长常戈、中信建设证券衍生
　品交易部行政负责人戴波、中信信托合规管理部总经理解宁、中信环境投资管理二部总经理
　白银峰、中信建设总经理助理徐明广。

209

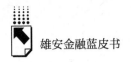
设立创新中心的意义，在借鉴国内外创新中心相关经验的基础上，从总体思路、雄安新区五大产业创新中心设计、基础保障以及中长期体制机制建设等方面提出了综合性企业集团在雄安新区设立创新中心的可行性方案。

关键词： 综合性企业集团　创新中心　实施方案

中国经济进入"新常态"，改革进入深水区，雄安新区的设立肩负了探索创新发展道路和寻找全新经济增长动力的历史使命，具有一般国家级新区所不具备的战略定位。[①] 雄安新区的设立，为京津冀乃至全国的创新资源集中、交流、转化提供了一个全新的平台和机遇。在此背景下，综合性企业集团在雄安新区设立创新中心，可以说既是坚定不移地贯彻创新、协调、绿色、开放、共享的"五位一体"发展理念，践行创新驱动发展、建设创新型国家战略，也顺应了时代发展潮流；既符合新区的发展定位，也符合企业自身的需求，即通过提高创研水平，加速创新成果转化，提升核心竞争能力。

一　企业设立创新中心的背景及意义

（一）雄安新区创新支持政策

2018 年 4 月 14 日，中共中央、国务院批复的《河北雄安新区规划纲要》（以下简称《规划纲要》）明确了新一代信息技术产业、现代生命科学和生物技术产业、新材料产业、高端现代服务业、绿色生态农业等产业发展重点，搭建国际一流的科技创新平台，布局建设国家实验室、国家重点实验

---

① 秦宇、李钢：《雄安新区战略定位与创新发展机制研究》，《财经智库》2018 年第 4 期，第 93～108 页，第 142～143 页。

室、工程研究中心等一批国家级创新平台,打造全球创新资源聚集地,围绕集聚高端创新要素,加强与国内外知名教育科研机构及企业合作,建立以企业为主体、市场为导向、产学研深度融合的技术创新体系,推动建设一批未来产业研究院。

2019 年 1 月 24 日发布的《中共中央　国务院关于支持河北雄安新区全面深化改革和扩大开放的指导意见》(以下简称《指导意见》)提出了雄安新区的四项基本原则与九大重点任务(见表 1),明确指出要加强创新能力建设和科技成果转化。

表 1　《指导意见》关于雄安新区的四项基本原则与九大重点任务

四项基本原则	九大重点任务
①坚持党的集中统一领导 ②坚持高点站位、统筹谋划 ③坚持大胆探索、先行先试 ④坚持立足当前、着眼长远	①强化创新驱动,建设现代化经济体系 ②完善城市治理体系,建设现代智慧城市 ③创新公共服务供给机制,提高保障和改善民生水平 ④创新选人用人机制,建设高端人才集聚区 ⑤深化土地和人口管理体制改革,推进城乡统筹发展 ⑥推进生态文明改革创新,建成绿色发展城市典范 ⑦扩大对内对外开放,构筑开放发展新高地 ⑧深化财税金融体制改革,创新投融资模式 ⑨完善治理体制机制,打造服务型政府

(二)雄安新区对企业设立创新中心的相关政策与要求

雄安新区市场主体注册登记工作严格按照“正面清单”管理,确保产业发展符合新区产业定位。在申请人符合“正面清单”、资料齐全符合受理要求的情况下,企业登记时间(含企业名称核准)不超过 5 个工作日。新区管委会将根据《规划纲要》和建设发展实际情况,定期对正面清单实行更新。

企业在雄安新区设立研究院原则上需要先注册公司,在注册的公司下设立研究院(或直接注册公司承担研究创新职能,不单独设立研究院)。申请在雄安新区注册公司的流程分为两步:一是公司名称核准,二是注册登记。

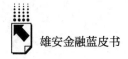
依据有关规定，"雄安"作为字号保护，冠"雄安"名称的企业名称核准，须经国家市场监管总局确认，方能在总局网站办理。冠以"河北雄安"名称的企业，指定经办人并携带设立子公司、研究院的相关决议及名称核准申请表到新区政务服务大厅直接办理名称核准，半小时内即可完成。取得公司名称核准通知书后，再进行企业工商注册登记。

（三）综合性企业集团设立创新中心的意义

综合性企业集团（以下简称企业集团或集团）产业布局广泛，下属公司众多，整体实力雄厚，有实力参与雄安新区建设，是雄安新区初建过程中的市场主体。雄安新区建设所提供的全新的创新发展环境，对入驻的企业集团提出了新的挑战和新的需求。原有的业务运营模式无法通过简单的复制推广来帮助集团应对这一挑战，更勿论把握新的发展机遇。因此，企业集团有必要根据雄安新区建设以及自身发展的实际，设立与之匹配的创新中心先行先试。与此同时，创新中心将为综合性企业集团带来如下资源。

1. 契合新区定位，利用雄安新区高端人才资源优势

《指导意见》要求雄安新区"引导现有在京科研机构和创新平台有序向雄安新区疏解，新设立的国家实验室、国家技术创新中心等国家级科技创新平台优先在雄安新区布局，支持建设雄安新区中关村科技园"；"坚持聚天下英才而用之，深入实施人才优先发展战略，建立适应雄安新区开发建设与高质量发展的选人用人机制，建立高层次人才引进与激励政策体系，优化就业创业、成长成才环境，形成具有国际竞争力的人才制度优势"。雄安新区将通过一系列的措施引进高端人才，形成人才集聚。企业在雄安新区设立创新中心，一方面可以服务于国家战略，契合新区定位，另一方面也可以很好地利用雄安新区的人才聚集优势，服务于企业自身发展。

2. 整合优势资源，提高科技创新竞争力

经营模式相对成熟的企业，其研发模式相对稳定，短期内难以调整。企业可以以在雄安新区设立创新中心为契机进行内外部优势资源的整合，协同

关联业务领域的联动研发，促进产学研结合，这样既能集中资源开拓新的创新领域，对原有研发模式的不足之处加以修正完善，同时也可以通过集中管理模式，有效降低内部的沟通和运营成本，大幅提高企业的科技创新能力和市场竞争力。

3. 加强前沿技术交流，助推转型发展和成果落地

当前，我国经济已由高速增长阶段转向高质量发展阶段，正处在转变发展方式、优化经济结构、转换增长动力的攻关期。新一轮的科技革命与产业变革方兴未艾，极有可能对现有的产业发展路径产生颠覆性的影响。雄安新区的建设正赶上新工业革命孕育兴起的时代，有机会站在新的起点上规划发展引领未来的新兴产业，并充分利用新平台、新机制、新模式承接具有世界领先水平的科技成果转移转化。

未来，雄安新区将拥有最优越的创新环境、最前沿的创新技术，为入驻企业提供更为广阔的平台。2019 年 2 月 23 日，雄安国际科技成果展示交易中心正式开工。这是新区大规模建设全面展开的重要标志，具有十分重要的意义。企业在雄安新区设立创新中心，可以更好地展示自身的创新理念与技术成果，通过与各方机构的充分互动，取长补短，赢得更多的合作机会，快速实现科技成果到市场应用的转化推广落地，将企业的创新能力转化成实实在在的效益，形成创新能力与经济效益的良性循环，推动自身转型发展。

二　国内外经验借鉴

（一）国外经验

1. GE 创新研发中心

通用电气公司的企业创新机制，总体来说可以归纳为：一个在具有创新精神的企业家战略高层领导、控制与协调下，科研、组织结构、人力资源、资金、市场力量和外部关系等要素间协同合作，互动发展，推进公司不断成

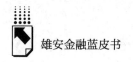

功创新和长期可持续发展的动态机制。通用电气公司的创新机制不是一朝一夕建立而成的。长期以来，研发中心是 GE 技术发展的坚实基础，GE 的产品创新和技术创新均来自研发中心，在研发中心的支持下，GE 致力于产品的不断创新。从 1880 年至今，通用电气公司创造了众多为人熟知的创新产品和服务，为人类社会带来了诸多变革。

GE 中国创新中心（成都）作为 GE 在中国布局的创新中心，其主要的特点体现在综合性、联盟性、突出性、协同性四个方面。

（1）功能、行业、运营的综合多元化。GE 中国创新中心（成都），从功能上看是一家集市场、研发、销售、服务四位一体的综合性创新中心；从覆盖面看，涵盖了医疗、能源、航空、运输等行业；在运营方面以产品展示、产品开发、应用开发、采购支持为主要内容。

（2）以加盟制、非法人机构的组织形式体现联盟性。GE 中国创新中心（成都）采用母公司牵头发起，各子公司参与加盟的形式。创新中心的场所由母公司统一租赁，各子公司根据使用面积分摊费用（前两年由母公司承担）。各子公司根据业务开展需要，在创新中心场所内建设产品和应用展区、实验室等。共有会议室、会客区、餐厅、员工健身房等公共区域。员工各子公司委派或在当地招聘。

（3）业务领域突出重点，"主攻"目标明确。GE 中国创新中心（成都）的重点领域是（基层）医疗，积极布局推进医疗"下乡"战略，同时贴近基层医疗机构需求，研发并推出适合中国基层医疗市场的产品、应用、解决方案和服务。

（4）创新模式以关注与客户"协同创新"为代表。GE 中国创新中心（成都）的创新模式先后经历"源创新""反向创新""协同创新"三个阶段。经过不懈努力，其颠覆了创新模式，打造了 GE 在全球的首个"客户协同创新中心"。

2. 德国拜耳集团创新体系

德国拜耳集团（以下简称拜耳）坚信成功的关键是顺着价值链从外部和内部合作与联合。拜耳认为，建设一个全球开放创新研发网络具有巨大价值，其雇员与外部专家共同寻找健康与食品领域内全新挑战的解决方案。引入合作是拜耳创新战略中最重要的一部分，也是拜耳与新兴企业、学术机构、工厂、供应商以及其他合作伙伴团结在同一个网络联盟内的原因。[①] 拜耳的创新体系包括创新领域、如何创新、创新景象三方面。

（1）创新领域。从 2016 年 1 月 1 日起，拜耳的核心业务包括三个部分——处方药、健康消费品、作物科学。动物保健作为其单列的部分。拜耳创新关注的核心是保证足够食品供应和医药保健需求，其使命是科技创造美好生活。在人/动物/植物的健康领域主要以医药、健康消费品、动植物健康为方向。在人类未来可持续获得营养的领域以植保、种业、数字化种植为方向。

（2）创新内涵。拜耳的创新突出体现在以市场应用为导向，与众多高水平伙伴合作，博采众长的专业合作方式，迅速将更多更好的想法转化为成功产品。在开放创新网络方面，各种机构和个人均可通过开放创新门户网站与拜耳对接合作、共创、发明；在研究与开发方面，对生命科学领域跨学科研究创新产品和方案，辅以流程、服务和商业模式创新；在数字化变革方面，破除技术的边界，开发创新的解决方案，实现工厂的设计、建设、运营高效安全。

（3）创新景象。2017 年度，拜耳的员工人数约为 10 万名，销售额为 350 亿欧元。研发人员且达到了 1.4 万名，研发投入为 45 亿欧元。研发部门为总部下属分支机构，总部基于研发项目拨付预算。仅 2017 年度，员工共提出创意达 700 项，3.6 万名员工在内部众筹平台登记，共 680 名创新教练和大使，在 20 个国家举办创新日活动，开放创新网络共资助了 285 个项目。截至 2017 年末，申请中和已批准有效的专利共 4.8 万项，其中涉及4700 项受保护的发明。[②]

---

① 黄流聪：《德国企业科技创新机制研究》，广东外语外贸大学硕士学位论文，2017，第 43 页。

② 资料来自课题组实地调研。

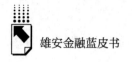

（二）国内其他地区经验

1. 以建设国际科技产业创新中心为目标的广州市

广州市深入实施创新驱动发展战略，落实《粤港澳大湾区发展规划纲要》的工作部署，高水平建设国家创新中心城市，强化国际科技创新枢纽功能，促进国家自主创新示范区、国家自由贸易试验区和全面创新改革试验核心区联动发展，打造科技之城、创新之城、机遇之城。广州市的创新发展战略概括如下。

行动目标：到 2035 年，全面建成国际科技产业创新中心，在我国进入创新型国家前列时，成为比肩全球创新城市的"领头羊"。

行动原则：坚持创新发展与产业发展深度融合；坚持科技创新与制度创新双轮驱动；坚持全面创新与重点突破紧密结合；坚持自主创新与开放创新有机统一。

推进机制：坚持创新路径的"三层融合"。遵循科技创新发展规律，紧扣"知识发现、技术发明、产业发展"的"三螺旋结构"路线图；实现创新协同"三级联动"。面向全球积极引进跨国研发中心和研发总部，形成科技创新"国际队"；依托国家实验室、大科学装置、大院大所建设科技创新"国家队"；支持企业研发中心和多主体、多模式的新型研发机构发展壮大成为科技创新的"广州队"。

五项重大行动：综合性国家科学中心创建行动、科技产业创新主体培育行动、创新产业新支柱构筑行动、综合性国家新兴产业创新中心共建共享行动、开放创新新格局拓展行动。

多项保障措施：制度保障方面，坚持深化机制体制改革，推行"以赛代评""以投代评"；优化完善创新政策，鼓励科技成果积极转化。人才保障方面，坚持做到重点人才靶向引进、优化国际人才工作环境、完善创新创业人才服务体系。资金保障方面，不仅对落户广州的国家级、省级制造业创新中心分别给予 3000 万元、1000 万元的一次性补助，或按项目总股本的 30% 给予直接股权投资支持（最高不超过 1 亿元），还推动财政投入 50 亿元的科技成果产业化引导基金加快运作。土地保障方面，优先规划创新发展用地。文化保障方面，培育创新文化基因。①

2. 以建设技术创新中心为目标的天津市

为加快推进天津市技术创新中心建设，优化和完善以企业为主体的市级技术创新体系，天津市从政府层面制定了具体的建设实施方案，概括如下。

功能定位：综合性创新中心、专业性技术创新中心。

建设目标：至 2020 年，全市布局建设 3 ~ 5 家综合性技术创新中心，150 家专业性技术创新中心。

建设原则：聚焦产业、企业主体、改革牵引、开放协同、有序推进。

重点任务：（1）服务天津战略，开展技术研发及产业化；（2）集聚开放创新资源，打造创新型产业集群；（3）发展科技型创新创业，搭建专业化创新创业平台；（4）吸引和培育技术创新人才，构筑高端人才聚集地；（5）完善内部治理结构，创新运行体制机制；（6）加快优化整合，提升经济发展支撑能力。

组建方面：多种组建模式结合，坚持"一中心一方案"的原则。

运行方面：在法律地位、治理结构、资金投入、人才管理方面根据各个中心情况确定。

保障实施：一是加大支持力度，对综合性技术创新中心的研发创新能力建设项目安排不高于项目总投资 30% 的财政补助资金，每年不超过 500 万元，连续支持 3 年。专业性技术创新中心以三年为一个周期进行考核评估，评估优秀的给予一次性 30 万元市财政资金奖励。二是加强政策落实，围绕创新创业、创新资源聚集、创新人才引进等方面加大统筹协同力度，对于天津市出台的各类创新政策，优先安排在技术创新中心先行先试，优化技术创新中心发展的政策环境。②

---

① 《广州市人民政府关于印发广州市建设国际科技产业创新中心三年行动计划（2018—2020年）的通知》（穗府函〔2018〕224 号），2018 年 9 月 14 日。

② 《市科委关于印发天津市技术创新中心建设实施方案的通知》（津科创〔2018〕87 号），2018 年 8 月 3 日。

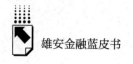

（三）雄安新区相关企业创新实践

1. 中信集团

中信集团作为正部级综合性企业集团，金融与实业并举，旗下中信银行、中信证券、中信环境、中信建设、中信外包、中信金属、中信工程等诸多子公司积极跟进国家战略，陆续与雄安新区建立了业务联系，并在多个领域开展实质性对接工作，为后续创新中心的建设打下了坚实基础。中信银行积极参与雄安新区的发展，成为首家为雄安集团发放贷款的商业银行和雄安集团首家"存款 + 贷款"合作银行，并为雄安集团注册首个公募债券 200亿元超短期融资，中信银行河北雄安分行业正在筹建中。中信证券、中信建投证券陆续到新区参加 REITs 投标及各类债券产品推介。中信环境采用若干世界级先进技术及创新的地下设计理念中标的雄安新区 3 万吨/日再生水厂是雄安新区首个水处理项目，该项目的推进对中信环境的环境业务推广及环保技术应用产生重要的开拓性影响。

2. 中国移动

中移（雄安）产业研究院已经挂牌，挂靠在中移雄安信息通信科技有限公司，实行的是"两块牌子，一套人马"。后续将结合新区智慧之城的定位重点发展 5G 网络、智能交通、智慧城市等领域的研发及应用。未来将承接北京总部的研究院功能的主要方面。目前研究院正在选址中，计划 2019年末达到 200 人，未来将有 2000 人整体迁入。

3. 国家电网

国家电网已经成立国家电网雄安金融科技集团有限公司，主要承担研究功能。后续将结合雄安数字城市建设，在雄安新区建设交易平台、大数据征信及金融信息化等方面的业务。截至 2019 年 2 月，已组建数十人的团队与新区进行对接。

4. 中冶集团

中冶集团已经成立中冶综合管廊科技发展有限公司，主要承担地下管廊研究功能。后续将结合雄安新区大规模地下建设需求，主要开展管廊技术研发、城市规划设计、建筑工程、水利水电工程、市政工程等综合化业务。截至 2019 年 2 月，已组建团队积极开展新区地下管廊研究。

5. 腾讯公司

腾讯（雄安）未来城市实验室由腾讯研究院和河北雄安新区腾讯计算机系统有限公司联合成立（截至 2019 年 2 月，尚未揭牌运营）。后续将发挥腾讯在智库研究、云计算、大数据和人工智能等方面的技术优势，建立综合性研究平台，推动集成创新，服务雄安新区城市发展需要。

6. 百度公司

2018 年 11 月，百度公司 Apollo 雄安智能交通研究院正式揭牌，将联合政、企、学、研等多方资源，打造智能交通示范区。中国移动、中国联通以观察员身份加入理事会，大众汽车集团（中国）也同时宣布以理事会成员身份加入百度 Apollo 平台，并宣布启动首个围绕自主泊车的合作项目。

7. 雄安新区绿色技术集成创新中心

中国科学院城市环境研究所、英国剑桥大学产业可持续发展研究中心、永清环保股份有限公司共同发起的"雄安新区绿色技术集成创新中心"于2018 年 8 月揭牌。该中心旨在打造为雄安新区生态环境建设提供更多政策建议、先进技术和案例参考的国际一流产学研联合体。

（四）经验总结与借鉴

雄安新区将不会走粗放式的发展道路，实施创新驱动是推动雄安新区发展的战略选择和根本动力。结合国内外的经验借鉴以及相关企业在雄安新区的创新实践，如下几点经验值得借鉴。

一是专注主业发展。创新中心业务要围绕主业开展，在重点领域集中优势资源，实现行业领先。

二是开放创新网络。既要有内部研发功能，又要有外部交互功能，海纳百川才能实现创新中心的动态可持续发展。

三是总部提供支持。由总部发起，提供前期的人才、技术和资源支持，完成对创新中心的前期培育，直到其形成独立造血能力。

四是实施人才保障。提供完善的配套措施，如住房、医疗、创意众筹平台等，解决研究人员的后顾之忧，同时提供创新转化的平台，实现个人价值。

五是把握政府政策。积极与当地政府对接，享受政府在土地、税收、补贴等方面的优惠政策，降低经营成本，提高运营能力。

三 实施方案

（一）总体思路

1. 发展定位

创新中心是集团企业面向未来的产业研究中心，目标是全面展示创新发展成果，聚集高端人才，因此，应致力于成为中国的"橡树岭国家实验室"，为推动雄安新区建设成为"新兴的全球科技创新中心"贡献力量。

2. 建设模式

可以采取"既可分立、又可共享"的模式，将企业内外部对未来的创新研究资源进行整合聚集，吸引内部子公司研究机构和外部战略合作伙伴进驻。

3. 主要内容

结合雄安新区产业发展布局，依托本企业集团优势产业，分阶段建立展示中心、若干重点创新研究院/实验室、孵化平台及培训基地等，充分利用雄安新区高端创新要素，为集团及外部合作伙伴提供集创新研究、技术开发、孵化投资、展示示范、业务运营的共享合作平台，同时吸引外部企业入驻，合作共赢实现产学研深度融合。

4. 构建企业集团内外部合作共赢的发展谱系

当前，经济全球化程度进一步加深，市场竞争更加激烈。加深合作互助成为提高企业竞争力的重要举措，也是企业发展规律的新特点。企业集团在雄安新区设立创新中心，一方面可以进一步整合和发挥集团内部不同产业间的优势，深入挖掘跨领域的协同价值，带动相关产业发展，培育发展新动能。另一方面，也能最大限度地汇聚外部市场要素和资源，打造共享共赢的合作平台，提升企业跨行业资源的整合能力和创新发展能力，构筑发展新优势。构建内部和外部两个共荣共生的发展谱系，有利于促进企业间的资源共享和协同发展，实现合作、互利、共赢的发展局面。

集团内部发展谱系：按照雄安新区确定的产业发展目标，围绕国家需要、经济社会效益显著的重点产业领域，集团内部的不同产业子公司可以结合自身的产业特点，研究设立技术创新中心、产业创新中心、制造业创新中心等①，并逐步完善"创新—孵化—商业化"发展模式。创新中心要打造"政产学研用"紧密结合的系统创新载体，扩散新技术、新模式，培育新业态、新产业，壮大经济发展新动能。② 创新中心要各有侧重，科学布局，例如，技术创新中心要涵盖基础性研究领域，围绕国家战略进行创新；产业创新中心关注范围大，既要涵盖制造业，又要关注关键产业的应用技术创新与推广；③ 制造业创新中心聚焦于制造业应用技术方面。

集团外部发展谱系：以创新中心为载体，采用全面对接和引育结合的方式打造协同创新共同体，集成各种创新资源，在科研基础设施、科技工程数据、知识产权、人才、技术、信息等方面形成规模效应，进一步升级联系纽带，提高研发能力，促进科技成果转化，实现与其他企业的合作共赢。

未来，随着创新中心的建设发展，内外部合作共享的生态圈不断拓展，将为综合性企业集团的产业发展和战略转型提供有力支持。

5. 分步骤实施

创新中心建设可分为初期和中长期两个阶段。建设初期，依托集团公司现有资源和发展诉求，设计建造展示中心及各类针对企业集团在雄安新区产业发展方向的研究中心，在对外展示的同时开展新材料、新技术、新工艺等

---

① 丁玉琛、张千辰、纪宗华：《制造业创新中心、技术创新中心和产业创新中心政策比较研究》，《江苏科技信息·科技战略研究》2018 年第 5 期，第 2 页。

② 郑秋生、张宏丽、李金惠：《广东国家科技产业创新中心建设中企业研发机构的作用》，《科技管理研究》2018 年第 1 期，第 86~91 页。

③ 尹艳冰、宝伟君、朱春红、赵宏：《京津冀一体化视阈下天津具有影响力的产业创新中心建设研究》，《科学管理研究》2016 年第 6 期，第 73~76 页。

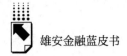

方面的创新研发。中长期，在前期创研成果的基础上，建立创新人才培育基地、创新型孵化平台、合作共享开发平台等，逐步拓展功能空间，实现更深更广发展。

6.人力规模合理推进

初期人员不宜过多，可以年轻中高级科技人员为主。用地和用房面积根据企业集团自身能力及需求确定，未来可逐步扩大。通过"共享后台"的形式，实现办公工位、IT 治理/云储存、实验平台、通信网络、会议室/视频、数据中心、洽谈室、驿站/休息吧、后厨/餐厅、商务用车、物业管理、外包服务等公共资源共享使用。

（二）五大产业创新中心设计

企业集团应根据雄安新区产业发展现状，结合自身产业实际，针对雄安新区确定的五大产业方向设计不同的创新中心及其业务模块。

1.新一代信息技术产业研产基地

新一代信息技术是当前国际新一轮产业竞争和抢占经济科技制高点的战略先导产业，是发展基于数据和知识的战略性新兴产业的重要抓手。随着"互联网＋"和《中国制造 2025》、大数据战略的深入执行，供给侧结构性改革的持续推进，新一代信息技术产业将加速与相关产业融合。一些新应用和新产品集中涌现，人工智能、云计算、大数据、物联网、高性能集成电路等与雄安新区基础建设协同发展，推进落实国家战略。新一代信息技术产业发展所带来的经济效益为技术创新提供投入，改善环境。[1] 高端装备制造企业可考虑将研究中心设立在新区，并立足国家战略，统筹整合力量，通过产学研用协同创新，把握发展自主权、提高核心竞争力，打造全产业链竞争能力和中国特色产业体系，建设涵盖产业规划、共性关键技术、关键部件、集成应用、新型材料和行业标准的研究院，研究成果将广泛应用于众多领域和

① 吴善东：《新一代信息技术产业发展趋势展望》，《时代金融》2018 年第 11 期（总第 715 期），第 349 页。

细分市场。

2. 现代生命科学产业集群和生物技术产业创新中心

生命科学技术产业作为知识经济典型代表，在创造财富和就业等方面有巨大的潜力。生物医药产业具有高技术、高风险、高投入、高收益和多环节、长周期等特点。一般来说将所有环节纳入同一企业内部的组织和管理成本非常高，因此一般的制药企业或生物技术公司内部很难同时具备药物研发所需的全部知识和技术，又拥有将研发成果顺利通过审批并将其产业化的能力。雄安新区凭借其政策优势综合运用高水平劳动力、土地资源及资本将学术研究就地转化，形成可持续的商业化的生命科学产业供应链和集群。医疗产业公司可在新区建立医养结合产业链，针对老年群体及残障人士，将医疗康复保健服务、健康咨询服务、健康检查服务、诊治护理服务、大病康复服务以及临终关怀服务与生活照护服务、精神心理服务、文化活动服务结合，利用"医养一体化"的发展模式，集医疗、康复、养生、养老等为一体，把老年人及残障人士健康医疗服务放在首要位置，有效地将服务机构和医院的功能相结合，建立一种把生活照料和康复关怀融为一体的新型模式，推动医疗文化发展。该模式对现代生命科学型企业在雄安新区设立创新中心有借鉴意义。

3. 新材料产业研发应用中心

新材料作为新一轮科技革命和产业变革的基石和先导，是世界各国面向未来的战略必争领域之一，也是雄安新区产业发展的重点。第一，立足高远，瞄准前沿，超前布局。加快培育发展战略性新兴产业的总体要求，围绕国民经济和社会发展重大需求，以加快材料工业升级换代为主攻方向，以提高新材料自主创新能力为核心，以新型功能材料、高性能结构材料和先进复合材料为发展重点，抢占发展先机和战略制高点，引领新材料产业发展。第二，需求牵引，突破关键，紧绕核心。围绕国家重大战略、民生福祉改善、国防战略，聚焦人工智能、5G通信、新型显示、精准医疗、高效储能等产业对新材料的重大需求，开展重点新材料应用基础研究，通过产学研用相结合，大力推进科技含量高、市场前景广、带动作用强的新材料产业化发展和国家重大工程建设，为国防科技工业提供支撑和保障，在上述领域先行应用，打造新材料应用引领示范区。第三，搭建平台，创建体制，塑造品牌。推进新材料创新、服务平台和工程建设。建议设立新区新材料产业发展部门会商、协调机制，统筹研究协调新材料产业发展，加强新材料产业政策、发展规划在科技、财税、金融、商贸等方面政策的协调配合，提升新材料产业发展决策水平和服务能力，加快构建产城融合发展的空间结构体系、现代产业体系、基础设施体系、生态环境体系和社会服务体系，突出产业支撑和载体建设，打造全球新材料创新资源聚集地。[①] 雄安新区应做好原始创新、研发转化、规模化生产、应用示范之间的衔接，构建体制、机制、政策、市场、技术等多位一体的区域创新体系，形成分工合理的创新发展格局，实行协同规划、统筹联动，促进新材料科研成果尽快转化应用。高新材料产业集团可在雄安新区设立研发应用中心，通过对特殊化工艺技术、智能制造、前沿技术领域、新材料研究与应用领域等进行研究，提供产品设计一体化解决方案，为企业提供信息化、智能化技术支撑，实现产品或产品开发过程升级，更好地为客户提供一体化设计服务及产品创新方案的建设目标，形成一个综合集团对外创意／创新技术展示的窗口。

4. 高端现代服务业示范中心

高端现代服务业以高附加值和高盈利为代表的高级化不断衍生新型服务产业，具有高人力资本投入、高科技、高产业带动力等特点，能够带动产业结构调整和技术升级，主要集中于服务业中的信息、传输、计算机服务和软件，金融业，租赁和商务服务业，文化创意业、科学研究、技术服务和地质勘查业。高端现代服务业的兴起将改变价值链的盈利结构，加速知识创新效应的外溢，带动服务业和制造业升级，推动其他产业的可持续发展，是经济发展的动力源。[②] 雄安新区政府应做好产业规划，促进企业内形成分工协作机制和资源共享机制，引导高端现代服务业聚集，有力提升新区综合发展水平。按照规划，新区将是高端服务业的聚集地，高端服务业的发展在带来更

---

① 肖劲松、商龚平、王本力：《雄安新区新材料产业发展战略思考》，《新经济导刊》2018 年第 12 期，第 50~52 页。

② 王冠凤：《中国高端服务业发展的国际比较研究》，《湖北社会科学》2018 年第 4 期，第 89 页。

多资源的同时，也对城市的基础设施、公共服务、人居环境等方面形成更高的要求，这将对城市的发展形成良好的促进作用。与高端现代服务业共生发展的总部企业，也会提升城市综合竞争力。就金融业而言，金融机构可在雄安新区批筹建立网点，甚至设立分子公司，大力发展科技创新产品及创新金融交易模式，增加盈利渠道，与新区建设发展相结合，借助新区政策优势，把新区内前沿产业作为试点，充分发挥示范效应，将支持新区实体经济、服务新区人民落到实处，促进新区金融健康可持续发展。

5. 绿色生态农业科研中心

通过绿色兴农、质量强农的理念实现雄安新区建设背景下的农业转型升级，正确处理经济发展、产业转型与环境保护的关系，实现人与自然协调发展，大力建设美丽乡村，发展特色小镇，转变传统的以数量和规模为核心的发展方式。因此，雄安新区坚定不移地实施推动绿色生态发展战略，解决人口、经济、社会、资源和环境相互协调发展中的问题，从而实现社会全面进步、人的全面发展。[1] 雄安新区以绿色生态农业为主，未来将建设国家农业科技创新中心，发展以生物育种为主体的现代生物科技农业。传统农业也将由此实现现代化的飞跃。农业转型受到资源的特定自然性和基本主体的非组织性限制，不可能仅依靠基本主体自我完成。这一过程需要政府发挥作用机制，引导农业向现代化、集约化方向发展。依托新区政策、人才、资金等优势建设绿色生态农业科研中心，为农业转型发展中优惠政策的制定、资源要素的合理配置、农业产业融合以及信息平台的搭建提供支持。农业企业可联合行业龙头企业和投资平台及行业其他优势力量申请共建国家生物种业技术创新中心，整合聚集全球优势创新资源和产业力量，抢占世界生物种业制高点。这将为其在雄安新区设立生物种业双创孵化平台提供强大的技术支持和保障，从而有效地推进实体化、规模化、高端化的生物种业双创孵化平台的布局以及实体化创新实验室和试验示范基地的创建。

---

① 许昊：《雄安新区农业发展情况调研报告》，《研究与交流》2018 年第 26 期，第 160 页。

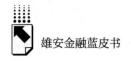
（三）基础保障

1. 场地规划及运营

《规划纲要》选择 100 平方公里作为起步区先行开发，在起步区划出 38 平方公里启动区先期建设。启动区是雄安新区最高标准、最先建设的核心区域，左侧为央企集中承载地，右侧是金融聚集地，交通便利、配套完善，是未来雄安新区的核心商务区。

未来，创新中心可以在此处选址，通过自建或者租赁进行场地规划和建设（建筑面积可根据公司具体情况而定），最大限度地享受新区的优质服务和资源支持，提高企业品牌影响力。通过整合资源发挥引领优势，在行政办公、信息维护、后勤保障等共享设施的基础上，企业内部各子公司通过合作共建模式，共同参与制订具体筹备推进计划，建立财务、人力、信息技术等运营管理系统，开展选址、配套设施的招标、租赁、建设工作，确保中心稳定、长期运营。

2. 组织架构

为确保创新中心的建设工作有序推动，筹备期应设立领导小组和工作小组。领导小组由企业集团领导、相关职能部门领导和子公司领导组成，审议决策中心的发展规划、筹备期间重大事项等。工作小组由具体职能部门、相关子公司领导及业务骨干组成，负责创新中心的顶层设计、制定发展规划、协调内外部资源、对外沟通联系等。

工作小组可下设几个项目组（视公司具体情况而定，未来可根据需要增加或减少）落实筹建中的具体工作。

3. 资金保障

建设运营初期，由集团公司投入启动资金，用于整体场地、房屋等规划建设以及展示中心、共享后台和后台服务人员薪酬福利等。各子公司根据发展情况分期入驻，负责各自展厅的规划设计、装修维护、设备购置和人员薪酬等，同时向科技部、工信部等国家部委以及雄安新区管委会申请奖补资金。运营中后期，主要通过创新项目、产品等的产出应用，以及投资、运营等收益实现自身收支平衡，具体如下。

项目收益：创新中心就孵化的创新项目与公司内其他子公司进行合作，建立合理的收益分成机制，通过项目商业化运营获取分成收益。

投资收益：集团公司投资部分资金，支持创新中心牵头与雄安集团、雄安新区入驻企业、大型 PE 基金等机构联合设立科创基金，科创基金投资于中心孵化的创新项目，项目商业化运营后，通过基金投资分红获取投资收益。

运营收益：创新中心各项功能齐备后，工位、会议、网络/视频、商务用车、数据中心等可以通过出租获取租赁收入；后厨/餐厅、驿站/休息吧、物业等可以通过提供餐饮、住宿、商品等服务获取经营收入；人才培养基地可以通过开设系列课程、提供实践机会、定制培训方案等获取培训相关收入。

政府补贴：创新中心每年产出的科技成果、研究课题等，可向科技部、工信部等国家部委申请专项奖补资金，成功商业化运营的创新项目可向雄安新区申请创新奖励。

4. 人才支持

通过与雄安新区政府沟通接洽，申请住房、高等人才引进政策，申请财政补贴、税收优惠等财政支持，在系统内发布"聚贤令"，广泛吸纳聚集各行业高尖端人才，为创新中心的建设发展提供有力的人才支撑。具体而言，一方面，应为人才提供薪酬与后勤保障。制定具有竞争力和吸引力的薪酬体系以及配套住房租房、家属随迁就业、健康医疗、养老、子女教育等福利政策和后勤保障，解决员工后顾之忧，吸引内部优秀人才聚集和外部专业人才入驻。另一方面，应实现人才对创新价值的共享。设立创新孵化基金，完善相关激励约束机制，将内部研发与企业利益捆绑，实现个人对创新价值的共享，提高创新积极性。

（四）中长期体制机制建设

1. 建设创新人才培育基地，培养专业化创新人才

实施创新驱动发展战略，人才是基础和关键。创新驱动的实质是人才驱

动，科技创新人才是雄安新区发展的关键。① 产学研合作通常是企业、科研院所和大学间以企业的创新技术需要为动力。产学研合作创新型人才培养在我国创新联动和构建创新型国家进程中占据核心地位，发挥着关键作用。推进产学研合作，优化调整人才培养结构层次及区域布局，形成有助于创新型科技人员成长和发挥作用的良好环境，对创新成果有效转化具有重要意义，从长远发展规划来看，在创新人才培养和培育基地建设中应重点做好以下几点。

一是建设创新培训基地。通过聘请专业讲师，定期开展培训课程，激发创新潜力，训练创新能力，打造国家级创新培养继续教育培训基地，为企业培养专业化人才。

二是建设创新业务交流中心。致力于打造国家级创新业务学术交流中心，以雄安创新峰会、交流研讨会等形式，定期开展与国内外创新业务领先企业、机构的交流、学习，通过开展雄安创新大赛等塑造品牌形象。

三是创建科研创新对接窗口，通过产学研合作发现创新型人才。首先，要积极对接国内外高等院校、科研机构及诺贝尔获奖团队等，争取建设以创新技术转化为方向的专业团队，打造科研创新的世界之窗。其次，通过与合作参与方的创新合作行为，整合分配创新资源，进行高效的技术创新。而创新型人才通常是具有开拓性创新能力，能够获得关键领域的技术突破性创新，并且能够对社会发展做出突出贡献的人。整个产学研培养过程是新型人才发现及发展的重要途径，两者之间有密切的联系。②

四是建设创新人才交流中心。聘请国际专业咨询公司，定期组织开展跨学科尖端人才的交流研讨，并赴国内外知名创新基地参访交流，直击全球最前沿的技术，学习专业的创新工具与方法论，寻求适合自身发展的创新孵化经验。

---

① 陈奕冰：《创新驱动框架下"京津冀"协同发展的人才政策措施研究》，渤海大学硕士学位论文，2017，第1页。
② 初国刚：《产学研合作创新型人才培养模式和机制研究》，哈尔滨工程大学博士学位论文，2018，第31页。

2. 以雄安新区重点产业为试点方向，建设行业聚焦型孵化平台

结合雄安新区产业发展方向，企业集团应优先选择契合雄安新区定位的产业或相关领域的子公司为试点，牵头组建由战略制定、经营管理、投融资管理等不同领域专业人士的创新管理团队，依托集团庞大的关系圈、行业积累的资源优势、资金和技术等，加强上述产业或相关领域上下游机构的合作交流，以新业态培育为导向建成行业聚焦型特色孵化平台。孵化平台不断地通过创新、孵化、商业化三个阶段将创新项目推向市场，最终实现行业新标准创设、行业新领军企业崛起的孵化目标。[①]

在创新阶段，创新管理团队与不同行业子公司共同探讨当前所处市场动态、培育新客户群体可能形成的业务机会、现有客户群体的潜在需求等，提出若干创新点（创新原型），与各子公司相关人员共同组建项目临时决策机构，进行战略发展需要、客户需求满足程度、技术可行性、产品生产规模化商业化程度等众多维度评估，形成一套独特的创新方法体系，借助该体系由项目临时决策机构选定出一个创新项目，围绕该创新项目设计出具有驱动客户、提升业务价值的具体产品与服务。

在孵化阶段，创新管理团队基于创新阶段设计的具体产品与服务制定用户及市场测试方案，交由子公司面向小部分客户进行应用测试，积累客户数据和反馈意见，与方案预期情况进行比对后，由项目临时决策机构决定继续推进还是停止推进。在继续推行的决策下，创新管理团队与子公司共同优化产品与服务后，再面向子公司的特定客户群体/市场区域进行应用测试，以降低技术、市场、运营等成本和风险为目标，验证商业模式的可行性。根据验证反馈情况，项目临时决策机构确定一个产品与服务的市场化推广方案。

在商业化阶段，创新管理团队全程参与子公司产品与服务的推广，重点在以下四个维度促进业务发展（见表2）。

---

① 施杨、王峥、高茜、张国平：《苏州创新型孵化器建设模式及其对策研究》，《科研管理》2017年第4期，第268页。

表2　创新管理团队促进业务发展的四个维度

	业务当前收益	业务新增收益
收入垂直增长	**业务提前布局** 在竞争者涉足前率先布局某个业务领域，防止竞争者抢先进入而影响现有业务	**拓展新市场/领域** 在现有业务基础上，开拓新的业务领域，推动企业战略转型，提升市场价值
收入横向增长	**业务重造及流程再造** 通过更换现有产品和服务，或对业务流程进行再造，使现有核心业务发展更好	**业务重新定位** 使用新的技术或商业模式重新定位现有产品或业务，实现新定位下的业务增长

3. 整合企业集团内外部资源，构建综合服务型创新平台

以行业孵化平台为基础，企业集团牵头引入旗下其他产业板块子公司以及合作机构中符合雄安新区产业发展的下属公司，依托前期已形成的独特创新方法体系，将不同产业板块的公司在科技成果、应用场景、商业模式等方面的优势资源交叉融合，完善金融投资、科技支持、公共服务等配套功能，打造跨领域、跨行业、跨部门、跨地域的综合服务型创新平台。

科技成果主要包括入驻各公司在实验室研究的最新成果、在经营实践中取得的管理创新成果等。应用场景主要是入驻各公司产品及服务跨界交叉应用，如工业领域机器人应用于农业精准育种及田间监测、水下作业及水质监测、康复医疗辅助等领域。商业模式主要包括线上模式、线上线下融合模式、线下模式等多种商业模式组合。在三者相互影响和交叉作用下，三者有机结合的中间部分将形成不同于单一行业或领域的创新源泉，在专业创新管理团队的引导下，将不断产生创新原型进而提出可供持续孵化的创新项目。

在创新项目从原创到孵化再到商业化的过程中，一方面可以助力企业集团各产业发展，另一方面可以积累形成综合服务型创新平台。创新平台主要由创新孵化平台、金融服务平台、公务服务平台、科技支持平台组成。

创新孵化平台主要包括：（1）创新项目原创、评估、孵化、商业化完整的方法和体系；（2）经验丰富的创新管理专家团队；（3）集团各产业板块实践应用支持；（4）项目孵化过程中合作机构服务支持等。

金融服务平台主要包括：（1）与集团投资及合作的天使基金、PE基金、众筹基金等投资机构提供的多元投资服务；（2）与集团合作的银行、证券、保险、信托、租赁等金融机构提供的综合融资服务；（3）阿里、腾讯、百度、京东等互联网机构提供的互联网金融服务；（4）中企云链等金融科技机构提供的供应链金融服务等。

公务服务平台主要包括：（1）创新中心提供的"办公、会议、餐饮、住宿、出行"等行政办公及辅助服务，实现"拎包入住"；（2）创新中心打造的人才培养基地提供的行业专家、创业导师等培训及辅导服务；（3）集团及创新中心提供的共享设备、装备服务；（4）集团及创新中心各类实验室、检测认证机构提供的专业试验及检测认证服务。

科技支持平台主要包括：（1）各领域共享知识数据库；（2）各领域科研成果数据库；（3）各行业市场数据及分析报告；（4）各领域创新项目成功案例库等。

4. 建立合作共享机制，共创国家级创新基地

习近平同志在党的十九大报告中强调，创新是引领发展的第一动力，是建设现代化经济体系的战略支撑。建设创新型国家已经成为我国现代化建设全局的战略举措。通过打造新的经济增长点、增长带、增长极，加快推进京津冀、长江经济带、东西部协同创新，强化国家自主创新示范区和国家高新区的辐射带动作用，建设一批具有强大带动作用的创新型城市和区域创新中心。

基于雄安新区"创新驱动发展引领区"的发展定位，正在建设的未来科技之城不应局限于建设全国科技创新中心的定位，可以定位于新兴的全球科技创新中心。企业集团在雄安新区设立创新中心，应该秉承开放、包容、合作、共赢的理念，充分发挥集团综合服务型创新平台的特色功能和创新引领作用，向雄安集团、入驻新区的国内和国际机构以及集团合作机构开放综合服务型创新平台的各个功能，共同构建"互惠双赢、合作发展"的战略合作关系，共同完善"创新—孵化—商业化"模式及方法体系，通过新一代互联网科技创新资源"虚拟集聚"的新模式，在雄安新区联合建设虚实结合的全球科技创新平台。

按照雄安新区确定的新一代信息技术、现代生命科学和生物技术、新材

料、绿色生态农业、高端现代服务业等产业发展目标，集团应结合自身发展战略，充分发挥优势产业竞争优势，助推雄安新区各主导产业快速发展，通过全球科技创新平台在项目、信息、数据等方面建立与合作机构的合作共享机制，以创新中心为载体打造协同创新共同体，支持雄安新区创建国家级创新基地，助力雄安新区成为国家科技创新行动计划的"领头羊"，逐步建设成为新兴的全球科技创新中心和世界级创新城市。

5. 构建信息数据互联互通网络，打造智能共享合作平台

美国著名的发明家、未来学家库兹韦尔（Ray Kurzweil）认为，随着人类对人工智能的开发（开发的速度呈指数式的增长），未来人类与机器、现实与虚拟的界线会变得模糊，生物性的智能与非生物性的智能的合二为一将成为不可改变的趋势。[①] 未来，创新中心通过全球科技创新平台在项目、信息、数据等方面与合作机构的合作共享达到相当规模后，以信息数据为载体构建信息数据互联互通网络，借助大数据、云计算、人工智能等先进技术手段，整合各类资源进行数字化转换，全面打造智能共享合作平台，实现科研成果、客户、资源、信息、专家和设备等以数据为载体的各类信息共享，将生产经营中的供应、制造、销售信息数据化，通过互联互通网络进行传递、交流和互换，达到快速、有效、个性化的产品供应和成果转化。以西门子等国际知名企业推行的工业 4.0 为例，综合实业标准化的特征和信息时代数字化的特征，将实业生产推向一个崭新的、更高级的阶段，逐步打破行业边界，梳理数据来源，统一数据标准，规范、引导、扩大实业数据的应用和影响范围。

智能共享合作平台可以为不同的行业打造共同的数据服务支撑，充分挖掘运用数据的价值，跨界综合集成、协同设计、协同制造，将产生新的动能，推动效率和创新。首先，基于实物流和数据流确定统一的数据来源分类接口规范。其次，在此基础上搭建数据服务平台，从算据、算力、算法上共

---

① 张怡：《集体智慧——智能化社会条件下人类合作和共享智能的基本形态》，《哲学分析》2018 年第 10 期，第 15 页。

同发力，打造各个合作企业智能核心。最后，将数据挖掘分析的结果应用到研发—生产—监控—管理—运营五大过程的典型场景中，基于业务过程的需求构建模型，再根据反馈进行闭环迭代，持续优化数据共享平台的数据应用，建立合作企业间服务互联互通的信息融合平台，渐进扩大影响范围，释放各个企业的数据势能。

智能共享合作平台能够覆盖各个行业和领域，逐步打通合作企业间数据、打破行业边界，从部分行业扩展至全行业，建立企业、客户、合作机构互联互通的信息融合系统网络，最终实现全行业的产品供应、信息互通、资源共享、成果转化等智能管理，助力不同行业突破发展瓶颈，为加入平台的企业及合作伙伴创造更多商业价值。

以智能共享合作平台为纽带延伸至价值生态圈。新一代信息技术、现代生命科学和生物技术、新材料、绿色生态农业、高端现代服务业等雄安新区重点发展产业，以智能共享合作平台为纽带逐步改变聚焦点、价值理念和经营方式，以满足客户需求、提升用户价值、服务全产业链为出发点，依托人工智能、大数据、云计算、区块链、数据平台等前沿技术手段，从生产经营各个环节为合作伙伴提供互通互学的机制，在技术成果应用、资源有效获取、各类服务支持等方面降低沟通成本和交易成本，在人力、资本、资源、信息和服务等方面形成差异化模式，共同打造一个以雄安新区为中心点共生共享、优势互补的价值生态圈。

与自然生态体系中的物种一样，当价值生态圈发展到一定阶段就会超越闭环生态圈。随着智能共享合作平台延伸出的一个个价值生态圈不断发展，圈层之间通过链接、重塑、融合将会形成一个互联网式新圈层，即圈层之间相互影响、互为作用力的共同发展的多元生态圈。多元生态圈中所有企业都遵循"成就他人、彼此共赢"的价值理念，在自身持续健康发展的同时使所有生态圈的成员共同受益，形成生态圈的良性循环。

以雄安新区为中心点的价值生态圈的打造将形成具有雄安特色的新型创新体系。雄安新区将建设成为贯彻落实新发展理念的创新发展示范区和高质量发展的全国样板。

B.13
综合性企业集团与雄安新区合作模式探究

——以中信集团为例

苏国新*

摘　要： 在支持雄安新区建设的过程中，中信集团逐渐形成了一种"总部合作、内部协同、系统对接"的合作模式，该模式同单一企业对接雄安新区相比，具有对接层级高、政策支持力度大，"多对多"对接效率高、资源整合难度小、规模效益突出，以及双方合作稳步发展、持续深化等优势。中信集团坚持"金融板块率先发力，实业板块积极跟进"的策略，通过高层对接、机制建设、机构入驻、授信支持、业务对接、项目合作等形式积极推动集团总部和各子公司参与、支持雄安新区建设，已经取得了一定的合作成效。随着雄安新区建设的逐步推进，中信集团将充分发挥集团产业布局广泛、综合实力雄厚、协同效益明显的优势，通过创新金融服务、助推供给侧结构改革和产业转型升级、推动科技创新和国际化合作等形式服务和助力雄安新区的建设与发展。

关键词： 综合性企业集团　合作模式　中信集团

---

* 苏国新，工商管理硕士，中信集团业务协同部总经理，主要研究方向为企业内控与风险管理、战略协同等。

习近平总书记在十九大报告中提道："以疏解北京非首都功能为'牛鼻子'推动京津冀协同发展，高起点规划、高标准建设雄安新区。"这一要求是党和国家对京津冀发展的重要规划和指示，对推动我国经济迈向高质量发展阶段具有十分重要的推动作用。雄安新区将成为我国高质量发展的一个代表，也将成为新的区域经济发展模式，并将指引现代经济向着创新、科技、绿色方向发展。雄安新区的建设发展，离不开各行各业优质企业的共同参与。中信集团作为一家综合性企业集团，其业务领域覆盖了金融、资源与能源、制造、工程承包、房地产等产业。除此之外，近年来，中信集团在现代农业、环保、消费、医疗健康等新兴战略领域积极布局，并大力推进"互联网＋转型"战略，重构商业模式和组织模式，打造有中信集团特色的产业互联网，具有产融结合的领先优势。通过产融结合的"大协同"战略，中信集团与雄安新区的合作存在广阔的空间。

一　综合性企业集团与雄安新区合作的现实需求

2017 年 4 月 1 日，中共中央、国务院印发通知，决定设立河北雄安新区，明确提出雄安新区的建设要坚持世界眼光、国际标准、中国特色、高点定位，将雄安新区建设成为北京非首都功能疏解的集中承载地，建设成为一座由新发展理念引领的现代化新城。因此，雄安新区的建设是人口经济密集地区优化开发新模式的重要探索，是"新常态"下城市建设管理模式创新的重要实践和区域协同发展机制的历史性变革。

自设立以来，雄安新区在引进外部资源、加强各类基础设施建设、强化协同合作等方面取得了显著成绩，但要在相对薄弱的基础上开发建设一座高规格、高水平的现代化新城，需要引进的资源很多、优化整合的难度很大，在河北省雄县、容城、安新三县基础上整合设立的雄安新区，存在着发展底子较为薄弱、结构相对失衡、资源对接机制有待完善等问题，具体表现如下。

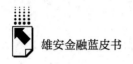

（一）雄安新区现有发展水平较低，未来需要大量的资金支持

雄安新区地处北京、天津、河北三地之间，规划地域包含的雄县、容城、安新三县及周边部分区域现有经济水平低、企业规模小、城市建设水平相对落后。2015～2017 年雄安新区（按雄县、安新、容城三县数据统计）地区生产总值分别为 212.18 亿元、218.3 亿元和 195.2 亿元，分别仅占河北地区生产总值的 0.79%、0.69%、0.57%（其中 2017 年占比情况见图 1）。2018 年，雄安新区通过发行 150 亿元一般性政府债券和 150 亿元专项债券来筹集建设启动资金，才使得一般公共预算收入增加至 178.6 亿元，政府性基金预算收入增加至 150.7 亿元。[①] 从总体看，雄安三县经济基础相当薄弱，财政收入水平较低，短期内仅靠雄安新区内部的资金储量难以支撑其发展建设需求。

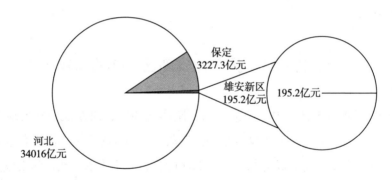

图 1　2017 年雄安新区（三县）与河北省及保定市地区生产总值比较

资料来源：三县政府工作报告。

（二）金融市场结构和产业结构失衡

金融的最根本任务是服务实体经济，实体经济的发展水平影响着金融供

---

① 《河北省财政厅关于批复 2018 年雄安新区预算调整方案的通知》（冀财预算〔2018〕319号），http：//www.xiongan.gov.cn/doc/hebeicaizhengtingyusuan2018.pdf。

给的市场空间。雄安新区现有产业结构相对简单，企业规模小，95%以上为中小微企业，且多集中于重污染行业，"小散乱污"的产业结构限制了经济的发展和金融市场的创新。具体来看，雄县的支柱产业是塑料制品、压延制革、电线电缆和乳胶制品，辖区内"小散乱污"企业4807家，占比超过55%。安新县的传统支柱产业有色金属冶炼和羽绒制品均属两高行业，此外还有北方最大的有色金属交易市场。容城县现有服装企业945家，其中小微企业占比超过90%，水污染较为严重。① 与此同时，雄安新区当前金融发展水平较低，以传统贷款业务为主、风险偏高，主要体现在三个方面。一是新区金融产品单一、服务偏弱、缺乏创新。传统金融机构以五大行②县支行、农信社为主，股份制银行、城商行数量极少。由于当地经济体量小，对资金吸纳留存能力差，且金融机构创新的积极性和能力较弱，金融市场发展水平较低。二是受自身实力及信用水平限制，当地存在大量的民间融资行为，不利于监管。三是当地银行对中小企业的贷款较多，且这些企业大多属于污染行业，未来在雄安新区生存空间极小。截至2016年末，制造业和采矿业企业的银行贷款余额在雄安新区全部企业贷款中占比超过50%，其中不少为污染性企业。③

（三）雄安新区吸引、对接外部资源的体制机制有待完善

国家宣布设立雄安新区后，建筑、能源、金融、信息技术、科研、商业服务领域的多家央企、知名民企纷纷表态将积极支持雄安新区建设。它们通过调研考察、拜访洽谈、签署战略合作协议、在当地开设经营机构或投资项目等形式参与、支持雄安新区建设。雄安新区首批获得批准入驻的企业有48家，包括阿里巴巴、百度、京东、腾讯、中国电信、中国人保、国投等。

---

① 在2017年8月19日第二届"天津绿色金融论坛"上，马骏就《雄安新区绿色金融发展研究报告》发表的主题演讲。
② 截至2018年末，工、农、中、建、交五大国有商业银行河北雄安分行均已正式开业。
③ 陈婉：《雄安新区绿色金融发展，机遇之外也面临挑战》，《环境经济》2017年第17期，第44～47页。

外部资源大规模、多渠道的快速涌入为雄安新区建设提供了宝贵的契机，但当前雄安新区吸引、对接外部资源的主要职能集中在当地政府部门，各领域的具体合作推进工作沉重繁杂、千头万绪，给成立时间不长、人员队伍正在充实的政府部门造成了一定的压力。如何理顺内部工作流程、如何优化外部资源对接合作机制，以提升资源引进、项目落地的系统性，提高合作的质量和效率，成为雄安新区政府部门面临的重要问题之一。

因此，雄安新区需要实力雄厚、产业多元的综合性企业集团在资金、技术、产业等领域给予支持，并借助综合性企业集团系统内的资源整合和协同机制实现各类外部资源有序、高效的对接和落地。

二　综合性企业集团与雄安新区合作的优势与模式

综合性企业集团一般以若干实力雄厚的大中型骨干企业为核心，联合不同行业的有关工业企业、商业企业、金融机构、科研单位等组成的同时开展多种经营活动的企业集团。综合性企业突破了企业、行业、地域和所有制之间的界限，实现了更大范围的资源优化配置和组合，提高了规模经济效益。综合性企业集团模式的优越性在于，实行多元化经营和市场协同开发策略，将不同的生产要素整合配置，形成综合的生产能力、销售能力和服务能力。①

（一）综合性企业集团与雄安新区合作的优势

综合性企业集团整体实力雄厚、产业布局广泛、下属公司众多，在开展经营活动和对外合作的过程中有着不同于单一企业的特点（见图2）。

对比综合性企业集团与单一企业同雄安新区合作模式，可以发现综合性企业集团在支持雄安新区建设、推动合作落地方面具有较为明显的

① 陈浩月、姜近勇：《论综合性企业集团》，《管理世界》1991年第3期，第118～129页。

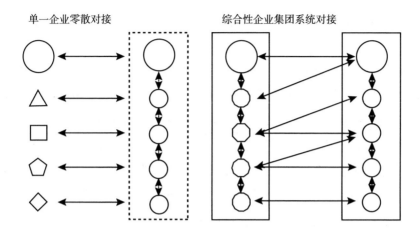

图 2   单一企业与综合性企业集团同雄安新区合作模式的对比

优势。

第一，综合性企业集团对接雄安新区管理部门的层级更高，提供的资源配置力度更大、获得的配套支持政策更多。综合性企业集团可以通过"总对总"合作，提升合作规格、强化资源配置，也可以更加精准、有效地反映企业需求和发展目标，获得更多、更优惠的政策支持。

第二，综合性企业集团同雄安新区合作过程中"多对多"的对接效率更高、资源整合难度更小。新区成立之初，建设统筹的任务千头万绪，但"外部千条线，内部一根针"，要对接一家家不同的企事业单位，雄安新区管理部门任务繁重、压力较大。同综合性企业集团整体合作，在一定程度上可以避免上述困扰。一方面，管理部门可以"一对多"，由于综合性企业集团内部各企业间具有较为统一的企业文化和管理制度、更为一致的战略目标和考核体系。雄安新区管理部门可以"一把尺子量衣""一通百通"，省去对接不同类型企业内部文化、管理等差异造成的需求繁杂不一的麻烦，更加高效地同综合性企业集团取得一致的合作意向。综合性企业集团内部协同机制的发挥可以更好地实现资源优化配置和规模效应，更加有效、有力地支持雄安新区建设。另一方面，综合性企业集团或其核心子公司也可以实现"一对多"，同多个管理部门洽谈、沟通，提出需求、争

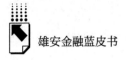

取支持，并促进各管理部门间的沟通协调，以更加高效地落地相关合作事宜。

第三，综合性企业集团同雄安新区合作更有利于实现双方合作的稳步有序推进、不断深化。雄安新区发展水平低、底子薄，万丈高楼平地起，千年大计的发展机遇与风险并存，需要遵循规划先行、有序推进的建设规律。综合性企业集团产业多元、业务范围广泛、子公司众多，在分散系统风险、提升抗周期波动等方面具有天然优势；同时可以根据雄安新区建设需求，在其发展的不同阶段重点匹配不同领域的核心企业予以对接支持，促进双方互惠互利合作关系的长期共存、绵延不断、持续深化。

（二）综合性企业集团与雄安新区合作的模式

综合性企业集团同雄安新区的合作模式，不是单一企业与雄安新区内部主体的单一对接，而是一种"总部合作、内部协同、系统对接"的合作模式。

1. 总部合作

综合性企业集团同雄安新区的合作是一种"总部合作"。雄安新区层级与起点都很高，很多单一企业由于综合实力弱、所属层级低等，难以与雄安新区的管理部门实现直接的对接与合作，而综合性企业集团在同雄安新区"总部合作"方面具有天然优势，可以通过高层拜访、签署"总对总"战略合作协议等形式建立起"总部合作"关系，并进一步带动、推进基层合作的落地。

2. 内部协同

综合性企业集团在同雄安新区的合作过程中可以进一步强化"内部协同"。一方面，由于综合性企业集团统一的发展战略与长期的内部协同建设，在支持雄安新区的过程中可以充分发挥集团协同优势，目标一致、步调统一、相互配合；另一方面，由于雄安新区面对的是综合性企业集团而非单个企业，其在推进合作的过程中也会相应自觉地加强内部各管理部门间的协同配合，提升效率、增强话语权。

3. 系统对接

综合性企业集团同雄安新区的合作是一种"多对多"的"系统对接"，而非"一对一"的"零散对接"。综合性企业集团对雄安新区建设发展的支持涉及金融与实业的多个领域，涉及的管理部门众多。同一管理部门可以通过与综合性企业集团内部各子公司的系统对接，一揽子解决某一领域的发展需求，提升资源对接和合作落地的效率。

需要注意的是，雄安新区的建设是国家大事，其功能定位、发展规划、重大项目审批都由政府管理部门决定，且由于其原发展水平较低、产业基础较弱，雄安新区发展初期同外部的合作主要是由新区管理部门主导的企事业单位对接、资源引进、机构入驻、项目合作等。

三 中信集团与雄安新区的合作实践与主要举措

（一）中信集团的优势与时代担当

中信集团成立于 1979 年，是经国务院批准设立的中国最大的综合性企业集团之一，业务涉及金融服务与实业投资两大领域，是典型的金融与实业协同发展的企业集团。

1. 中信集团的雄厚基础

中信集团是一家国有大型综合性跨国企业集团，坚持"产融并举"的发展理念，业务范围涵盖我国 60 多个细分产业，广泛涉及金融、资源与能源、制造、工程承包、房地产和其他多个领域。中信集团依靠"金融＋实业"的综合优势，产融协同发展取得了良好的效果。2018 年中信集团位居美国《财富》杂志"世界 500 强"企业排行榜第 149 位。中信集团各业务领域代表性子公司及其经营情况见表 1。

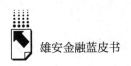

表1 中信集团各业务领域代表性子公司及其经营情况

业务板块	业务领域	子公司名称	经营情况
金融板块	银行业务	中信银行	全国性股份制商业银行
	证券业务	中信证券	规模及营收等多项指标行业第一
	信托业务	中信信托	规模最大、业务最广、评级最高
	保险业务	中信保诚	中英合资,共有186家分支机构
	其他金融业务	华夏基金、信诚基金、中信资管、中信财务等	开展基金、资产管理等业务
实业板块	资源与能源	中信资源	港交所上市公司
		中信矿业国际	建设运营澳大利亚最大的磁铁矿
		中信金属	金属矿产的投资及大宗贸易
		新力能源	投资管理国内外发电厂、煤矿等
	制造	中信重工	上交所上市公司,中国重型机械制造骨干企业之一,国家级创新型企业和高新技术企业,具有全球竞争力的矿业装备和水泥装备制造商、服务商
		中信戴卡	中国大陆第一家铝车轮制造企业,全球最大的铝合金车轮供应商和铝制底盘零部件供应商
		中信特钢	中国最大的专业生产特殊钢的企业
	工程承包	中信建设	全球前50强国际工程建设服务商
		中信工程	拥有两家综合实力居全国前列的甲级工程设计研究院
	房地产	中信泰富地产	项目包括陆家嘴滨江金融城、中信泰富广场、天泰商务中心、太湖锦园项目等
		中信城开	为城市区域发展提供从规划设计、投融资、产业导入、基础设施建设、地产开发及资产运营等一揽子解决方案
		中信和业	开发建设中国尊/中信大厦
		中信资产运营	管理京城大厦、国际大厦等地标性写字楼

业务板块	业务领域	子公司名称	经营情况
实业板块	信息通信	中信国际电讯	港交所上市公司,主要提供国际电信业务、综合电信服务,所属澳门电讯有限公司是澳门主要的综合电信服务供应商之一,也是澳门唯一提供全面电信服务的供货商
		亚洲卫星	港交所上市公司,出租及出售卫星转发器给客户,提供广播、通信和讯号上传及下传服务
		中信网络	拥有国家批准的基础电信业务运营资质,是除三大基础运营商之外唯一拥有固定网络专线电路业务合法经营资质的基础电信业务运营商
	通用航空	中信海直	深交所上市公司,其海上石油直升机飞行服务市场占有率稳固保持在行业第一位,是目前唯一从事直升机引航作业的通用航空企业
	出版	中信出版	中国具有一定规模和影响力的综合文化服务提供商,拥有国家新闻出版广电总局颁发的从事出版、发行、零售业务的全部牌照
	环保	中信环境	中信集团在环保领域的专业化投资运营平台,主营业务涵盖水处理、固废、节能服务及碳金融三大板块
	医疗健康	中信医疗	涉及医疗服务、养老服务、健康管理、医药配送、医疗后勤服务等,其下属中信湘雅生殖与遗传专科医院是国际上接受试管婴儿治疗人数最多、妊娠率最高的生殖中心
	贸易	大昌行	港交所上市公司,主要经营汽车销售及相关服务、食品与消费品的销售、物流服务,在香港、澳门和中国大陆拥有庞大的营业网
	基础设施	中信兴业投资	包括港口码头的建设和运营在内的基础设施的投资

资料来源:中信集团官网及中国中信股份有限公司 2017 年度报告。

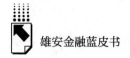

经过长期努力，中信集团金融与实业并举的发展格局不断壮大，品牌、资源、客户、人才、技术等方面的优势日益突出。相较于其他综合性企业集团，中信集团具有以下三个特点：一是实业板块范围更广，细分领域有水平、有特色；二是金融板块全牌照，行业领先、业务突出；三是重点领域实行控股管理，产融协同历史长、效果好。

2. 中信集团的协同体系

成立之初，中信集团的主要定位是作为吸引外资及技术的窗口，为国民经济产业发展提供帮助，并在发展中初步形成了产融并举的发展理念。在多年的发展过程中，中信集团走上了产融并举的发展道路，形成了多元化的业务布局。

对于综合性企业而言，如何把不同的业务有效联结起来，为客户提供一揽子的综合服务，降低成本、提升收益，实现"1 + 1 > 2"的效果，是最为现实的挑战。中信集团在发展中重视业务板块的协同，并逐渐提炼出了独特的"大协同"战略，充分发挥子公司的优势，强强联合，形成产融协同的集团优势，满足客户日益多元的综合服务需求。中信集团的协同体系建设历程见表2。

表2　中信集团的协同体系建设历程

步骤	举措
第一步：树立协同理念	·2007 年,提出提升单个业务在集团整体经营格局下的竞争优势 ·将"综合优势明显"写入集团发展愿景 ·将"以客户为中心"作为经营理念 ·2016 年,中信集团工作会议明确"十三五"时期集团发展理念,再次强调"以客户为中心"
第二步：建立协同机制	·组织建设:2010 年 9 月,集团设立业务协同部,逐步建立网络状协同组织体系[纵向上,集团协同部、子公司协同主管领导、协同对口部门,重点分支机构(分行)协同主管领导和部门等三级组织管理体系;横向上,省、市行政区成立以中信银行各地分支机构为主要牵头单位的地区联席会议组织] ·制度建设:从联合营销、区域联席会议组织、业务流程、协同激励等多方面建章立制,包括 2011 年集团出台《企业战略客户联合营销与服务管理暂行办法》,2013 年集团下发《地区业务协同联席会议管理暂行办法》,还制定了《子公司业务协同负责人评价管理办法》等 ·信息化协同平台:2015 年集团针对员工上线"i 协同"App,并推进开发"中信集团客户协同管理系统"

步骤	举措
第三步： 探索和完善协同模式	逐渐形成六大协同模式 ·"走出去"协同：在海外进行广泛业务布局，并逐步形成协同"走出去"的模式 ·客户协同：将"以客户为中心"作为协同的出发点，发挥产融合作优势，推动金融子公司和实业子公司聚焦客户需求，提供综合性产品和服务 ·产业链协同：集团内一些非金融子公司由于产品供销需要自然形成了产业链上下游合作关系，围绕产业链开展协同，推动产业技术升级和业务模式转型 ·区域业务协同和专题协同：区域业务协同是组织各子公司联合开拓市场，获取集团区域竞争优势；专题协同是围绕集团业务战略重点，组织有关联业务需求的公司开展协同，建立中信 PPP 联合体和中信 PPP 协同圈等协同平台，最大化整合内外资源 ·综合金融服务协同：形成"商行＋投行＋信托"大资管模式，联合开发创新产品。截至 2016 年上半年，集团内 15 家金融子公司联合 115 位客户融资2000 多亿元，提供 30 多类产品，信诚基金薪金煲、中信信托家族传承等产品都是成功案例 ·战略合作协同：持续推进与外部战略合作伙伴的协同，在集团层面统筹协同和配置资源。一方面通过联合营销模式提升子公司市场竞争力，另一方面为战略大客户提供综合解决方案，满足其拓展海外市场等特定需求

资料来源：中信改革发展研究基金会课题组《金融与实业协同发展竞争力研究（上）——中信集团的创新发展之路》，《经济导刊》2018 年第 1 期。

3. 中信集团的时代担当

中信集团设立与发展的每一步都与国家政策息息相关，同时代发展的脉搏紧密相连。中信集团始终将自己扎根于中国改革发展的历史进程中，把自身命运与国家命运紧密相连。中信集团认真践行国家战略，根据不同时期党和国家重大方针政策和改革开放重点任务调整自身发展战略和业务重点，在服务国家发展大局的同时实现了自身快速发展。成立 40 年来，中信集团坚定遵循邓小平同志提出的"勇于创新，多做贡献"的要求，凭借对国家发展需求的把握以及自身不断地创新，发挥了经济改革试点和对外开放窗口的重要作用，在多领域具有领先水平。

面对雄安新区这一"千年大计、国家大事"，中信集团勇担使命、积极践行，参与和支持雄安新区的高水准的城市建设，也为其在新时代、"新常态"的转型发展、创新发展，为金融协同、产融协同提供了一个新的平台。

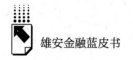
（二）中信集团与雄安新区合作的意义

1. 雄安新区建设获得全方位的资源对接、系统化的外部支持

雄安新区的建设发展需要包括综合性企业集团在内的广大外部资源的大力支持，为其基础设施建设、生态环境治理、产业转型升级提供人力、资金、技术、发展理念和治理经验的积累与支撑。针对雄安新区目前客观存在的吸引对接外部资源体制机制有待完善、具体合作推进工作千头万绪的现实难题，中信集团广泛的产业布局、雄厚的综合实力和较为丰富的协同发展经验将成为支持新区建设的宝贵资源和重要力量，为雄安新区建设提供涵盖金融与产业的全方位的资源对接、系统化的外部支持。

2. 中信集团新时代的创新发展扎根沃土、再谱新篇

中信集团作为最大的综合性企业集团之一，始终传承着践行国家战略、勇担历史使命的红色基因和发展定位。经济"新常态"下的供给侧结构性改革、"互联网＋"、绿色发展、创新发展等对这一多元化企业集团的内部协同、外部合作模式提出了新的要求。中信集团需要扎根雄安新区这片建设发展的沃土，贡献力量、汲取养分、抢抓发展机遇，为自身的创新转型发展赢得新的试练场、用武地和腾飞区。

3. 综合性企业集团同雄安新区合作模式的探索与推广

在国家改革开放的过程中，形成了多家实力雄厚、产业多元的综合性企业集团，如华润集团、光大集团、平安集团、招商局集团、国家电网、中粮集团等。中信集团作为综合性企业集团的代表之一，积极参与雄安新区建设，集团内部金融板块与实业板块齐头并进，在创新贷款模式、发展绿色金融、开展农村金融业务、融入"一带一路"建设等方面取得了一定的成绩。在探索支持雄安新区发展的过程中，中信集团将对自身协同体系和地域合作模式做出有益的探索和创新，积累大型综合性企业集团同雄安新区全面合作的经验，为其他综合性企业集团服务雄安、优化合作提供可借鉴的方案和模式。

（三）中信集团与雄安新区合作进程

自国家宣布设立雄安新区以来，中信集团积极响应国家战略，高度关注雄安新区规划及建设进程，通过高层对接、机制建设、机构入驻、授信支持、业务对接、项目合作等形式积极推动集团总部和各子公司参与、支持雄安新区建设，主要合作进程见表3。

表3　中信集团与雄安新区合作进程

时间	主体	事件	类型
2017 年 11 月	中信集团	集团协同部总经理苏国新携中信银行石家庄分行、中信建设、中信环境、中信工程、中信医疗等集团子公司拜访雄安集团，全面介绍了中信集团多元化的产业布局。双方初步达成在新区基础设施建设、环境治理、高端产业引进等方面合作的意向	高层对接
2017 年 12 月	中信集团	集团副总经理、中信银行董事长李庆萍带队拜访河北省省长许勤及河北省委常委、副省长，雄安新区党工委书记、管委会主任陈刚，随后赴雄安新区拜访雄安集团总经理刘春成，就授信业务、政企基金、医疗健康、基础设施建设等领域积极开展深入合作达成初步意向	高层对接
2017 年底	中信银行	把在雄安新区设立二级分行作为 2018 年机构规划的重点，成立了由石家庄分行行长任组长的支持服务雄安新区建设领导小组，以及执行小组和雄安市场营销部	机制建设
2018 年 1 月	中信银行	完成对雄安集团 2000 亿元的大额授信审批	授信支持
2018 年 3 月	中信集团	中信集团与中国社会科学院、全国金融系统青年联合会联合主办，中信银行承办雄安中信金融峰会。集团副总经理、中信银行董事长李庆萍携十余家重点子公司与雄安新区管委会就合作事宜做进一步沟通	高层对接
2018 年 4 ~7 月	中信集团卓越班第二组	以"协同中信力量，创新雄安发展"为主题，以"集团在雄安设立中信未来/创意/创新中心"为研究方向，先后多次深入雄安新区开展考察调研及业务对接，提出在新区设立创新研究院等政策建议，助力集团全面布局雄安新区	考察调研
2018 年 5 月	中信银行	银保监会下发同意中信银行筹建雄安分行的备案回复通知书	机构入驻

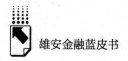

续表

时间	主体	事件	类型
2018 年 5 月	中信银行	实现雄安集团 2000 亿元综合融资贷款发放,并办理结构性存款,成为首家为雄安集团发放贷款的商业银行和雄安集团首家"存款＋贷款"合作银行	授信支持
2018 年 5~7 月	中信集团及子公司	集团战略发展部、中信银行、中信环境、中信建设及中信信托一行人员赴雄安新区进行实地考察,并与雄安集团生态公司就新区新建 2 万吨/日地下再生水厂、白洋淀 1 平方公里生态湿地、雄安新区固废处理产业园等项目的相关事宜进行了沟通与业务对接	业务对接
2018 年 8 月	中信银行中信环境	赴雄安集团进行业务交流对接,就白洋淀 100 亿元综合治理专项基金、雄安集团超短期融资券和社会效应债承销等业务进行了深入研讨	业务对接
2018 年 10 月	中信银行	推动雄安集团 200 亿元超短期融资券注册工作,于 10 月 17 日正式召开项目启动会	业务对接
2018 年 10 月	中信环境联合体	雄安新区首个污水厂项目可研方案成功中标,雄安新区首个现代化污水厂有望由中信环境技术体系搭建设计	项目合作
2018 年 11 月	中信银行	积极研发对接雄安集团区块链平台、针对雄安新区项目的电子保函系统平台,预计于 2019 年 2 月完成上线对接	项目合作
截至 2018 年 11 月	中信书店麦当劳	在雄安市民服务中心开业	机构入驻
	中信银行	推进雄安分行筹建期间,积极开展客户营销工作,对 200 余家入驻企业进行了深入走访调研	考察调研
	中信医疗	就辅助生殖及干细胞工程项目与雄安新区进行对接	业务对接
	中信证券金石基金中信银行	联合投标雄安市民服务中心 REITs 项目	项目合作
	中信富通租赁	两次到雄安新区进行考察,就设备直租、进行低成本融资结构设计等业务进行了深入交流,并在新区设立办事处	业务对接机构入驻
	中信建设	推广国际项目管理经验	业务对接
	中信外包	与雄安新区管委会就档案管理、押运业务整合及政府非核心业务外包等进行探讨,为雄安新区内 124 个银行网点、66 个自助网点提供了服务,是区域内押运、寄存、ATM 运维等服务的唯一供应商	业务对接项目合作

资料来源:根据中信集团内部资料整理。

（四）中信集团与雄安新区合作的主要举措

1. 金融板块率先发力，积极参与新区投融资项目

雄安新区鼓励创新投融资机制，吸引各类社会主体参与新区住房开发建设，支持专业化、机构化住房租赁企业发展，支持发行房地产投资信托基金（REITs）等房地产金融创新产品。中信集团同时拥有银行、证券、信托、保险、基金、租赁、投资、资产管理等多个牌照，是国内实力最强的金融控股集团之一，旗下中信证券和中信信托规模位居全国第一，中信银行在全国性股份制商业银行中也名列前茅。新区成立之初，中信集团即制定了"金融先行、实业跟进、协同发展"的思路，以中国雄安集团为重点客户，制定了涵盖银行、证券、信托、基金、租赁的一揽子金融服务方案，全面对接新区客户投融资需求。中信银行在集团内具有卓越的网点优势、客户优势和资金优势。中信集团以中信银行为"桥头堡"，先后协同证券、信托、基金等子公司对接新区客户，通过传统信贷、债券融资、REITs、信托等数多种业务，打造综合金融领先优势。[1]

2018年3月31日，中信集团牵头中国社会科学院财经战略研究院、中信银行石家庄分行共同举办了以"新时代 新雄安 新金融"为主题的雄安中信金融峰会活动，这一活动拉开了中信集团与雄安新区金融驱动、协同发展的序幕。中信集团副总经理、中信银行董事长李庆萍强调这是"中信银行与这个时代最强劲的脉搏同频共振"。

作为中信集团的一个子公司，中信银行高度重视与雄安新区的金融协同。自雄安新区设立起，中信银行即开始在对接新区方面制定了明确的目标，并开展了大量的调研工作。中信银行组成了中信协同联合舰队，从金融、非金融等多方面全方位地对接雄安。中信银行成立了雄安建设领导小组，并设立了雄安市场营销部，制定了详细的发展规划，与雄安新区管委会

---

[1] 马传福：《打造"中信联合舰队"实现"四位一体"业务架构》，《国际工程与劳务》2017年第7期，第30~33页。

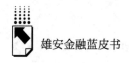

保持密切联系，力求在市场策划、业务拓展等多方面与雄安新区展开长久良好的合作。

中信银行以参与雄安新区智慧城市建设为切入点，以针对互联网、人工智能等高科技前沿技术的资本投入为重点，展开与领先的科技企业、互联网公司、科研院所等的合作，着力在雄安新区打造集移动、互联、智能为一体的智慧银行，助力雄安新区金融科技发展，适应雄安新区"高点定位"的要求，从雄安新区的金融科技方面进行突破，开拓雄安新区的金融市场。

2017年12月，中信银行总行向上级监管部门提交了筹建雄安分行的请示，并于2018年5月获得同意备案的回复通知书；2018年12月27日，银保监会河北监管局正式下发《关于筹建中信银行股份有限公司河北雄安分行的批复》。目前，中信银行河北雄安分行的选址、装修设计及人才储备工作正在有序推进。在业务开发方面，中信银行以对接雄安新区、服务中信集团为核心，搭建起与优质入驻企业合作的桥梁，与客户展开深入交流，为客户设计有针对性的融资方案，并为客户提供授信支持。

2. 实业板块积极跟进，全面对接新区需求

雄安新区已明确的产业发展重点包括新一代信息技术产业、现代生命科学和生物技术产业、新材料产业、高端现代服务业、绿色生态农业五大领域。中信集团产融并举的格局具有抗风险能力强、战略布局能力强以及业务领域可延伸性强等优势。中信集团应采取多重举措，将不同的业务联结起来，为客户提供更有价值的产品和服务，在经营绩效上实现"1＋1＞2"，充分发挥协同效应，为客户提供综合服务，满足新区经济多元化需求。

中信集团拥有中信资源、中信大锰、中信重工、中信海直、中信国际电讯、大昌行、隆平高科、中信出版（新三板）等数十家境内外上市公司。很多子公司在行业内处于领先地位，例如中信戴卡为全球最大的汽车铝合金车轮供应商，中信特钢为中国最大的专业生产特殊钢的企业，中信重工为国内最大的特种机器人研发制造企业等。中信集团下属众多子公司能够在各个领域同雄安新区展开合作，支持雄安新区建设发展。

中信集团下属各实业公司已经同雄安新区展开了积极的业务对接和项目

落地。雄安新区先期重点开展了白洋淀综合整治、污水处理等项目，由中信环境、中信银行及中信工程组成的环境联合体发挥专长，积极参与水污染治理类项目；中信建设推广国际项目管理经验；中信外包对接新区档案管理、押运业务需求；中信农业协同首农集团研究新区合作方案；中信金属研究雄安大宗商品交易所平台；中信工程推广城市设计理念；中信集团旗下中信书店、麦当劳在雄安市民服务中心开业；中信湘雅医院就辅助生殖及干细胞工程项目与新区进行对接；等等。中信集团联合舰队的综合服务能力快速显现。

四 中信集团与雄安新区的合作展望

中信集团的"大协同"战略与雄安新区的功能定位和金融发展目标相契合，同时其独特的产业优势和产融结合的良好生态为集团开展协同发展提供了条件。在未来的"大协同"发展中，中信集团尤其是中信银行将发挥其先行优势，在雄安新区树立中信品牌，不断提升中信集团的知名度，打造中信集团纵深发展、产融结合的良好态势。在未来对接领域方面，中信集团深入研究了周边区域产业的不足，重点发展新能源、新材料、电子产业、生物制药、现代制造业、电动汽车、现代物流、文化创意等产业，并积极与政府、企业、金融机构等展开合作，积极推进中信集团的合作战略。

（一）创新科技贷款新品种，开展新型贷款模式

"创新驱动"是雄安新区功能定位的关键词之一，作为未来发展的重要方向，科技创新必然要获得更多的金融资源。在这样的背景下，中信集团凭借自身的实业基础与金融优势，再加上雄安新区的政策支持，在金融创新领域获得一席之地并不困难。但是在"大协同"战略的推行过程中，中信集团必须充分重视科技金融的发展，借力雄安新区的发展政策，积极创新、加强合作，力求使中信集团成为未来雄安新区金融发展的中坚力量。中信集团要积极推进科技贷款品种创新，以企业发展需求为指导推动新型贷款模式的产生和发展。具体而言，一方面，中信集团要创新科技贷款新品种。科技型

企业往往厂房、设备等抵押物较少，却拥有丰富多样的商标、专利等无形资产。针对此，中信集团可以展开知识产权质押贷款业务，创造新型贷款产品，提升金融服务效率，为科技企业的发展提供助力。另一方面，中信集团要创新科技贷款模式。中信集团除了要积极推进与集团内部保险、信贷子公司的合作之外，还要积极推进与其他银行的合作，形成共担风险、共享收益的新型合作模式。例如，中信集团可以依托其雄厚的资本实力设立风险投资公司，同时与银行展开横向合作与纵向合作。其中前者可以是中信集团与银行共同出资，按比例持股投资科技研发项目；后者则可以是中信集团先将贷款拨付给科技研发项目，在通过研发项目评估之后，在产业孵化过程中引进新的银行投资。这样既能充分发挥中信集团的金融优势，又能分担风险，提升科技资金投入的安全性，稳定推进雄安新区科技产业的发展。

（二）发展绿色金融，积极落实新区发展要求

雄安新区作为中国未来发展最强劲的引擎，将对于未来中国经济发挥举足轻重的导向作用。"绿色发展"是雄安新区建设的题中之义，在这样的历史进程中，中信集团将以"大协同"战略为指导，发挥其产业优势，优先推行金融产业布局，不断推进产融结合，纵深推进"科技驱动、创新发展"，在绿色产业和金融领域内大展宏图，为打造雄安新区产业体系、构建京津冀世界级城市群提供助力。

坚持绿色发展，首先是要拒绝污染企业进入雄安新区，鼓励绿色生态企业落户。基于此，中信集团在开展绿色金融业务时要坚持以雄安新区的绿色发展战略为目标，积极与环保部门沟通，掌握雄安新区内各企业的环保状况，严格按照要求决定是否给予企业贷款。对于积极配合采取环保措施的企业，中信集团要争取合作，并给予优惠政策；对于违反了环保政策的企业或项目，中信集团要坚决拒绝，绝不姑息，严守绿色红线。另外，针对目前绿色生态企业研发周期长、资金需求大的问题，中信集团可以以"股权 + 债券"的投资方式引导绿色科技企业发展；在绿色建筑方面，则要为使用绿色能源、绿色环保材料的绿色建筑提供更多的贷款支持。

（三）共同推进乡村振兴战略，开展农村金融业务

雄安新区将大力实施乡村振兴战略，将美丽乡村建设与特色小城镇发展有机结合起来，实现差异化特色发展，打造美丽乡村样板。而这一战略，恰好与中信集团的发展思路不谋而合。2018 年 10 月，中信集团已经与农业农村部签订合作协议，以金融发展带动乡村振兴。

中信集团的农业发展战略早在 2014 年即已制定。中信集团已经设立了农业投资基金，重点从动植物育种、微生物等领域铺开，初步将研究成果运用到农业发展中。为了实现中信集团与雄安新区农业的协同发展，中信集团将会发挥其产业优势，不断推进农业技术创新，积极与研究机构展开合作，推进雄安新区农村基础设施建设，履行中信集团的社会职责。

（四）积极融入"一带一路"建设，助力新区对外开放

中信集团将坚持全方位对外开放，支持雄安新区积极融入"一带一路"建设，以开放促发展、以合作促协同，着力发展贸易新业态新模式，加快推进新的对外合作平台，与雄安新区共同开展，打造出开放程度更高、开放领域更广、辐射方位更大的对外发展新高地。[1]

中信集团积极参与"一带一路"项目，其中中信银行在国内设立了"一带一路"母基金，基金规模已达千亿元；中信证券收购了里昂证券的全部股份，并将业务拓展到英美日等多个市场，在"一带一路"沿线形成了战略布局；中信联合体参与缅甸皎漂经济特区的国际招标，中标了投资规模超过百亿美元的港口和工业园区两大项目，成为"一带一路"倡议提出以来中国企业在"一带一路"沿线中标的大型项目之一。中信集团通过"大协同"战略，在践行"一带一路"倡议中发挥了重要作用，在此期间积累

---

① 魏再晨：《金融连接新丝路——中信银行倾力支持"一带一路"建设》，《中国金融家》2017 年第 5 期，第 122～123 页。

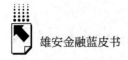

了丰富的经验，可以充分发挥优势，促进雄安新区融入"一带一路"建设，助力打造更加开放、创新、高水平的雄安新区。

（五）坚持科技导向和供给侧结构性改革，支持雄安新区产业转型升级

中信集团将充分发挥实业布局广泛、细分行业领先的集团优势，坚持科技导向和供给侧结构性改革发展的要求，依托集团的产业基础推动雄安新区高科技产业的发展、推进绿色生态建设，在"互联网＋"、机器人、稀缺材料、环保等方面提供信息、技术、资源、资金支撑，为雄安新区初步建设高端制造产业链提供助力。同时中信集团也将推进大消费发展，力求在雄安新区的食品、医疗、养老等产业发展方面构建起大消费和生命产业链建设环境，推动雄安新区功能的落实，实现与雄安新区的协同进步。

（六）发挥专长，共同打造国际化雄安新区

中信集团将支持引入国际国内各类资本参与雄安新区建设，加强供应链创新和应用，开展服务贸易创新发展试点，支持设立跨境电商综合试验区。建设面向全球的数字化贸易平台，便利跨境支付结算。中信集团遵循"大协同"思路，已经搭建了"国内＋海外"的业务协同合作平台，在国内外形成了广泛的业务布局，可以促进客户和渠道资源的共享，推进企业的国际化进程，在国内外交流方面具有独特优势，可与雄安新区开展深入合作。

借 鉴 篇

Experience and Lessons

B.14
京津冀金融资源的空间布局与比较分析

中国社会科学院城市与竞争力研究中心空间金融课题组*

摘 要: 金融资源的空间布局对区域经济发展有重要影响。京津冀金融
资源空间分布失衡现象较为明显,尤其是在保险、证券、期货
和基金等金融资源方面,京津冀三地呈现出非常显著的梯度差
异。从银行分支机构的空间布局来看,京津冀地区总体呈现出
地理集聚和市场集中的演化趋势。在其他条件不变的情况下,京
津冀地区银行分支机构数量增多、市场集中度下降、外地城商行
进入本地等措施,对于企业的规模扩大、投资、创新和融资能够

* 中国社会科学院城市与竞争力研究中心空间金融课题组,执笔人:李博、李启航、李超、倪
鹏飞。李博,经济学博士,天津理工大学副教授,中国社会科学院城市与竞争力研究中心特
约成员,主要研究方向为区域经济。李启航,经济学博士,山东财经大学副教授,中国社会
科学院城市与竞争力研究中心特约成员,主要研究方向为公司金融。李超,经济学博士,中
国社会科学院财经战略研究院副研究员,主要研究方向为城市与区域经济。倪鹏飞,经济学
博士,中国社会科学院财经战略研究院研究员,主要研究方向为城市与房地产经济。

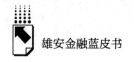

提供更多的金融支持，从而有效促进京津冀地区实体经济发展。

关键词： 京津冀　金融资源　空间分布

金融资源的空间布局对区域经济发展具有举足轻重的影响。作为京津冀区域金融体系的核心并具有压倒性的比例优势，银行业的结构和空间布局反映了区域内金融资源的主要发展现状。本文以京津冀银行业区域发展水平分析为主体，辅之以其他金融业态的空间和区域分布，来分析京津冀金融业空间分布的特征及其对实体经济的影响。

一　京津冀金融资源总体分布状况

（一）京津冀银行业区域发展水平

1. 京津冀银行业情况对比

从京津冀银行业的横向比较来看，首都北京在金融资产总额、本外币各项存贷款余额方面优势比较明显，而河北省在存贷款余额同比增长率方面体现了较为强劲的领先之势。河北是一个省，无论经济总量、人口分布还是空间范围都更需要大量的分支机构，因而在金融机构数量和金融从业人数方面有总量优势（见表1）。但从人均或地均银行业资源指标来看，河北省与北京、天津两市仍然存在较大的差距。

表1　2017 年京津冀银行业概况

银行业主要指标	北京市	天津市	河北省
本外币各项存款余额(亿元)	144086	30941	60451
本外币各项贷款余额(亿元)	69556	31207	43000
存款余额同比增长率(%)	4.1	2.9	8.1
贷款余额同比增长率(%)	9.10	9.9	14.8

银行业主要指标	北京市	天津市	河北省
机构数量（家）	4647	3129	11689
从业人员数量（人）	119505	64606	181096
资产总额（亿元）	221995	47929	74031

资料来源：中国人民银行营业管理部（北京）、天津分行、石家庄分行。

通过比较三地银行业资产总额和银行业的从业人员数量可以发现，近年来京津冀在这两项指标上的比例分配较为稳定，总体上北京领先于其他两地，且近几年这种差距还在不断扩大，其次是河北，排名靠后的是天津，天津在银行业发展上与其他两地还有一定差距。观察从业人员数量可以发现，河北省从事银行业的人数较多，排名首位，其次为北京，最后是天津，且各年的从业人员数量处在稳步增长中，得出天津的金融发展需要进一步提升，京津冀在金融发展的协调度上有加强的空间（见图1、图2）。

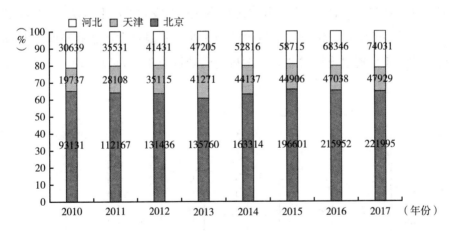

图1 京津冀三地银行业资产总额（亿元）分布

资料来源：中国人民银行营业管理部（北京）、天津分行、石家庄分行。

2. 分支机构规模

本文选择使用银保监会网站提供的银行许可证数据，分析银行分支机构的总量增长和分布特征。通过观察京津冀地区银行业机构的分布可以发现，

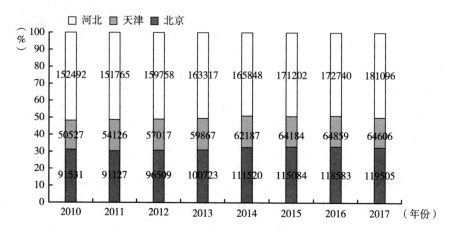

图2　京津冀三地银行业从业人员数量（人）分布

资料来源：中国人民银行营业管理部（北京）、天津分行、石家庄分行。

银行分布最多的是河北省，数量居于三地之首，总量分别约为北京的3倍，天津的4倍。这是因为河北省地级市较多，地域范围广，银行分布数量较多。其次是北京，北京作为京津冀地区金融最为发达的城市，仅一个城市就分布了较多的银行。银行数量最少的是天津，其银行发展还有空间（见图3）。进一步，通过分析河北省金融机构营业网点类型可以发现，虽然河北

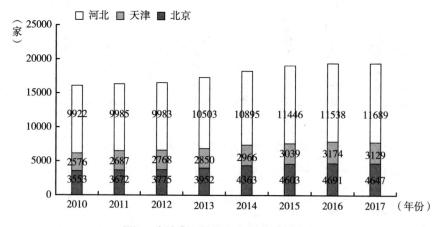

图3　京津冀三地银行业机构数量分布

资料来源：中国人民银行营业管理部（北京）、天津分行、石家庄分行。

省在京津冀银行分支机构数量上占据优势，但其中比重最大的是农村金融机构，其金融资源和服务质量都有待进一步提升（见图4）。

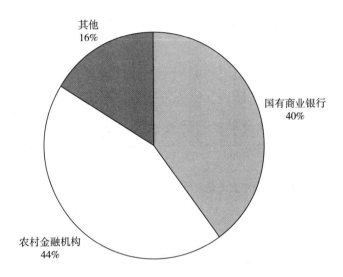

图4 2017年河北省金融机构营业网点类型

资料来源：中国人民银行石家庄分行。

（二）京津冀其他金融业发展水平

1. 京津冀保险业情况对比

观察总部在辖区内的保险公司总部的数量和保险公司分支机构的数量。如图5所示，北京的保险公司的数量明显领先于其他两地。北京作为我国首都，也是我国的资本和金融中心，保险业发展水平领先于全国。其次是天津，天津保险业发展仍有空间。排名靠后的是河北省，金融业对经济的贡献率远远不及京津两地，保险业发展仍较为滞后，金融业内部发展不均衡的情况更为突出。随着保险公司分支机构的扩展，北京的保险公司分支机构数量占比在近几年有了明显的下降，但分支机构数量还是明显高于天津和河北（见图6），从中可以看出京津冀三地金融产业在均衡化发展上仍有较大的改进空间。

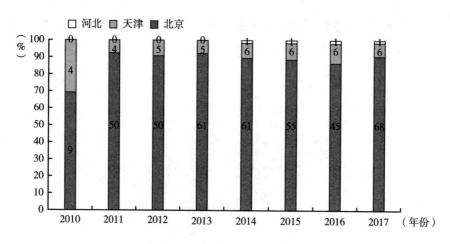

图5 京津冀三地保险公司总部数量（家）分布

资料来源：2011~2018年中国人民银行《北京市金融运行报告》《天津市金融运行报告》《河北省金融运行报告》。

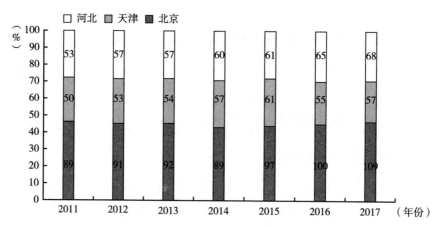

图6 京津冀三地保险公司分支机构数量（家）分布

资料来源：2012~2018年中国人民银行《北京市金融运行报告》《天津市金融运行报告》《河北省金融运行报告》。

  三地保险公司分支机构的数量连续7年呈现总体稳步上升状态。具体来看，北京地区的保险分支机构数量近年来均比其他两个地区高。由图6可以看出，北京地区保险公司分支机构数总量在近几年明显增加，数量突破100家。由统计数据可以发现，天津地区保险公司分支机构数量在2011~2015

年连续 5 年逐年递增，但是在 2016～2017 年较前几年有所下降，从 2015 年的 61 家下降到 2017 年的 57 家。河北省近 7 年呈现总量逐步增长趋势，保险业发展较为稳定，保险发展趋势向好。

三地的保费收入也有较大差异。北京的保险业高度发达，保费收入总体上处于上升趋势，领先于其他两地。近几年三地的保费收入比例稳定。天津的保险业发展落后于其他两地的水平。三地的保费水平逐年递增，保险业处于稳步向前发展阶段。

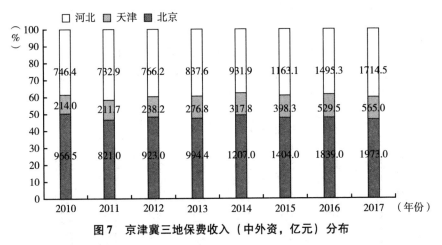

图 7 京津冀三地保费收入（中外资，亿元）分布

资料来源：2011～2018 年中国人民银行《北京市金融运行报告》《天津市金融运行报告》《河北省金融运行报告》。

观察三地的保险密度和保险深度。从图 8 和图 9 可以发现，北京在两个指标上均排首位，保险业发展水平领先于天津和河北。天津保险密度高于河北，河北保险深度高于天津，近年来三地两个指标的比例较为稳定。

2. 京津冀证券业发展水平比较

观察三地的证券公司、期货公司和基金公司的数量。如图 10～12 所示，北京的证券公司总部和期货公司总部的数量远远高于其他两地。期货公司总部的数量三地也有较大的差异，北京居于首位，天津次之，河北发展较为落后。河北区域内的基金公司总部数量为 0。可以看出京津冀区域内证券、期货和基金业发展并不协调。北京作为我国首都，基金和证券产业发展较为领

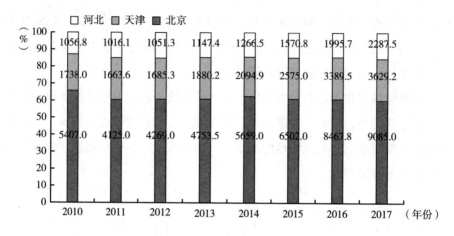

图8　京津冀三地保险密度（元/人）分布

资料来源：2011～2018 年中国人民银行《北京市金融运行报告》《天津市金融运行报告》《河北省金融运行报告》。

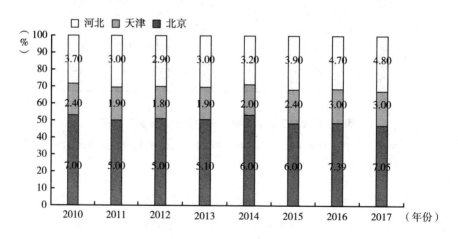

图9　京津冀三地保险深度（%）分布

资料来源：2011～2018 年中国人民银行《北京市金融运行报告》《天津市金融运行报告》《河北省金融运行报告》。

先，接下来应当在金融业均衡发展方面做进一步的努力。

从图 13 看，总体上，北京证券业无论在营业部数量增长率还是在营业部数量上都明显高于天津、河北两地。2014 年，仅就天津和河北两地来看，证券化率水平并不高。京津冀地区较高的证券化率，主要是因为

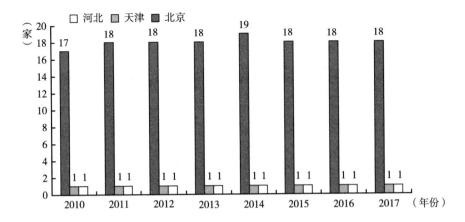

图 10 京津冀三地证券公司总部数量

资料来源：2011～2018 年中国人民银行《北京市金融运行报告》《天津市金融运行报告》《河北省金融运行报告》。

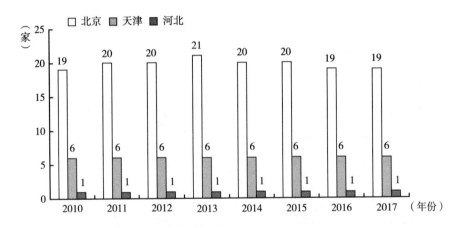

图 11 京津冀三地期货公司总部数量

资料来源：2011～2018 年中国人民银行《北京市金融运行报告》《天津市金融运行报告》《河北省金融运行报告》。

北京拉高了京津冀地区的证券化均值水平。

进一步看，北京和天津的证券营业部数量在逐年增加，两地证券营业部数量年增长率均出现先增高后下降的趋势，天津甚至出现负增长，而河北证券营业部数量增长率不平稳，但都是正数。

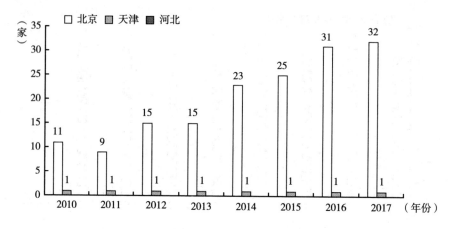

图 12　京津冀三地基金公司总部数量

资料来源：2011～2018 年中国人民银行《北京市金融运行报告》《天津市金融运行报告》《河北省金融运行报告》。

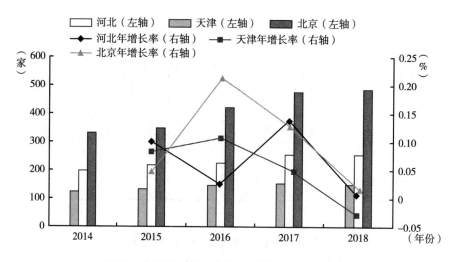

图 13　京津冀三地证券营业部数量及其增长情况

资料来源：根据 Wind 和京津冀三地公开资料整理。

　　基金业在京津两地的发展状况极不均衡。由图 14 可以看出，连续 4 年北京基金管理公司的数量在绝对高于天津地区的情况下，仍旧在逐年增加，年增长率均为正值。然而，天津地区的基金管理公司数量呈现稀缺的状态且年增长率逐年下降，增长率在 2018 年出现了负值。河北的基金公司数量为 0。三地在基金公司数量上有明显差异。

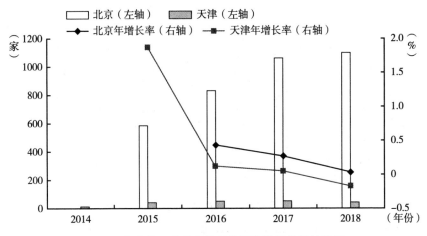

图 14　京津冀三地基金管理公司数量及其增长情况

资料来源：根据 Wind 和京津冀三地公开资料整理。

（三）京津冀上市公司融资水平

上市公司融资水平代表了京津冀区域内实体经济利用金融资源的能力，客观上表现出当地企业利用直接融资方式能够获得何种水平的金融供给。根据 CSMAR 提供的上市公司财报信息，我们加总京津冀拥有的上市公司数量及其他关键指标。通过图 15 不难发现，由于北京市具有中央企业驻地的巨大优势，其上市公司数量超过天津和河北的总和。更关键的是上市公司的体量差异，通过图 16 和图 17 可以发现，北京市上市公司历年的总权益占到京津冀上市公司的 95% 以上，而总市值也超过了 90%。这意味着，北京的企业在利用直接金融市场方面在京津冀区域内有绝对的优势，即使放眼全国，也只有上海和广东的少数城市能够与之相比。

图 18 内列示了河北各市拥有的上市公司数量的对比。我们发现除了石家庄、唐山和保定之外，其他地级市的上市公司数量都较少，显示出较大的省内差异。图 19 和图 20 列示了各地权益与总市值的比例，这种差异被进一步放大了。

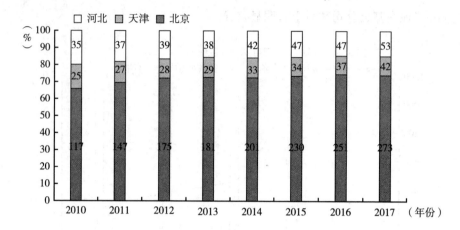

图15　京津冀三地上市公司数量（家）分布

资料来源：CSMAR 提供的上市公司财报信息。

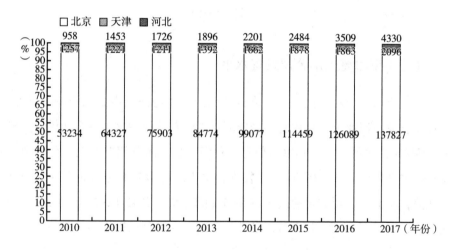

图16　京津冀分省母公司权益（亿元）分布

资料来源：CSMAR 提供的上市公司财报信息。

　　观察图18河北省分城市的上市公司数量分布，可以发现，石家庄市的上市公司数量居于河北省首位，在2017年达到最大值，其次是保定市和唐山市的上市公司数量较多，其他城市上市公司保持在5个以内，变化较小。从各市上市公司数量占河北省的比例来看，石家庄市所占比例最大。

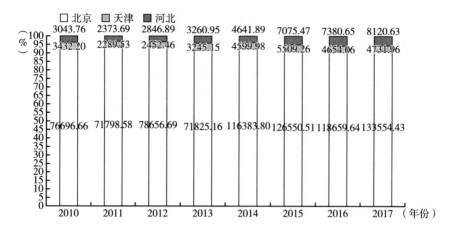

图17 京津冀分省总市值（亿元）分布

资料来源：CSMAR 提供的上市公司财报信息。

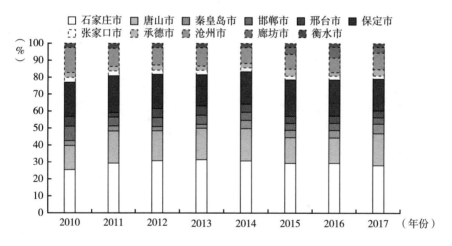

图18 河北省分市上市公司数量分布

资料来源：CSMAR 提供的上市公司财报信息。

其次是保定市和唐山市，近年来各地比例较为稳定。总体来看，河北省的上市公司数量总量较少，且区域分布较不均衡，有待进一步完善金融结构。

从图20可以看出，河北省各市的总市值在2010～2017年增长变化较为明显。具体来讲，总市值排名居于前两位的城市分别是石家庄市和

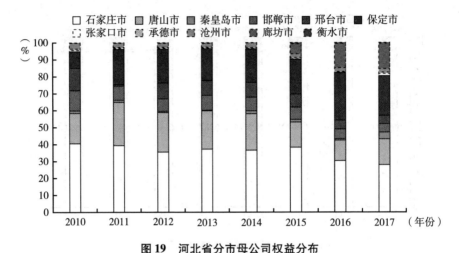

图19 河北省分市母公司权益分布

资料来源：CSMAR 提供的上市公司财报信息。

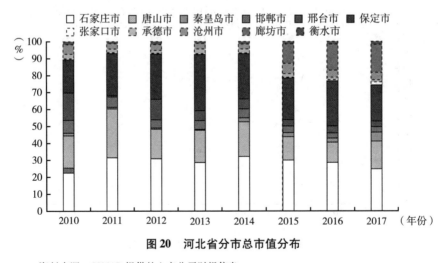

图20 河北省分市总市值分布

资料来源：CSMAR 提供的上市公司财报信息。

保定市，其次是唐山市，其他地区占比较小且近几年变化较小，河北省各市所占比例较为稳定，但邢台市在近几年市值占比较以往几年有了明显下降。应当进一步关注河北省各市总市值分布不均衡问题，从而推动城市建立更好的金融环境，提高各城市上市公司的总市值，进而推动城市经济发展。

二 京津冀银行业机构空间分布与市场集中

银行业作为金融业中最具现代生产特征的子行业，既可以通过寻找更加成熟的借贷市场和需求方，实现空间上的集聚；也可以通过对内的扩张，在既有的市场中获得更大的份额，而这两种行为，既不是相互独立的，也不是可以任意发展的。在内在的动力与外部的规制双重作用下，京津冀银行的分支机构的空间扩张在地理集聚和市场集中两个方面都呈现出蓬勃发展的趋势。

（一）银行分支机构的空间集聚

1. 各银行分支机构分布特征

根据中国银保监会的金融许可证数据，截止到 2018 年 12 月 24 日，京津冀各城市共有各类银行分支机构 19665 家，但在各个城市的分布是非常不均衡的。北京和天津无疑在分支机构数量方面占据了绝对优势，两个直辖市拥有 40% 的分支机构（见图 21）。

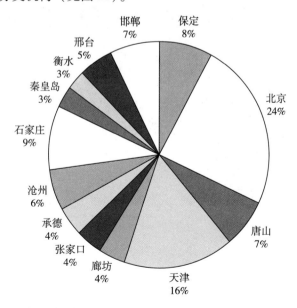

图 21　2018 年（截止到 12 月 24 日）京津冀各城市银行分支机构数量比例

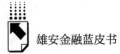

即使在河北省各个地级市中，也存在一定程度的差异，这必然导致银行分支机构在空间方面的非平衡。利用百度 GEOAPI，我们获取了京津冀区域内的所有银行分支机构的经纬度数据，进而使用 ArcGIS 绘制出京津冀地区的银行分支机构核密度热力图。在图 22 中我们不难发现，在北京、天津两地具有绝对优势的空间集聚特征之外，其他较大的城市，如石家庄、唐山、

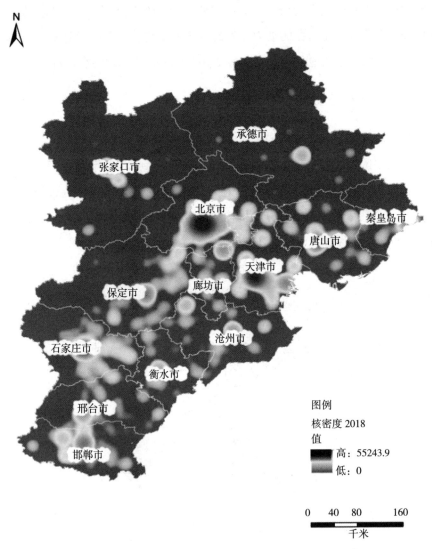

图 22　2018 年（截止到 12 月 24 日）京津冀区域内银行分支机构核密度热力图

保定，也同样相对于其他城市具有明显的优势。

在此基础上，我们进一步对各自特征明显的不同类型银行分支机构地理集聚特征进行了描述（见图23）。不难发现，作为例子的五大国有银行、政策性银行、股份制银行和村镇银行的分支机构，由于各自的经营范围和经营

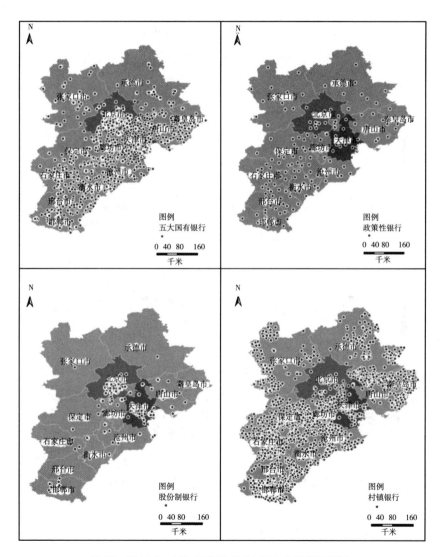

图23　2018 年（截止到 12 月 24 日）京津冀区域内
不同类型银行分支机构空间分布

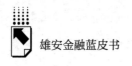
目标不同，呈现出截然相反的地理集聚特征。

2. 银行分支机构空间分布的历史演进

当前银行分支机构的分布并非一蹴而就，而是经历了长期的发展变化而形成。国有银行的市场化改革导致了部分乡镇和偏远地区的银行分支机构大大减少，而北京和天津这样的大城市则不降反增，从而加剧了银行空间分布的非平衡性。通过图24可以发现，在1997~2004年，京津（以及石家庄和唐山）在分支机构总量方面已经出现了有别于其他城市的加速增长（由于数据所限，我们无法观察到分支机构撤销的情况，因此图中数据显示的都是新开分支机构），到2004年，国有银行与城商行的改制都已完成，北京和天津新增分支机构的数量迅速攀升，形成了当前我们看到分支机构分布差异的基础。

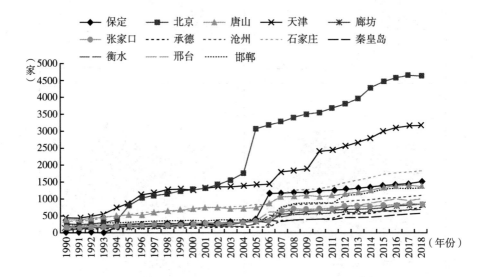

图24　京津冀区域内城市新增银行分支机构累计数量对比

根据图25并结合图22可以发现，在长达20年的历程中，京津冀银行分支机构分布呈现不断集聚的现象，通过这种变化，北京、天津形成了京津冀区域金融发展的中心城市。

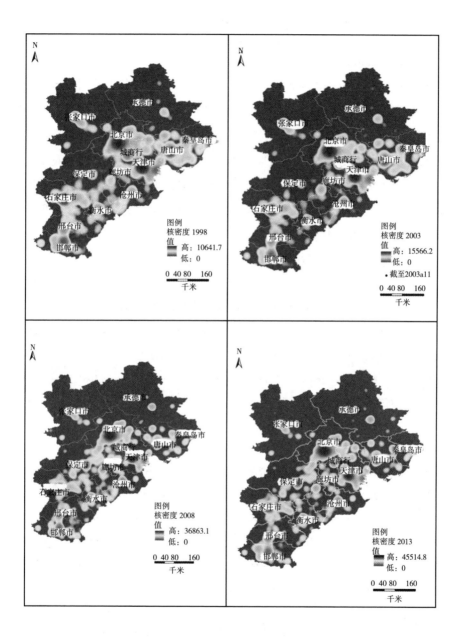

图25 1998 年、2003 年、2008 年、2013 年
京津冀区域内银行分支机构热力图

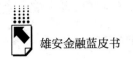

（二）银行分支机构的市场集中

1. 测算方法和数据处理

在分析过分支机构的空间分布之后，我们尝试通过分析不同银行在特定地区的分支机构数据，获得各个地区银行之间分支机构的比例构成，进而获得地区内银行市场的集中度，即赫芬达尔—赫希曼指数（HHI）。鉴于各地区银行分支机构财务数据缺乏获取的渠道，这是目前分析银行市场竞争的主流方式。由于 2004 年之前的分支机构撤销较多，可能会导致以当前有记录的数据估算出的结果有偏差，我们重点关注 2004 年之后的集中度结果，且将京津与河北省各城市加以区分。

2. 银行分支机构市场集中度测算结果（见表2）

表2 京津冀区域内城市银行分支机构集中度

年份	北京	天津	石家庄	唐山	廊坊	张家口	承德
2004	0.1502	0.1642	0.1410	0.1156	0.2072	0.1604	0.2129
2005	0.1321	0.1601	0.1452	0.1154	0.2041	0.1604	0.2161
2006	0.1307	0.1556	0.1408	0.1084	0.1960	0.0774	0.1911
2007	0.1252	0.1395	0.0860	0.0908	0.0827	0.0778	0.1115
2008	0.1204	0.1322	0.0792	0.0907	0.0811	0.0840	0.1212
2009	0.1167	0.1256	0.0774	0.0902	0.0810	0.0838	0.1187
2010	0.1122	0.1123	0.0762	0.0883	0.0802	0.0835	0.1158
2011	0.1075	0.1080	0.0702	0.0869	0.0777	0.0829	0.1157
2012	0.1030	0.1043	0.0645	0.0836	0.0762	0.0869	0.0859
2013	0.0986	0.1009	0.0600	0.0799	0.0736	0.0864	0.0849
2014	0.0887	0.0931	0.0558	0.0737	0.0670	0.0846	0.0819
2015	0.0837	0.0848	0.0521	0.0701	0.0636	0.0825	0.0787
2016	0.0816	0.0817	0.0502	0.0674	0.0604	0.0813	0.0743
2017	0.0803	0.0792	0.0486	0.0666	0.0583	0.0792	0.0674
2018	0.0795	0.0785	0.0482	0.0662	0.0578	0.0783	0.0633

年份	沧州	保定	秦皇岛	衡水	邢台	邯郸
2004	0.1885	0.3261	0.1581	0.2058	0.1995	0.1988
2005	0.1892	0.2331	0.1557	0.1459	0.1998	0.1971
2006	0.1776	0.0565	0.1223	0.0678	0.1845	0.1836
2007	0.0771	0.0576	0.1199	0.0678	0.0745	0.0719
2008	0.0953	0.0578	0.1215	0.0698	0.0745	0.0772
2009	0.0949	0.0576	0.1215	0.0661	0.0742	0.0765
2010	0.0909	0.0603	0.1207	0.0656	0.0733	0.0757
2011	0.0903	0.0596	0.1207	0.0652	0.0725	0.0749
2012	0.0830	0.0602	0.1076	0.0651	0.0652	0.0667
2013	0.0801	0.0595	0.1062	0.0644	0.0651	0.0656
2014	0.0768	0.0577	0.1040	0.0635	0.0579	0.0617
2015	0.0703	0.0542	0.0992	0.0611	0.0535	0.0552
2016	0.0690	0.0526	0.0892	0.0593	0.0523	0.0539
2017	0.0673	0.0511	0.0871	0.0579	0.0517	0.0531
2018	0.0668	0.0502	0.0794	0.0567	0.0508	0.0528

通过图 26 和表 2 的结果，不难发现，随着银行业的发展和银行改革的推进，各地银行分支机构的集中度都呈现显著的下降，其中以 2004～2007 年最为明显。之后进入平稳下降期，其中各个地区由于城商行和农商行成立和改制的时间差异，会在某个时间点上忽然迅速下降。

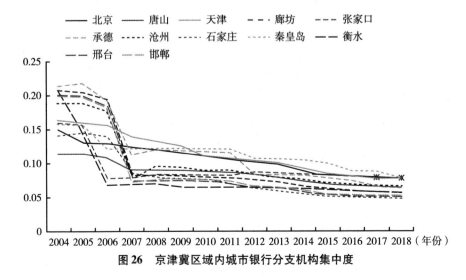

图 26　京津冀区域内城市银行分支机构集中度

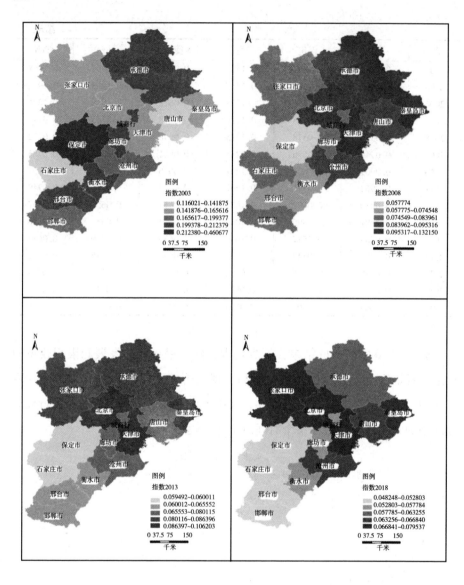

**图27 2003 年、2008 年、2013 年、2018 年京津冀区域内
城市银行分支机构集中度空间分布**

（三）银行机构集中度的空间相关性

根据上述研究，我们尝试将银行机构的市场集中与空间分布结合起来进

行考察，以期发现更多有价值的银行分支机构分布的特征。

图 28 直观显示出空间的相关性是建立空间计量模型的直觉基础，但研究还必须进一步使用统计指标来度量这种相关性。本文选择了使用 2007 年至今的年份全域 Moran's I 指数，从区域总体上即从京津冀范围内显示了银行业市场集中度的空间变化趋势（见表 3）。年份的选择是在银行业较大的改革完成之后，防止因改革造成的数据波动和数据误差。

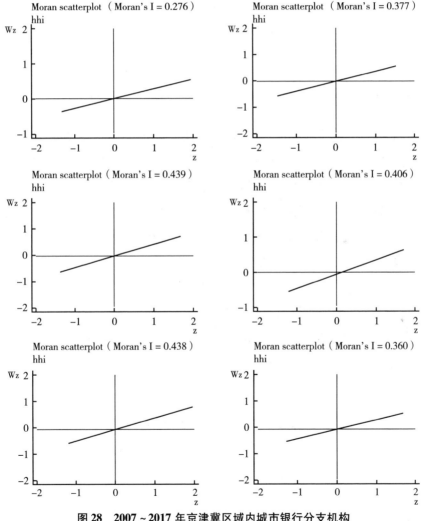

图 28　2007～2017 年京津冀区域内城市银行分支机构
集中度局部 Moran's I

表3　全局 Moran's I

年份	Moran's I	SD(I)	z	p-value
2007	0.276	0.189	1.907	0.028
2008	0.347	0.192	2.238	0.013
2009	0.377	0.193	2.383	0.009
2010	0.411	0.193	2.564	0.005
2011	0.439	0.192	2.716	0.003
2012	0.416	0.192	2.596	0.005
2013	0.406	0.192	2.546	0.005
2014	0.396	0.19	2.521	0.006
2015	0.438	0.19	2.745	0.003
2016	0.435	0.194	2.667	0.004
2017	0.36	0.193	2.289	0.011
2018	0.349	0.195	2.213	0.013

我们发现，除少数年份在5%的显著性水平下通过检验之外，其他各年中，银行业集中度都在1%的显著性水平下通过检验。这表明在各个年份京津冀城市间的市场集中度存在明显的空间集聚现象，相邻城市间存在正向的相关性，即银行集中度高（代表市场垄断程度更高）的城市相邻；同样，银行集中度低（代表市场垄断程度较低）的城市相邻；这意味着，城市之间有可能由某种特定原因导致在银行分支机构开设的问题上存在空间溢出效应。

在此基础上，我们又对2007～2017年（每两年做一次）城市银行分支机构的空间自相关进行了局部 Moran's I 指数的研究。我们同样发现，各个城市之间确实存在显著的"高高—低低"关联。

三　京津冀银行业空间分布对实体经济影响

（一）研究思路与设计

银行向企业贷款时往往涉及与企业的关系，从而形成关系型借贷。一方面，在形成银企关系的过程中，银行可以掌握更多的私人信息，并利用这些私人信息进一步优化合同条款，从而可以进一步降低信息不对称。银企关系的形成本身即意味着对外的进入壁垒和通畅的信息沟通，因而必然要求长期和稳定接触、对于本地情况熟悉等条件，而分支机构的存在可以很好地满足银企关系的形成和维护条件。另一方面，银企关系对科技型中小企业信息获取难度的影响是复杂的。具有垄断地位的金融资源供给者会提高门槛和利率，以控制风险，从而增加企业贷款难度，此时有较好银企关系的企业可以获得更多便利。双方之间的信任、风险控制和互惠性，为内部化前期投入和培育成本提供了必要的基础。而且，在同一地区有不同银行的较多分支机构后，银企之间的关系会进一步"软化"，更多以个人关系和非标准信息为基础的贷款可能会因为更为丰富的选择而出现，同一地区不同银行间人员的流动可能进一步加强这种趋势。这必然导致银行集中度与贷款实际门槛降低之间存在一定的相关性。

分支机构的数量和层级代表了不同银行内部组织机构的形态特征。对于组织较为简单的小银行来说，由于其管理层级较少，银行管理者能够对信贷员的信贷活动进行更好的监督。然而对于组织结构复杂的大银行来说，管理层对信贷员信贷活动的监督较为困难。因而，组织结构简单的小银行的信贷员有更多的激励与小企业建立密切关系来积累软信息，从而小银行在关系借贷上更具优势，而大银行则在基于硬信息的交易型信贷上具有比较优势。由此不难发现，大银行建立分支机构的目标很可能与小银行的目标有所差异，大银行的分支机构增加，意在开发新市场以及激发规模效应和信贷网络；小银行的分支机构则在上述目标基础上，更加关注缩短地理上的距离，使本地营销人员专业化以及方便中小企业软性信息获取。以此为基础，大银行分支机构的扩张和小银行分支机构的扩张对于中小企业融资以及创新的影响是有所差异的。

由此我们尝试构建下述研究内容。首先通过企业数据，包括资产规模、创新、融资难度等对分支机构数量和集中度进行回归，然后通过设计自然实验，以城商行改制为契机，以跨地城商行开设分支机构为外生冲击，更为精准地研究银行对于实体经济的促进作用。根据上述理论分析和研究设计，本

节提出以下研究假设。

首先，由于金融机构数量能够通过缩短银行与企业间的平均地理距离和区划差异，显著降低银行与企业之间的信息不对称，对于企业的规模、投资、创新和融资能够提供更多的支持。由此建立假设1：在其他条件不变的情况下，地方银行分支机构数量增多将提升当地企业的资产规模、固定资产投资增量、专利申请量和财务杠杆率。

其次，金融分支机构的数量和密度的变化并不代表银行业竞争水平的变化，而银行业的竞争水平提高，能够显著增加中小企业外部融资。由此建立假设2：在其他条件不变的情况下，金融分支机构的市场集中度下降可以显著提升当地企业的资产规模、固定资产投资增量、专利申请量和财务杠杆率。

本部分选择代表银行分支机构竞争程度的解释变量为各个地级市（包括直辖市）不同银行分支机构的赫芬达尔—赫希曼指数，此变量代表了特定地级市不同银行的竞争水平。加之HHI的计算公式意味着，其数值对规模较大的银行市场份额变化比较敏感，对众多小银行市场份额变化反映很小。若研究假设2成立，则集中度系数应该显著为负。

最后，为了控制仍然可能存在的内生性问题，我们依据整理完成的地级行政区域内各年度城市商业银行分支机构数量，按照城市商业银行总行所在地区确定其所属省级行政区及地级行政区，以地级行政区域为单位，每年统计区域内外来城市商业银行开设分支机构的情况，包括省内跨区域分支机构数量和省际跨区域分支机构数量，以上述外生冲击来解决可能存在的金融机构数量和集中度的内生性问题。

由此建立假设3：在其他条件不变的情况下，外地城商行进入本地可以显著提升当地企业的资产规模、固定资产投资增量、专利申请量和财务杠杆率。

（二）数据和指标选取

1. 上市公司发明有效申请专利数

本文使用发明申请专利数表示上市公司研发产出，同时考虑到并非所有申请专利都有效，所以以当年发明申请专利数减去当年申请截至数据更新时间未授权且已被撤回或驳回的发明专利个数，即发明有效申请专利数表示上市公司研发产出。数据来源为国泰安（CSMAR）上市公司专利研究数据库。

2. 省内跨区域分支机构数

用截止至 t 年 j 地级行政区域内开设总部位于省内其他地级行政区域城市商业银行分支机构数量的对数表示。基础数据来源于银保监会，最终经过手工整理所得。

3. 省际跨区域分支机构数

用截止至 t 年 j 地级行政区域内开设总部位于其他省份城市商业银行分支机构数量的对数表示。基础数据来源于银保监会，最终经过手工整理所得。

4. 公司规模

为研究银行分支机构扩张对于企业规模的影响，本文引入上市公司规模作为被解释变量，由上市公司总资产对数表示。数据来源于国泰安（CSMAR）上市公司研究数据库。

5. 固定资产投资增量

为研究银行分支机构扩张对于企业投资的影响，本文引入上市公司年初年末固定资产净值之差作为被解释变量，由上市公司固定资产对数的差分表示。数据来源于国泰安（CSMAR）上市公司研究数据库。

（三）实证分析结果

本节对专利数之外的被解释变量使用面板固定效应进行回归，同时控制企业级别聚类稳健型标准误。对于专利数据，由于是计数模型，我们采取固定效应面板 Poisson 回归，并控制稳健标准误。同时，为了防止出现京津冀城市之间的异质性对于结果的影响，我们分别对全样本、剔除北京公司后的样本，以及仅用河北省上市公司样本分别进行了估计，作为稳健性检验。

数据的整理、描述性统计和回归都使用 stata14.0，回归结果见表 4～6 所示。

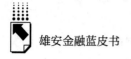

表4 地级市银行分支机构数对上市公司的影响（京津冀）

	京津冀			
	专利数	公司规模	固定投资	资金杠杆
总数	4.076 *** (2.82)	1.395 *** (10.37)	−0.174 *** (−3.40)	0.0510 *** (4.14)
个体控制效应	yes	yes	yes	yes
_cons		11.31 *** (10.70)	1.540 *** (3.84)	−0.0400 (−0.41)
N	1685	1832	1832	1832
adj. R^2		0.379	0.010	0.043

注：回归使用了稳健型标准误，括号中是 t 统计量，*** 代表1%的显著性水平。

表5 地级市银行分支机构数对上市公司的影响（剔除北京的上市企业）

	津冀			
	专利数	公司规模	固定投资	资金杠杆
总数	1.382 (1.50)	1.245 *** (5.26)	−0.113 * (−1.73)	0.0597 *** (4.26)
个体控制效应	yes	yes	yes	yes
_cons		13.07 *** (7.65)	0.935 ** (1.99)	−0.0398 (−0.39)
N	564	633	633	633
adj. R^2		0.330	0.006	0.075

注：回归使用了稳健型标准误，括号中是 t 统计量，*、** 和 *** 分别代表10%、5%和1%的显著性水平。

表6 地级市银行分支机构数对上市公司的影响（河北上市企业）

	冀			
	专利数	公司规模	固定投资	资金杠杆
总数	3.251 *** (5.45)	1.141 *** (4.21)	−0.0378 (−0.55)	0.0624 *** (4.20)
个体控制效应	yes	yes	yes	yes
_cons		14.28 *** (7.69)	0.400(0.85)	−0.0352 (−0.35)
N	328	354	354	354
adj. R^2		0.311	−0.002	0.088

注：回归使用了稳健型标准误，括号中是 t 统计量，*** 代表1%的显著性水平。

回归结果显示，在三次回归中，银行分支机构越多，所在地的上市公司申请专利越多，公司规模越大，财务杠杆率越高，上述结论都符合基本假设。需要考虑的是，固定资产投资增长率会下降。我们认为固定资产投资相对于其他形式的投资，由于有更好的抵押品，往往被认为是优质贷款，进而导致过度投资，而随着地级市银行分支机构的增加，对于抵押品的苛刻要求会下降，这样企业就有更多的贷款选择，从而防止出现过度投资于房地产等高抵押品资产的情况出现。上述结果证明了假设1。

进一步的，我们研究集中度对于企业的影响。回归结果见表7~9。

表7　地级市银行分支机构集中度对上市公司的影响

	京津冀			
	专利数	公司规模	固定投资	资金杠杆
集中度	-43.24 *** (-4.36)	-10.94 *** (-3.95)	1.315 *** (3.25)	-0.398 *** (-4.18)
时间控制效应	yes	yes	yes	yes
个体控制效应	yes	yes	yes	yes
_cons		23.43 *** (80.26)	0.0378 (0.89)	0.402 *** (40.11)
N	1685	1832	1832	1832
adj. R^2		0.296	0.007	0.033

注：回归使用了稳健型标准误，括号中是t统计量，*** 代表1%的显著性水平。

表8　地级市银行分支机构集中度对上市公司的影响（剔除北京的上市企业）

	津冀			
	专利数	公司规模	固定投资	资金杠杆
集中度	-11.55 (-1.55)	-6.752 *** (-2.94)	0.741 ** (2.17)	-0.334 *** (-4.00)
个体控制效应	yes	yes	yes	yes
_cons		22.75 *** (95.96)	0.0450 (1.27)	0.425 *** (49.32)
N	564	633	633	633
adj. R^2		0.191	0.005	0.046

注：回归使用了稳健型标准误，括号中是t统计量，** 和 *** 分别代表5%和1%的显著性水平。

表9　地级市银行分支机构集中度对上市公司的影响（河北上市企业）

	冀			
	专利数	公司规模	固定投资	资金杠杆
集中度	-22.48 *** (-2.89)	-5.102 ** (-2.61)	0.348 (1.15)	-0.287 *** (-4.05)
时间控制效应	yes	yes	yes	yes
个体控制效应	yes	yes	yes	yes
_cons		22.56 *** (126.95)	0.109 *** (3.98)	0.419 *** (64.93)
N	328	354	354	354
adj. R^2		0.156	-0.001	0.046

注：回归使用了稳健型标准误，括号中是 t 统计量，** 和 *** 分别代表5%和1%的显著性水平。

回归结果显示，在三次回归中，银行分支机构集中度越高，意味着这个市场上的竞争者越少，所在地的上市公司申请专利越少，公司规模越小，财务杠杆率越低，上述结论都符合基本假设，证明了假设2。

我们进一步尝试研究外地来本地开设分支机构的情况是否会对当地上市公司产生影响。回归结果见表10～12。

表10　跨区域开设分支机构对上市公司的影响

	京津冀			
	专利数	公司规模	固定投资	资金杠杆
省际跨区域	2.110 *** (8.30)	0.775 *** (10.59)	-0.0901 *** (-2.66)	0.0227 ** (2.47)
省内跨区域	0.750 *** (2.76)	0.401 *** (3.61)	0.0393 (0.61)	0.0106 (0.74)
时间控制效应	yes	yes	yes	yes
个体控制效应	yes	yes	yes	yes
_cons		21.58 *** (365.92)	0.247 *** (9.37)	0.340 *** (47.92)
N	1685	1832	1832	1832
adj. R^2		0.289	0.004	0.020

注：回归使用了稳健型标准误，括号中是 t 统计量，** 和 *** 分别代表5%和1%的显著性水平。

表 11　跨区域开设分支机构对上市公司的影响（剔除北京的上市公司）

	津冀			
	专利数	公司规模	固定投资	资金杠杆
省际跨区域	0.243 （0.49）	0.591 *** （4.38）	− 0.0616 （− 1.24）	0.0434 *** （3.83）
省内跨区域	1.623 *** （3.42）	0.516 *** （4.15）	0.0215 （0.30）	− 0.00232 （− 0.15）
个体控制效应	yes	yes	yes	yes
_cons		21.43 *** （234.52）	0.162 *** （4.96）	0.358 *** （49.54）
N	564	633	633	633
adj. R^2		0.319	0.000	0.071

注：回归使用了稳健型标准误，括号中是 t 统计量，*** 代表 1% 的显著性水平。

表 12　跨区域开设分支机构对上市公司的影响（河北上市企业）

	冀			
	专利数	公司规模	固定投资	资金杠杆
省际跨区域	1.178 *** （3.79）	0.331 ** （2.65）	0.0140 （0.40）	0.0313 *** （2.79）
省内跨区域	− 0.132 （− 0.75）	0.151 （1.57）	− 0.0228（− 0.45）	− 0.00863 （− 1.09）
个体控制效应	yes	yes	yes	yes
_cons		21.40 *** （229.52）	0.152 *** （4.15）	0.358 *** （39.62）
N	328	354	354	354
adj. R^2		0.550	− 0.004	0.090

注：回归使用了稳健型标准误，括号中是 t 统计量，** 和 *** 分别代表 5% 和 1% 的显著性水平。

回归结果显示，在三次回归中，外地来本地开设银行分支机构，带来的外生冲击显著地影响了上市公司的行为，尤其是省外的银行来开设分支机构，其影响更为明显，外地银行分支机构越多，所在地的上市公司申请专利越多，公司规模越大，财务杠杆率越高，但固定投资变得不太显著，除此之外，上述结论都符合基本假设，证明了假设 3。

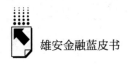

四　主要结论与对策建议

（一）主要研究结论

1. 京津冀金融资源空间分布不均，金融机构分布呈现集中化趋势

通过本文的研究可以发现，京津冀金融资源空间分布失衡现象较为明显。北京利用首都优势集中了大量的金融资源，河北省与北京、天津两市仍然存在较大的差距。特别是在保险公司、证券公司、期货公司和基金公司等其他金融资源方面，北京、天津和河北三地呈现出非常显著的梯度差异。从国有银行和其他银行分支机构的地理分布变化可以看出，京津冀地区一方面呈现出总量增加的特点，另一方面分支机构网点呈现出集中化的空间趋势，这在一定程度上是因为受到2004~2007年国有银行基础网点的"选择性"撤并的影响，使得机构网点分布更加考虑地区政治功能影响和更加注重经济效益。这在一定程度上造成了京津冀区域内行政等级越高、经济越发达的城市，往往集中的金融资源越多；而在经济发展水平滞后的广大农村和偏远地区，其"金融排斥"问题表现更加突出。

2. 区域金融发展缺乏统一规划，金融系统内部亟待整合

一方面，京津冀地区的金融系统一直存在整合问题。一些区域的银行发展面临较大困难，尚未消化当地的市场，而另一些区域的银行已经开始开展跨区域经营，银行间已经开始分化。银行间的竞争关系远大于合作，区域间合作尽管已经提出多年，但没有实质性进展，银行间互相争夺市场资源的现象一直存在。各个区域的金融控制权一直处于被争夺之中，这一因素严重制约着区域经济的增长。另一方面，区域银行业发展极不平衡，北京和天津的银行发展较快，银行集中度较高，而河北的金融资源相对匮乏且结构单一，一些地区甚至面临金融真空的局面，区域内部的资金回报率有很大不同。银行只顾自身利益，对整体把握不够，信贷资金出现从农村流向城市，从经济落后地区流向经济发达地区，加剧了区域发展差距，对于京津冀地区的整体发展战略构成障碍。

3. 金融资源空间布局优化可有效促进实体经济发展

由于金融机构数量增加和布局优化能够缩短银行与企业间的平均地理距离和区划差异，在形成银企关系的过程中，银行可以掌握更多的私人信息，并利用这些私人信息进一步优化合同条款，从而可以进一步降低信息不对称。银企关系的形成本身即意味着对外的进入壁垒和通畅的信息沟通，因而必然要求长期和稳定接触、对于本地情况的熟悉等条件，而分支机构的存在可以很好地满足银企关系的形成和维护条件。通过实证研究发现，在其他条件不变的情况下，京津冀地区地方银行分支机构数量增多、银行分支机构的市场集中度下降、外地城商行进入本地等措施，可以有效提升当地企业的资产规模、固定资产投资增量、专利申请量和财务杠杆率，对于企业的规模、投资、创新和融资能够提供更多的支持，从而有效促进京津冀地区实体经济发展。

（二）改进京津冀金融空间布局的政策建议

1. 进一步完善区域金融管理运营体制

京津冀的金融机制逐渐难以满足大众的需求，必须丰富完善区域金融管理运营体制，切实推进京津冀金融改革，不断满足京津冀地区对金融资源和金融服务的需求。建立健全适应京津冀金融特点的多层次、广覆盖、可持续的金融经营体制，构建投资多元化、服务到位、分工合理明确的金融组织体系和业务丰富的金融产品机制，不断增强金融服务功能。与此同时，也要加强对金融行业的监管。区域经济快速增长，金融行业的监督管理制度并没有及时改进，一些金融业违约现象时有发生，造成了很大的金融资源流失。为此，亟须建立银行等金融机构与企业之间的跨区域信贷服务机制，坚决打破行业壁垒、区域壁垒和所有制壁垒，鼓励城市商业银行跨区域设立运营网点，消除金融机构与企业之间的联系机制障碍。

2. 加快推进金融业城乡协调发展

金融机构应积极面对京津冀金融业发展机制不畅的局面，要充分认识到

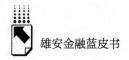

北京、天津和河北区域和城乡经济社会发展的不平衡性，意识到不同主体对于金融服务需求的多元化，对于不同主体的需求提供相应的金融支持。目前，无论从人均或地均银行业资源指标来看，河北省与北京、天津两市仍然存在较大的差距，并且河北省农村金融机构在银行分支机构中占比高达44%，其金融资源和服务质量都有待进一步提升。在第一产业特别是农产品的生产、流通和加工领域，以及广大农村的脱贫攻坚领域，仍然存在巨大的金融服务需求缺口。为此，应积极鼓励京津地区金融机构以及外资金融机构将服务范围延伸到县域及农村，增加与农业有关的贷款项目。同时应该大力促进农村金融市场的发展，与当地政府联合引导农村建立相应的信用体系，在向农村输送资金的同时最大限度地保留农村当地资金，避免惠农资金外流和"金融排斥"现象发生。

3. 完善京津冀地区征信体系建设

良好的信用体系是发展金融服务业的前提。目前京津冀地区个人和企业贷款困难的现状，一方面是基于商业银行对经营利润、安全等问题的考虑，因难以实现规模效益而退出市场。另一方面是因为地方社会信用体系构建不完善，商业银行对债务的维护难度较大。以上因素使得商业银行面临较大的违约风险，在很大程度上限制了商业银行深入信贷发展。而改善金融环境，发展健全的信用体系需要金融机构、地方政府以及地区企业和大众各方面共同努力。地方政府应树立良好形象，起到模范作用，要转变固有观念，着手改善政府工作作风，大力整顿社会信用体系，建立健全相应的法律机制，引导社会各界建设良好的金融生态环境。商业银行、地方企业和大众也应积极响应政府号召，在业务运行过程中自觉遵守社会信用体系，对于违约行为采取相应方法给予抵制，从而实现地方信用体系的建立健全。

4. 鼓励引导其他金融业态均衡发展

相对于银行业金融资源空间分布不均而言，京津冀地区保险公司、证券公司、期货公司和基金公司等其他金融资源的空间梯度差异更加明显。鼓励和引导其他金融业态均衡发展，对于促进京津冀地区金融资源的空间布局优化更加具有现实意义。与此同时，其他金融业态特别是新金融业态发展可以有效弥补传统金融体系留下的服务空白。在加快金融监管的同时，有序引导其他金融业态向欠发达地区延伸，鼓励支持京津冀金融机构广泛拓展小微企业贷款、涉农贷款等普惠金融业务，不断拓宽金融机构服务半径和业务范围，不断探索金融产品设计和金融科技创新业务，为其他区域提供便捷高效的京津冀普惠金融服务。

B.15
深圳特区金融改革创新的
发展历程与经验启示

郑联盛*

摘　要： 深圳是中国最早实行改革开放、影响最大、建设最好的经济
特区，是中国改革开放的成功典范。金融在深圳改革开放和
现代化建设中发挥了重要的作用。深圳金融部门从零开始，
实现了从量变到质变的飞跃，基本建成了机构种类齐全、服
务功能比较完善、对外开放程度较高、金融监管比较规范、
具有可持续发展能力的现代金融体系。深圳金融部门的发展
大致经历了依托优惠政策、快速发展、规范发展和高质量发
展四个阶段。外贸金融、金融创新、金融机构积聚、资本市
场发展和区域金融合作等是深圳金融发展的重要支撑。深圳
特区金融改革创新成就得益于利用国家改革开放的战略，立
足于深圳经济金融社会发展的现实，基于金融市场体系的资
源配置决定性功能，通过"三个最优"治理体系创新，多个
发展规划的引导功能，机构、产品与市场的内在融合机制以
及基于广东与香港的金融要素集聚功能构建金融创新发展的
新体系。

关键词： 深圳特区　改革开放　金融创新

---

* 郑联盛，经济学博士，中国社会科学院金融研究所副研究员，主要研究方向为宏观经济、金
融创新、金融监管等。

2018 年是中国改革开放 40 周年。具有重大历史意义的中国共产党十一届三中全会于 1978 年 12 月 18～22 日在北京举行，全会做出了实行改革开放的重大决策。以十一届三中全会为起点，中国进入了改革开放和社会主义现代化建设的新时期。党的十一届三中全会后，以时任广东省委第一书记习仲勋为代表的改革先行者向中央打报告要求"第一个吃螃蟹"，向中央申请政策在广东创办对外加工贸易区，通过贸易实现对外开放。本着试点先行的政策逻辑和风险可控的风险意识，1979 年党中央、国务院批准广东、福建两省在对外经济活动中实行"特殊政策、灵活措施"以试点对外开放，党中央、国务院同时决定在深圳、珠海、厦门、汕头等四个城市试办经济特区，福建省和广东省成为全国最早实行对外开放的两个省份。

回首 40 年历程，深圳是中国最早实行改革开放、影响最大、建设最好的经济特区，是中国改革开放的成功典范和缩影。深圳是中国改革开放最前沿的城市，是中国改革开放的弄潮儿，深圳因改革而生、因开放而强、因创新而伟大。深圳过去 40 年的发展见证了中国改革开放 40 年的巨变历程。由于面向当时区域金融中心香港、背靠珠三角及华南地区的特殊地理位置，小渔村深圳在 1979 年获得中央批准设市，第二年被中央批准设立为深圳经济特区。40 年来，深圳从一个默默无闻的小渔村通过改革开放、经济建设和社会发展已经成为一个经济产出规模超过 2 万亿元，具有内生发展动力、区域要素整合能力的国际化大都市（见图 1）。深圳的成就是中国过去 40 年实施改革开放、建设市场经济、实现历史变革和缔造伟大成就的一个生动缩影。

金融在深圳改革开放和现代化建设中发挥了重要的作用。与"摸着石头过河"的渐进式改革特点相适应，包括深圳在内的金融市场改革开放遵循循序渐进的原则，由试点到取得经验后逐步推开，从特区到沿海城市再到内陆逐步扩大，在实践较好的经济政策、开放政策和建立市场体系的过程中较好地控制了经济风险、金融风险和社会风险的产生、累积及传染，整体上保持了金融体系、市场体系和经济社会的稳定性，有效促进了中国经济金融

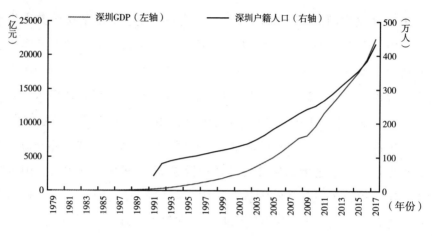

图1　深圳户籍人口与经济产出走势

资料来源：Wind。

体系的快速、高效、稳健运行并不断走向成熟。改革开放 40 年来，深圳金融部门从零开始，依托外贸金融、政策支持与发展需求下的金融创新、金融机构积聚、资本市场体系建设、金融监管完善、跨区跨境的金融融合等，实现了从量变到质变的飞跃，基本建成了机构种类齐全、服务功能比较完善、对外开放程度较高、金融监管比较规范、具有可持续发展能力的现代金融体系，并成为中国乃至全球重要的金融中心。

　　雄安新区的未来改革、发展及建设将与金融部门发展紧密相关，深圳的经验将是一个重要的政策参考。2017 年 4 月 1 日，中共中央、国务院决定设立河北雄安新区。设立雄安新区，是以习近平同志为核心的党中央深入推进京津冀协同发展做出的一项重大决策部署。为了建立有一个具有重大现实意义和深远历史意义的全国样板，雄安新区未来的发展任重而道远。高标准、高质量发展雄安新区，将雄安新区建设成为新时代高质量发展的全国样板，深化财税金融体制改革，创新投融资模式，实现金融要素有序集聚、有效融合、有力助推实体经济发展，成为重要的现实任务。在未来规划建设、创新发展和金融集聚中，雄安新区应积极借鉴上海、深圳等的成果经验，立足实际，统筹运作，积极探索一条差异化、专业化、精细化的发展建设道路，在承接北京非首都功能的同时，致力于成为中国改革开放深化阶段的体制改革、要素集聚、金融创新、公共服务等领域的试验者、先行者和探索者，成为改革开放和机制创新的新引领者，成为践行习近平新时代中国特色社会主义思想的试验田。

一　深圳金融部门的基本状况

在中国改革开放 40 年发展历程中，深圳金融业取得跨越式发展，金融各行业取得了优异的成绩，各项指标均位居全国前列，成为中国乃至区域具有重要性的金融中心以及金融要素集聚区。1979 年，深圳建市之初仅有 8 个银行网点和农村信用社与其若干网点，金融从业人员仅 700 余人，存款仅 1 亿多元。截至 2018 年 6 月末，深圳市法人金融机构总数达到 191 家（全部为持牌法人机构，不包括一级分支机构）。深圳银行业资产总额达到 8.28 万亿元，各项存款余额 5.74 万亿元（见图 2），银行业存贷款规模仅次于北京、上海。深圳上市公司继续保持优势地位，共有上市公司 280 家，其中主板 80 家、中小板 114 家、创业板 86 家。自 2018 年 3 月以来，深圳市辖区内上市公司总市值达 5.11 万亿元，排名全国第二位，仅次于北京。深圳 22

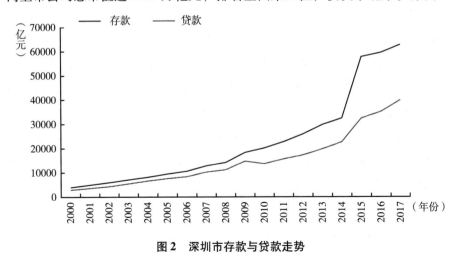

图 2　深圳市存款与贷款走势

资料来源：Wind。

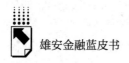
家证券公司实现营业收入 297. 79 亿元，深圳证券公司营业收入、净利润均居全国第二位，仅次于上海。深圳证券期货行业资产管理业务规模为 12. 61万亿元，居全国前列。深圳市场共有保险法人机构 25 家，法人机构数量位居全国大中城市第三，法人机构总资产 4. 24 万亿元，占全国保险机构总资产的 24. 04%，位居全国第二。①

深圳金融部门已经成为中国金融体系最为重要的组成部分之一，深圳已经建设成为重要的全国金融中心。1979 年深圳经济产出仅为 1. 97 亿元。2017 年深圳 GDP 高达 2. 244 万亿元，与当期香港 GDP 相当。由于两地经济增长速度存在较大的差异，2018 年深圳经济产出规模已超过香港。2017 年深圳金融行业实现增加值 3060 亿元，是当期深圳经济产出的 13. 6%，金融业已经成为深圳市的主导产业之一。2018 年上半年，深圳金融业实现增加值 1564. 5 亿元，同比增长 4. 8%，占 GDP 的比重为 14. 2%。金融业作为深圳支柱产业的地位不断强化，其产出对经济的贡献位于全国前列。从综合实力比较看，深圳已经成为香港、上海、北京之后中国第四大金融中心。香港是传统的国际金融中心，上海早在 100 多年前就是远东金融中心，北京得益于金融管理机构和大型金融企业总部的聚集效应，"一穷二白"的深圳其金融业在 40 年取得如此成绩确实难能可贵。

深圳已经成为亚太地区重要的区域性国际金融中心。2018 年全球国际金融中心指数（Global Financial Centers Index）基于 2453 个专业受访者、31326 项评估和 137 个因素对全球 110 个重要金融中心的综合分析显示，香港、上海、北京和深圳分别位列全球金融中心排行榜的第 3 位、第 5 位、第8 位和第 12 位。香港、上海、北京和深圳得分分别比上年提高 2 分、25 分、12 分和 16 分，至 783 分、766 分、733 分和 726 分。从零开始的深圳金融中心建设已和老牌国际金融中心苏黎世、法兰克福、多伦多等比肩，预计可能在 2020 年挤入全球十大金融中心。②

---

① 深圳市人民政府金融发展服务办公室：《2018 年上半年深圳金融业发展情况》，2018 年 8 月8 日，http：//www. jr. sz. gov. cn/sjrb/xxgk/sjtj/zxtjxx/201809/t20180919_ 14103019. htm。

② Z/Yen Group，The Global Financial Centres Index 24，September 2018.

受益于改革开放和当地经济社会发展，深圳金融业为深圳、广东及全国的经济高速发展提供了巨大的支撑，形成了金融与经济良性互动的内生机制。首先，金融业从无到有、从小到大、从弱到强，逐步成为深圳经济的支柱产业，金融业对深圳市的经济产出贡献度日益提升。同时，深圳金融业以发展出了深圳证券交易所、中国平安、招商银行、平安银行、中信证券、博时基金、南方基金、深创投、国银租赁等领先的金融中介及服务机构，成为中国金融市场体系的重要参与者和重要机构支撑。其次，深圳金融业对深圳经济特区的建设和发展提供了全面的金融服务。深圳金融业务为深圳的基本建设提供了70%的资金，为深圳企业生产提供了80%的流动资金，为深圳居民大宗消费提供了60%的资金。①再次，深圳金融业成为全国重要的金融重镇，是资金、人才、机构、产品、市场等多种金融要素聚集地和辐射源，为全国金融市场发展和经济改革发展提供了有效支撑。最后，深圳金融经济发展为中国改革开放提供了重要的参考，为其他地区的经济发展、产业促进、金融服务等提供了经验借鉴。比如，1996年深圳就有121项现代金融创新发展经验，其中大部分被推广到全国，这为全国金融体系的改革与创新发展提供了重要的参考。比如，资本市场的发展经验主要是从深圳推广至全国的。

二 深圳特区金融改革创新的发展历程

（一）外贸金融开启深圳金融发展新篇章

深圳金融与经济的发展首先得益于外商投资和对外贸易的政策放松。1979年7月15日，中共中央、国务院批转广东省委、福建省委关于对外经济活动实行特殊政策和灵活措施的报告，决定在深圳、珠海、汕头和厦门试办特区，通过试办经济特区来促进对外贸易和对外开放，以试点践行

---

① 张建军：《深圳金融改革创新的经验与启示》，《中国金融》2010年第18期。

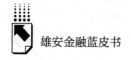

国家改革开放的大战略。1980 年 5 月 16 日，中共中央、国务院批准《广东、福建两省会议纪要》，将深圳、珠海、汕头和厦门定名为"经济特区"。

特区之特主要是依据 1979 年 8 月 13 日国务院颁发的《关于大力发展对外贸易增加外汇收入若干问题的规定》。第十四条提出"试办出口特区"，划出一定地区，包括四个特区（深圳、珠海、汕头、厦门）以及上海崇明岛，单独进行管理，作为华侨和港澳商人的投资场所，产品专门供应出口。第十五条提出要发挥广东、福建两省的有利条件，发展对外贸易。中央给两省采取特殊政策和灵活措施，在对外贸易上提供"更广阔的活动余地"。从现在的视角看，当时经济特区给予的特殊政策不外乎外商直接投资和对外贸易的优惠政策，甚至不足为奇。此后，深圳金融业务开始发力外商直接投资和对对外贸易的金融服务上，外贸金融成为其首先发展的领域。在外贸金融上，深圳充分利用香港的区位、贸易、物流和金融优势，以及改革开放后独特的"前店后厂"模式，不断深化外商直接投资、进出口贸易和相关金融服务的发展。

（二）"四个特权"迎来深圳金融创业发展期

改革开放初期，得益于金融发展的四个特权，深圳金融部门进入一个蓬勃的创业发展阶段。1985～1986 年，仍处在计划经济政策逻辑约束中的中央政府，创新性地在金融方面相继给予包括深圳在内的四个经济特区四项金融特权：一是信贷资金"切块"管理权，这赋予了经济特区资金存留及使用的管理权；二是利率调节权，使得经济特区的资金使用及其价格可与全国政策出现差异化而无须担心"纠偏"风险；三是存款准备金率调节权，这使得经济特区在宏观经济和金融政策调控上具有了更直接的监管调节权力，可通过存款准备金高低调整来释放或缩紧流动性，以更好地支持经济特区的资金需求；四是部分金融机构审批权，这有利于设立总部于经济特区的金融机构、金融服务机制和金融市场，对于发挥金融总部经济和金融要素集聚功能是有帮助的，对于建立健全金融机构体系和金融市场体系有重大推进作用。这四个特权使得深圳等经济特区的金融体系相对独立于全国金融体系，获得了金融部门蓬勃发展的政策创新动力。

深圳在此四项特权实施中开创了多项全国金融创新第一。1985年11月成立的深圳外汇调剂中心成为全国第一家外汇调剂中心。全国第一家中外合资财务公司（中国国际财务有限公司）、全国第一家由企业法人持股的股份制商业银行（招商银行）、全国第一家公开发行股票上市的股份制商业银行（深圳发展银行）、全国第一家经批准的证券公司（深圳特区证券公司）等纷纷成立。银行、证券、保险、基金、资产管理等金融机构不断设立、丰富发展起来，日益成为全球主要金融中心之一。

（三）深交所创新改革引导深圳金融规范化发展

深圳金融体系多样化发展受益于深圳证券交易所的设立及其后续改革发展。作为市场经济的重要载体，股份公司及其配套改革成为深圳经济与金融发展的重要突破口。深圳改革开放之初，1982年广东宝安县联合投资公司成为首家通过报刊公开招股的公司，次年"深宝安"向全国发行股票凭证。1988年4月后，深发展、万科、金田、安达和原野成为"老五股"。

深交所的设立及其创新发展历经30年。1988年11月深圳市成立资本市场领导小组并于11月下发同意成立深圳证券交易所的批复。1990年12月1日经过颇多波折的深圳证券交易所试营业。"股票热"引致的投机风使得中央政府不得不关注股份制改革和对资本市场采取强监管，最后仅仅保留上海和深圳两个试点。1991年4月16日，深圳证券交易所先于上海证券交易所获得人民银行批准成立。

随着社会主义市场经济体制改革的深入，深圳证券市场体系和金融部门进入了结构调整、制度优化、日益规范和业务高速发展的阶段。经历过多年的波折发展，2004年深交所设立中小企业板，2006年底率先基本完成股权分置改革，2009年10月正式启动创业板。21世纪初以来，深圳多层次资本市场体系初步实现，同时使得深圳金融体系高速化、多样化和规范化发展取得了重要进展（见图3）。

图3　深圳证券交易所上市公司总数和市值

资料来源：Wind。

（四）前海特区助力深圳金融优化发展

深圳金融部门跟随前海特区设立进入了高速发展阶段。2010 年，为了充分发挥香港国际金融中心资源整合、市场融资和制度建设等优势，进一步促进粤港合作，利用前海作为粤港合作新平台，推进广东与香港的全面合作、深度融合和共同发展，国务院批准设立了前海深港现代服务业合作区，在全面推进香港与内地服务业合作中发挥先导作用。前海合作区的功能定位为四个方面：一是深港合作先导区，二是体制机制创新区，三是现代服务业集聚区，四是经济结构调整区。在四个功能定位下，前海以创新金融、现代物流、总部经济、科技及专业服务、通信及媒体服务、商业服务六个领域为产业发展的重点方向，致力于构建现代化的产业要素集聚区域和金融发展创新中心。

前海开发开放政策的落地标志着深圳金融改革、发展和创新迈向新时代。2012 年 7 月，《国务院关于支持深圳前海深港现代服务业合作区开发开放有关政策的批复》发布，该重大决策的主要目标是支持前海在金融改革创新中实现先行先试政策，发挥试验田的功能，同时建立我国金融对外开放的试验示范窗口，发挥构建开放型经济新体制的窗口功能，由此，前海肩负改革与开放新特区的双重功能，成为"特区中的特区"。由此，金融成为前海以至深圳首要发展的产业，深圳金融业进入一个深化改革和优化结构的发展阶段。截至 2018 年 6 月末，前海片区金融类企业合计 5.8 万家，本年新增 1622 家。注册资本合计 57639.46 亿元，本年新增 2806.50 亿元。2018 年上半年，深圳市前海片区金融注册企业实现营业收入合计 1749.29 亿元，同比增长 30.5%。[①] 深圳成为全国单位面积 GDP 产出最高的城市，前海成为全国单位 GDP 金融产出最高的地方。

三 深圳特区金融改革创新的基本经验

（一）改革创新，完善"三个最优"体制机制

改革创新是深圳建设取得举世瞩目成就的基因，是深圳金融业取得跨越式发展的法宝。[②] 没有改革创新，就没有深圳大发展，就没有深圳金融业的成就。在改革开放初期，为了吸引外资进驻深圳，发展金融机构、金融市场和金融产品与服务，深圳市委市政府创造性地提出了"三个最优"，通过相关的体制机制改革、建设与创新，实施最优惠的政策、提供最优质的服务、缔造最优良的环境，来促进深圳金融业的发展。改革开放 40 年来，深圳金融部门的发展获得国家巨大的支持。当然，与上海浦东新区比较而言，国家层面重点的金融支持政策在深圳落地相对较少。但是，深圳市通过地方政策的匹配、机制的创新、体制的改革实施了全国范围内最优惠的政策框架。[③]

---

① 深圳市人民政府金融发展服务办公室：《2018 年上半年深圳金融业发展情况》，2018 年 8 月 8 日，http：//www.jr.sz.gov.cn/sjrb/xxgk/sjtj/zxtjxx/201809/t20180919_ 14103019.htm。

② 张建军：《深圳金融改革创新的经验与启示——写在深圳特区建立 30 周年之际》，《中国金融》2010 年第 17 期。

③ 本节主要参考资料来自《2005—2009 年深圳银行业发展与监管规划》《深圳市金融业发展"十五"规划》《深圳市金融业发展"十一五"规划》《深圳市金融业发展"十二五"规划》《深圳市金融业发展"十三五"规划》。

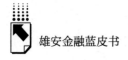

在最优惠的政策构建上，首先，深圳具有政策约束少的优势。深圳经济特区建立在"一片空白"的基础之上，受"大一统"计划经济体制的约束较少，在改革开放新思维的引导下，深圳很快就解放思想，摆脱束缚，打破路径依赖、习惯势力、利益冲突等诸多约束，以"解放思想""深圳速度"推进各种优惠政策，尤其重点利用好"四个特权"，创新、探索、完善与社会主义市场经济和现代金融体系相适应的深圳改革、创新、发展新路子，建立健全现代金融业发展新体系。

其次，深圳不仅注重优化政策，更加注重优惠政策的可持续性，更加注重政策体系的长效机制。深圳出台税收优惠、用地优先、绿色通道、国际合作等优惠举措促进金融创新。同时，更加注重以长效机制支持金融机构在金融管理体制、金融组织和运行机制等方面进行改革探索。深圳市政府通过完善金融创新奖评选机制、创新激励机制和政策优惠举措等多种方式，使得金融机构创新金融产品、服务方式、管理制度以及金融技术得到社会、市场和政府的认可，形成创新驱动的政策支持和业务发展顺畅的长效机制。

最后，在优惠政策配套上，深圳更加注重"整体最优"。改革开放初期，深圳以"人无我有，人有我优"为指引，在全国率先制定、实践和总结多项金融创新，较长时间连续颁布一系列与金融相关的政策法规和制度规范，以促进深圳金融业的改革、创新与发展，设立金融发展委员会、金融发展专项基金和金融发展创新奖励机制，开辟为金融业提供便利直通车服务的"绿色通道"，以金融产业基地建设、金融产业功能布局、金融机构体系搭建和金融市场体系完善为目标，致力于构建最优的金融发展政策体系。21世纪初期以来，深圳在强化优惠政策的同时，更加注重统筹规划、全盘考虑，倾力将深圳打造成"总体最优"的金融业发展政策支持体系。

在最优质的服务上，一是建立金融发展的绿色通道。持续简化金融部门的创新事项审批手续，不断完善金融创新审批的业务流程，加快金融创新业务的审批速度，持续为金融机构、市场、产品的创新发展开辟"绿色通道"。"绿色通道"效应在深圳改革开放初期的作用尤其明显。比如，近期，深圳支持各类金融机构创新经营及管理模式，积极探索地铁、高速公路、航运码头、保障房等专项领域的资产证券化品种，推进科技金融、绿色金融、海洋金融、房地产金融等创新服务体系建设和金融产品创新。

二是实施负面清单管理模式。重点把握金融业改革发展和深圳的具体情况，尊重市场规律，创新发展思路，不断加强对金融体系改革和业务创新的政府引导、政策推动和优惠支持。深圳是全国较早实践"负面清单"管理模式的先行者之一，秉承负面清单管理的政策逻辑，鼓励金融创新。凡法律法规未明确禁止的、不会发生重大风险的，均鼓励金融机构大胆尝试创新。

三是建立健全集中协调机制。基于市政府的金融发展决策咨询委员会的沟通协调机制，强化金融监管机构之间的沟通、协调、研讨与合作，通过多项改革创新举措的联合协调，深圳已经形成"大金融""大市场""大体系""大监测"的金融管理、政策协调和发展格局。

在最优良的环境缔造上，深圳致力于营造一个服务效率高、管理规范、市场最具活力、综合成本最佳的国际一流营商环境。粤港澳大湾区研究院课题组根据国家统计局等部门发布的数据，从 2017 年开始对全国直辖市、副省级城市、省会城市共 35 个大中城市的营商环境进行了评价。基于软环境、基础设施、商务成本、市场环境、社会服务、生态环境六个指标的测算，深圳 2018 年营商环境位列全国第一。在具体政策上，深圳营商环境的创造主要集中于五个方面。

一是致力于打造日益开放、双向通畅的贸易投资环境。外商直接投资和对外贸易是深圳改革开放和金融发展的初始动力，一直以来深圳对此十分重视。在"走出去"趋势较为显著的情况下，深圳致力于打造双向便利、内外互动的贸易投资环境，尤其是对港澳地区的贸易投资环境的创造上，政策举措较为集中，比如不断放宽外商准入限制、放宽港澳专业人士执业许可、放宽香港金融机构准入、强化深港跨境商事登记全程电子化等。

二是打造综合成本合理的产业发展环境。在改革开放初期，深圳在税费、用地、用工、融资、配套等政策上实施了全国最优惠的政策举措，使得深圳产业发展的综合成本十分低廉，具有全国甚至全球的竞争优势。但是，受制于国内要素禀赋以及各种要素市场化改革的推进速度，不管是深圳，还是中国，都不是全球最低廉的地方。深圳基于这种历史变化趋势，强化产业商业用地保护制度，提高产业用地容积率，优化产业空间布局，运用分级分类价格管理举措，降低企业用地、用电、用工成本以及税费负担，使得产业发展的综合成本处于相对合理的状态。

三是营造高效透明的政务服务环境。优化政务服务是营商环境改革的"牛鼻子"。政府服务能力和政务服务环境是一个经济体竞争力的最基本体现。深圳在开办企业、执行合同、财产登记、科技创新、金融服务、税负收费等领域进行重点改革，并搭建电子信息化平台，致力于打造一个高效透明的政府服务环境。逐步强化深圳金融业改革创新决策咨询领导机制和工作机制的功能，进一步完善金融监管联席会议制度，缔造一个公平、公正、公开的金融监管环境。深圳市政府金融工作办公室亦是一个政策公开、信息公开和服务公开的典型窗口，读者可方便地查询到"十五"深圳银行业发展规划、"十一五""十二五"等历史时期的金融发展规划。

四是完善金融发展的人才支持与发展环境。首先，加强人才跨界交流。深圳强化科技与金融的融合，致力于人才的跨界交流、锻炼和使用，采用多项政策配套，大力促进金融业与其他行业之间的人员往来和人才交流。其次，重点促进沪深两地金融人才融合。通过多种方式积极创造条件加强深圳、香港两地的金融人才合作，提升深圳地区金融人才的国际化业务水平和全球化业务视野。再次，建立人才储备体系。深圳不断探索建立适合深圳金融业发展需要的人才储备体系，定期组织赴国外举办招聘海外人才的活动，引进并储备一批熟悉国际经济金融形势的高端金融人才。又次，建立培训体系和教育基地。深圳长期探索建立政府、企业、高校三位一体的培训体系，利用高校培训资源优势推动金融企业开展广泛的人才培训活动。鼓励金融机构在深圳设立全国性的人才培训基地，支持发展各种金融教育培训机构，大力推进金融人才培育工作。目前，深圳和中外高校合作办学共计有18所大学。深圳此前公布的《关于加快高等教育发展的若干意见》提出，到2025年，深圳新建10所左右高校，3~5所高校排名进入全国前50名，深圳将成为南方重要的高等教育中心。清华大学、北京大学、中国人民大学、武汉大学、中山大学、哈尔滨工业大学、中国科学院大学等都在深圳设立校区，深圳还探索出多方合作办学的创新之路，创立了清华—伯克利深圳学院、深圳吉大（吉林大学）昆士兰大学、深圳北理（北京理工大学）莫斯科大学等。最后是人才引进机制。除了人才跨界交流、重点推进沪深人才互动、建立人才储备体系以及健全人才培训和教育体系，深圳还致力于建立具有吸引力的人才引进机制，不断加大对多元化、专业性和国际化金融人才的引进力度，完善金融人才的发展环境，改善住房环境、子女教育、医疗保障等方面的配套条件，促进金融人才集聚。

五是营造公平公正的法治环境。一方面，深圳把法治建设作为优化营商环境的基本保障，推动各项工作纳入法治轨道，努力建设法治中国示范城市。比如，在知识产权保护上，深圳是中国知识产权保护最为严格的城市之一，是中国率先实施惩罚性赔偿制度的城市。深圳还通过大幅提高知识产权损害赔偿标准，强化对侵权行为的惩戒职能，加大对知识产权所有人的保护力度。深圳市还在全国先行先试加大惩罚性赔偿力度、合理分配举证责任等方面的创新举措。另一方面，深圳强调产权的重要性及产权保护的必要性。深圳极其关注民营企业及企业家的财产权利保障，对国有企业和民营企业一视同仁，对外资企业和内资企业平等对待。在产权保护上制定了涉案财产处置细则，明确区分个人财产和企业法人财产、涉案人员个人财产和家庭成员财产、合法财产和违法所得等标准和规范，以强化产权意识、产权保护和风险隔离。金融法制环境不断优化，监管机制不断完善，深圳证券期货业纠纷调解中心、深圳市银行业消费者权益保护促进会相继成立，金融监管、工商、公安等相关部门建立了打击和处置非法金融活动的联动协作机制。

（二）规划先行，顶层设计引领深圳金融发展

坚持顶层设计，注重规划先行。深圳金融业在改革开放初期整体呈现创新蓬勃发展的态势，但是，整体质量偏低，整体竞争力不强，这个趋势延续到了20世纪90年代中早期。借助中国建立社会主义市场经济体系的政策红利，深圳抓住历史机遇开始发力金融。20世纪90年代中后期，深圳以贸易

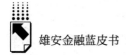

为支撑、与香港为连接的金融体系蓬勃发展起来。21 世纪以来，深圳抓住中国加入 WTO、强化深港合作以及建立健全开放型经济新体制的历史机遇，注重规划先行，践行国家战略，全面建设深圳金融产业和金融中心。首先，不断发挥金融市场资源配置功能。加快金融机构建设和金融产品发展，加快完善金融市场和组织体系，日益推动金融市场在资源配置的决定性功能。其次，不断强化金融中心建设。依托国家战略和金融发展规划，不断丰富金融中心功能和内涵，以市场规则、市场价格、市场竞争作为三个支柱，致力于实现效益最大化和效率最优化，以制度创新、改革实践和市场建设不断完善深圳金融中心功能。最后，不断总结金融发展经验。深圳持续为我国金融业改革开放发展探索路径、积累经验，致力于打造金融市场化改革的引领区、跨境金融业务的先行区、创新金融业态的集聚区和产融紧密结合的示范区，以顶层设计引领深圳金融部门全面、高速、规范和高质发展。①

在深圳金融部门走向转型升级的发展历程中，《2005—2009 年深圳银行业发展与监管规划》发挥了重要的作用。2003 年原银监会成立，"一行三会"的分业监管框架基本形成，但是，深圳银行业的发展存在短板，比如，总部位于深圳的银行机构竞争力较为有限。深圳制定了 2005～2009 年银行业发展和监管规划，致力于促使辖区银行业建立安全、高效、稳健的运行机制。一是建立健全资本补充机制，满足资本充足率要求；二是完善治理结构，发挥股东会、董事会和监事会在治理体系中的核心作用；三是加强内部控制和管理，形成内控严密、经营稳健的现代化金融机构；四是强化机构经营服务能力，提升资产质量，提升经济效益，提升服务水平，提升金融机构竞争力和创造力。② 规划涉及了深圳市商业银行的转型发展，这大大促进了深圳银行业的整合、升级和发展。2004 年总部位于深圳的银行中最著名的是招商银行、深圳发展银行和深圳市商业银行。在银行业发展规划的促进

---

① 《深圳市人民政府关于充分发挥市场决定性作用全面深化金融改革创新的若干意见》，2014 年 1 月 6 日，http://www.gov.cn/zhengce/2014 –01/06/content_ 5023823.htm。

② 深圳市政府金融工作办公室：《2005—2009 年深圳银行业发展与监管规划》，http://wap.sz.gov.cn/jrb2017/sjrb/xxgk/ghjh/zxgh/201708/t20170804_ 8062977.htm。

下，2006 年，成立于 1995 年 6 月 22 日的深圳市商业银行引入大股东中国平安，2007 年深圳市商业银行吸收合并中国平安子公司平安银行并更名为深圳平安银行，2009 年改为平安银行，成为中国平安集团旗下的子公司。2012 年 1 月，深圳发展银行收购中国平安集团旗下的平安银行，并进一步整合为新的平安银行。

《深圳市金融业发展"十一五"规划》明确了深圳金融发展的功能定位和发展规划。在发展定位上，"规划"提出在"十一五"时期，深圳金融业发展要"立足深圳，携手香港，联通全国，走向世界，做实、做强、做出特色，促进银行、证券、保险业持续均衡协调发展，努力把深圳建成中国一流的现代化、国际化的金融中心城市"，这是深圳金融发展中首次提出金融中心城市的发展定位，明确了金融在深圳以及区域发展中的增长极功能。规划同时提出了发展的总体战略，即"三四五"战略：建成"三有体系"，建设一个能有力支持深圳经济发展、能有机配套深圳产业结构、能有效防范化解风险的金融体系。"三有体系"的本质是将深圳的经济发展转型、产业结构升级以及风险管理有效纳入金融体系建设和金融中心城市建设，成为金融市场体系发展的实体支撑。打造"四个中心"，把深圳建成"产业金融中心""金融创新中心""金融信息中心""金融配套服务中心"。"四个中心"的核心是深圳金融发展的四个重点，即要服务于产业发展，要强化金融创新，要注重信息数据功能，要致力于构建完善的产业链及其业务生态。实现"五个转变"，即实现从规模发展向效益发展的转变，实现从引进发展向对外辐射发展的转变，实现从传统金融业向现代金融业的转变，实现从国有经济为主向多种经济成分并存的转变，实现从信用淡薄向诚信为本的转变。①

《深圳市金融业发展"十二五"规划》将深圳的定位从金融中心城市提升至全国性金融中心，致力于促进深圳成为深港大都会国际金融中心重要组成部分。首先，将深圳定位提升至全国性金融中心和深港大都会国际金融中

---

① 深圳市政府金融工作办公室：《深圳市金融业发展"十一五"规划》，2007 年 9 月 17 日。http://wap.sz.gov.cn/jrb2017/sjrb/xxgk/ghjh/fzgh/201707/t20170727_ 7999445.htm。

心重要组成部分。规划指出，深圳全国性金融中心的内涵主要包括三个层面：第一个层面是继续加强改革创新，深化开放合作，集聚金融资源，提升服务能力，重在强调深圳金融体系的"软建设"；第二个层面是明确全国性金融中心的业务重点，即金融创新、多层次资本市场、财富管理、中小企业融资；第三个层面是明确与香港的关系。深圳金融发展的目标不是替代香港国际金融中心的地位，而是使深圳成为港深大都会国际金融中心的重要组成部分，形成深港金融要素互动的良性循环。规划还重点强调人民币国际化及其安排，要求利用人民币国际化和金融市场开放契机，深化深港合作，通过支持香港建设人民币离岸金融中心，强化深圳作为人民币跨境流通主要渠道和人民币计价金融产品与服务创新重要主体的地位，加强资本市场和财富管理业务等优势领域的国际合作，有效参与国际金融合作和竞争，以人民币国际化作为契机提升深圳金融业的开放度和影响力。①

《深圳市金融业发展"十三五"规划》以金融创新核心区、产融结合示范区、国际金融先行区、金融品牌集聚区、金融运行安全区的"五区"功能定位为支撑，提出深圳人民币投融资集聚地和国际化金融创新中心的发展目标。② 规划强调以制度创新、改革探索和市场化实践为我国金融业改革开放发展提供经验支持和智力贡献，丰富全国金融中心的功能和内涵，全力建设金融创新核心区、产融结合示范区、国际金融先行区、金融品牌集聚区和金融运行安全区，力争到 2020 年把深圳打造成为"联通香港、服务全国、辐射亚太、影响全球的人民币投融资集聚地和国际化金融创新中心"。

坚持总体规划和专项规划"双管齐下"，促进深圳金融部门转型发展，即在制定深圳金融业发展规划的同时，深圳还通过专项规划来匹配金融业发展总体规划，以促进金融业的发展。比如，深圳金融土地发展专项规划强调，在进行城市总体规划和专项规划时，应当科学规划金融业发展用地规模及功

---

① 深圳市政府金融工作办公室：《深圳市金融业发展"十二五"规划》，2012 年 2 月 13 日。http：//wap. sz. gov. cn/jrb2017/sjrb/xxgk/ghjh/fzgh/201707/t20170727_ 7999223. htm。

② 深圳市政府金融工作办公室：《深圳市金融业发展"十三五"规划》，2016 年 11 月 3 日。http：//wap. sz. gov. cn/jrb2017/sjrb/xxgk/ghjh/fzgh/201707/t20170727_ 7999236. htm。

能，优化金融发展空间布局，以与金融业发展的总体规划相匹配、相融合、相促进。为了加快深圳金融体系的建设，应该加快金融核心功能区土地整合与改造，形成金融基础设施齐全、代表性金融机构集聚、金融中心城市景观显著及金融人才集中的有国际影响力的现代金融核心功能区。[1] 更值得注意的是，深圳将总体规划和专项规划的核心要义纳入地方金融发展的制度框架，并特别制定了《深圳经济特区金融发展促进条例》和《扶持金融业发展若干措施》等政策条例。这种将规划转变为制度规范的创举在全国亦是少见的。

借助"外部智慧"，健全规划及评估互动机制，充分发挥深圳市金融发展决策咨询委员会的作用。在信息爆炸时代，金融市场的专业性日益显著，亟须外部智力支持，以提升政府决策水平。为此，深圳市金融发展决策咨询委员会作为向市政府金融决策提供咨询意见的非常设性议事机构，由有关专家、学者组成，每届任期 3 年。深圳市金融发展决策咨询委员会的日常工作由市金融办负责。[2]

表 1　深圳市近期金融发展规划目标与任务

	战略目标	具体目标	核心任务
2005—2009 年深圳银行业发展与监管规划	促使辖区银行业建立安全、高效、稳健的运行机制，资本充足率符合监管要求；建立现代公司治理体系；完善内部控制和风险管理机制；提升银行的竞争力	制定了机构发展、经营发展、监管发展、环境发展和年度发展等目标	制定了公司治理、资本运作、管理体制、内部控制和风险管理等规划
深圳市金融业发展"十一五"规划	多种金融业态持续均衡发展；建成中国一流的现代化、国际化的金融中心城市	金融业增加值达到 1350 亿元，占 GDP 比重达到 15% 以上；银行、证券、保险业改革与重组取得重大进展，组建 1~2 家综合性金融集团，建成基金业聚集区	建成"三有体系"；打造"四个中心"；实现"五个转变"

---

[1]　深圳市政府：《深圳经济特区金融发展促进条例》，2008 年 4 月 24 日。
[2]　《深圳市人民政府关于印发扶持金融业发展若干措施的通知》，2017 年 9 月 25 日。

	战略目标	具体目标	核心任务
深圳市金融业发展"十二五"规划	全国性金融中心；深港大都会国际金融中心重要组成部分	金融业增加值达到2250亿元，占GDP比重达到15%左右；金融业资产规模达7.5万亿元，税前利润达到1500亿元；制定了金融市场、银行业、证券业和保险业等发展目标	前海:全国性金融创新中心；综合金融:全国性财富管理中心；辐射服务:全国性金融市场中心；金融业态:中小创新型企业融资中心；发展模式:金融服务实体经济；空间布局:金融资源在深圳集聚；区域合作:深圳金融业国际化
深圳市金融业发展"十三五"规划	丰富全国金融中心功能和内涵，全力建设金融创新核心区、产融结合示范区、国际金融先行区、金融品牌集聚区和金融运行安全区；力争到2020年把深圳打造成为人民币投融资集聚地和国际化金融创新中心	金融业增加值达到4000亿元，占GDP比重达到15%左右；制定了银行业、资本市场和保险业等发展目标	更具标杆引领作用的金融创新核心区；更高开放水平的国际金融先行区；更具辐射服务能力的产融结合示范区；更具国内外影响力的金融品牌集聚区；更加符合可持续发展要求的金融运行安全区

资料来源：深圳市金融办及作者整理。

（三）市场发力，构建以机构为支撑的金融市场体系

在金融机构和市场体系建设上，深圳充分发挥市场资源配置的决定性作用，通过向中央要政策、向市场要机制、向自己要服务，构建政策、市场、服务为一体的金融发展支持体系。一是通过整合中央政府、地方政府、产业、机构、科研等要素资源，形成一个以机构发展为核心、优势互补、要素融合的金融发展聚集效应。二是重点突破，以金融机构体系建设为核心，重点支持总部设立在深圳的金融机构，促进其向区域化、全国化以及国际化发展，培育大型金融机构，形成较强的市场竞争力。三是积极构建

多元化市场主体格局，积极引入多元化金融业态、中小型金融机构、专业工商服务机构以及配套服务机构，形成有产业链匹配和融合的金融市场主体格局。

深圳重点推进金融机构设置的优惠政策体系建设。在政府和金融主管部门的主导下，深圳金融发展出一条以机构带动产品、以产品带动市场、以市场带动体系的发展道路。银行、证券、保险等市场机构纷纷在深圳设立服务机构和相关的支持体系，比如，技术研发中心、深圳证券交易所等金融交易平台的建立吸引了大量工商服务机构和专业服务机构，逐步形成了深圳金融发展的机构支持体系。

在国际金融危机爆发后，深圳强化了金融发展的支持力度。2008 年《深圳经济特区金融发展促进条例》重点强调了深圳在发展资本市场上的优势，提出重点支持深圳资本市场改革创新，以支持深圳证券交易所、优质上市企业、创业投资和私募股权投资基金等为核心，为金融机构提供优质高效的行政服务和社会公共服务。

2012 年《国务院关于支持深圳前海深港现代服务业合作区开发开放有关政策的批复》（国函〔2012〕58 号）通过后，深圳进一步加大了金融机构的引进力度和金融机构体系建设力度，以提升金融市场体系建设的水平。一是利用先行先试的政策优势，以改革开放新窗口形象吸引金融机构。重点把握前海深港现代服务业合作区建设的有利时机，提升深圳金融改革开放的窗口形象，加强对深圳金融业发展的国际、国内宣传力度，重点宣传深圳改革创新的内在基因和深圳金融业集聚的内生效应。二是继续强化优惠政策。深圳不断创造具有竞争力的优惠条件，大力引进国内外各类金融机构、多元化金融业态进驻深圳，不断优化金融业发展的政策支持体系。相对于改革开放初期，这个阶段的优惠政策具有一定的倾向性，致力于引入具有国际化、创新性、成长型、技术化的金融机构。三是强化金融支持体系的建设。深圳鼓励国内外金融机构独立运作的业务部门、与金融业发展相配套的中介服务机构、金融信息企业和金融软件科技企业等落户深圳，以发展更加完善的金融产业链和生态圈。

2017 年，为了进一步强化金融机构的集聚效应，深圳加快了金融总部经济的发展步伐，金融发展工作的重点在于鼓励和吸引国内外的金融机构在深圳设立法人总部，以增强深圳金融业的核心力、集聚力、辐射力，进一步强化以金融机构为支撑、以总部设立为目标的金融市场体系建设。对于在深圳设立法人总部的金融机构，深圳以多种方式给予支持和鼓励，比如，设立一次性奖励、匹配搬迁费用补贴、奖励资本金增资等。当然，由于较大部分金融机构总部设置于北京、上海等地，深圳同时也通过加大支持金融企业在深设立分支机构或区域总部，进一步形成要素集聚，并引导金融资源加大原特区外布局，助推特区一体化进程。

（四）连接粤港，建设多地互动的金融要素集聚区

首先，深化深圳金融集聚区规划建设。一是高标准、高质量进行金融集聚区规划。深圳提出"有深圳特色、有世界影响力"金融集聚中心作为发展目标，将深圳创新基因和金融业务国际化相融合。二是重点突破形成三大金融总部集聚区。深圳不断完善深圳金融业总体布局规划，先后规划建设福田中央商务区、罗湖蔡屋围和南山前—后海三大金融总部集聚区。三是注重配套，强化专业化金融服务匹配建设。2017 年以来，深圳着力于提升龙岗平湖金融与现代服务业基地功能定位，建设科技与金融深度结合的高效能专业化金融服务产业园区。四是以重大项目为支撑形成产业链节点、区域性中心或领域性中心。深圳加快推进平安国际金融中心、深圳证券交易所营运中心、资本市场学院等一批金融重大项目建设。加快罗湖蔡屋围金融中心改造升级，建设"金三角"金融商业核心区。规划建设宝安中心区产业金融集聚区，大力拓展金融业发展腹地空间。

其次，深化金融与产业要素融合。金融的长期发展，需要与产业的发展相互融合，形成相互反馈的产融要素融合机制。深圳在改革开放初期就注重产业发展，逐步形成产业与金融相互融合的体制机制。21 世纪以来，深圳在产融结合上取得两个重要进展。一是利用高科技优势重点引入金融机构研发中心。深圳利用通信、软件、医疗卫生、生物技术、海洋经济等高科技领

域的技术优势和辐射效应，通过多种渠道鼓励各国内外金融机构在深圳设立业务创新实验室、产品研发中心、数据中心和专营性技术部门等。加强科技部门与金融部门的合作，提升金融产品科技开发和金融科技产业化发展的能力，为金融创新提供强有力的科技支撑。二是鼓励金融服务外包业务的发展。深圳在分析全球及国内金融业服务外包发展趋势的基础上，结合深圳、深港及粤港澳金融部门的特点，不断强化更贴近市场、服务科技创新的法律、工商、审计、税务、贸易、仲裁等配套服务及专业服务体系建设，形成了金融机构、产业公司、创新中心、服务机构等融合发展的新模式。

再次，加大深港金融合作，建设深港金融发展互动机制。香港是深圳金融发展的首要动力，深圳金融体系的一个重要组成部分就是香港地区的金融机构。2004 年末，深圳市共有银行业金融机构 66 家，营业性外资银行机构 31 家，数量列全国第二，其中港资银行 19 家。深圳在 15 年前就成为港资银行在内地设立机构和开展业务最集中的城市。过去 10 余年，深港金融合作不断强化，尤其是 2010 年前海开发区设立之后，深港金融互动进一步加深，跨区域的金融要素集聚区初具雏形。

比如，深圳依托深港合作，大力推动跨境人民币业务创新，已成为人民币跨境业务的核心载体。2010 年以来，深圳致力于把前海打造成为引领深圳金融业改革创新的新特区。一是以香港人民币离岸中心定位为支撑，强化跨境贸易人民币结算中心功能，循序渐进地推进人民币跨境流动机制建设。二是强化沪深金融业务互动，以人民币债券作为核心品种，加大在香港及海外发行人民币债券，特别是人民币地方政府债券和人民币企业债券，并强化深圳人民币回流中心的功能。三是发挥前海先行先试的政策优势，探索人民币国际化和人民币资本项目自由化的创新举措，比如尝试开展深港银行跨境人民币贷款、同业转贷款和外商以人民币直接投资试点，允许符合条件的深圳机构率先在香港募集人民币资金开展境内证券投资业务。

最后，践行国家战略，强化粤港澳大湾区金融要素集聚区建设。建设粤港澳大湾区，是习近平总书记亲自谋划、亲自部署、亲自推动的国家战略，是新时代推动形成全面开放新格局的新举措，也是推动"一国两制"事业

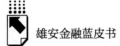
发展的新实践。① 2018 年 11 月，中共中央、国务院明确要求以香港、澳门、广州、深圳为中心引领粤港澳大湾区建设，带动珠江—西江经济带创新绿色发展。深圳以大湾区中心城市为定位，致力于构建大湾区以创新为支撑的金融要素集聚区建设。（1）创新高地。深圳致力于统筹利用深圳、香港、整个大湾区以至全球的科技创新资源，完善创新合作体制机制，优化跨区域合作创新发展模式，构建国际化、开放型区域创新体系，建设粤港澳大湾区创新共同体，逐步发展成为全球重要科技产业创新中心和创新高地。（2）金融核心圈。深圳利用大湾区金融核心圈功能定位，推动粤港澳金融形成更加紧密、更加融合、更加高效的金融要素集聚区，形成一个统一融合的金融合作和资源配置新平台，促进内地金融体系对外开放，促进港澳金融要素有效联通和双向反馈，提升粤港澳金融创新发展水平，打造引领泛珠、辐射东南亚、服务于"一带一路"的金融枢纽，形成以香港为龙头，以广州、深圳、澳门、珠海为依托，以南沙、前海和横琴为节点的大湾区金融核心圈。深圳前海目前已经成为大湾区核心圈的核心节点，其金融机构数目、营业收入、利润水平以及税收贡献等大大超过了南沙和横琴，未来将成为大湾区金融核心圈的基础载体，并与香港国际金融中心功能进一步融合。

---

① 潘光伟：《粤港澳大湾区为外资银行带来全新发展机遇》，《中国银行业》2018 年第 6 期。

B.16
中国（上海）自由贸易试验区
金融创新发展模式研究

谢 谦 刘洪愧*

摘 要： 金融开放创新是中国（上海）自由贸易试验区（以下简称
"上海自贸区"）改革创新的重要内容。通过金融开放创新，
上海自贸区不断构建面向全球的金融市场体系，为服务实体
经济、提升人民币国际化水平、提高金融监管的科学性、建
设上海国际金融中心做出了重要贡献。在取得成绩的同时，
上海自贸区金融创新发展也存在一些问题，集中体现在金融
制度不健全，金融功能不完全匹配，资本项目可兑换和资金
跨境流动的便利化程度仍有待提高，金融营商环境和金融法
律法规的国际化程度不够高等方面。为此，在认清新的国际
经济形势的前提下，应把握国内金融法律法规、金融监管体
制以及金融部门国际竞争力现状，坚持稳健有序开放的原
则，推进上海自贸区金融开放创新和上海国际金融中心建设
联动发展。

关键词： 金融开放 自贸区 国际金融中心

---

* 谢谦，经济学博士，中国社会科学院经济研究所助理研究员，主要研究方向为国际贸易、国
际金融与投资。刘洪愧，经济学博士，中国社会科学院经济研究所助理研究员，主要研究方
向为全球价值链、宏观金融。

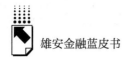

一 上海自贸区金融创新发展历程及重要举措

上海自贸区成立五年以来，在党中央和国务院的正确领导下，中国人民银行、商务部、原银监会、证监会、原保监会、外汇局和上海市等国家有关部门认真贯彻落实自贸区总体方案，大力推进金融制度创新，稳步推动金融对外开放，不断完善金融监管和风险防范机制，取得了明显成效。通过自贸区金融开放创新，上海不断构建面向全球的金融市场体系，推进资本项目可兑换、人民币跨境使用、外汇管理体制改革和投融资汇兑便利，完善利率市场化，推动金融服务业开放，取得了相当大的成效。

（一）基本形成了较为完善的金融市场体系

目前，上海自贸区已经形成了较为完善的金融市场体系，区内已构建了以上海证券交易所、上海期货交易所、中国金融期货交易所、上海股权托管交易中心为核心的多层次金融市场体系。在金融市场运行机制方面，各项改革也取得了较为显著的成效，金融市场产品和金融工具不断丰富，金融市场规模也呈现快速增长的态势。金融机构聚集效应明显，已初步形成了金融生态完整的金融机构体系，并呈现以下基本特征。

第一，区内金融业务以在岸业务为主，区内金融机构多以分支机构的形式存在。上海自贸区内的金融机构多属于区外法人机构或上级行政直属管辖。这些金融机构数量随着自贸区金融业务快速扩张，呈现出快速增长态势，而且具有明显的集聚效应。第二，区内金融业务呈现多元化的发展态势。区内很多金融机构以联通境内和境外、区内和区外的平台功能为其发展方向，积极谋划和布局各类非持牌的总行级跨境业务中心。这些中心的功能主要集中在跨境资产管理、跨境金融市场交易和跨境专项融资等，并积极在业务模式、管理架构和风险管控等方面进行探索和创新。第三，区内金融开放程度显著提高，外资金融机构加速集聚，金融投资者数量和投资额度不断增加。上海自贸区已成为境内机构走出去、拓展海外业务和对外投资的一个重要平台和窗口，合格境内机构投资者数量和投资规模呈现出逐步扩大的趋势。第四，区内金融配套服务功能不断完善，吸引了大量的金融专业人才。在自贸区发展的推动下，上海金融法制环境不断得到优化，金融审判庭、金融检察科以及金融仲裁院都已经成立。在信用体系和支付体系的建设方面也取得了进展，在不断完善的支付清算基础设施建设的基础上进一步提高了上海总部金融效应及其凝聚力。

（二）推进资本账户可兑换，夯实国际金融中心建设的基础

1. 创立分账核算单元与自由贸易账户

2014 年 6 月 18 日，自由贸易账户在上海自贸区启动，并在 2015 年 2 月扩大了境外融资的规模和渠道。同年 4 月自由贸易账户外币服务功能启动。自由贸易账户在上海自贸区金融创新中具有里程碑意义，这也使分账核算系统成为上海自贸区金融领域最具有意义的一项创新。从本质内涵来看，分账核算单元，就是建立了规则统一、高度便利的本外币自由贸易账户体系。

综上，在跨境资金监管体系中，自由贸易账户在较大程度被视同为"境外账户"。通过构建"自由贸易账户体系"，实质上在试验区内形成了一个与境内其他市场有限隔离、与国际金融市场高度接轨的金融环境，以服务于更加广泛的涉外经济活动需求。正因为如此，"自由贸易账户体系"成了上海自贸区扩大金融市场开放的一项意义重大的基础性制度安排，催生出了自由贸易金融发展战略的形成。

2. 扩大人民币跨境使用，完善上海人民币全球服务体系

2016 年 11 月，《中国人民银行上海总部关于进一步拓展自贸区跨境金融服务功能支持科技创新和实体经济的通知》（银总部发〔2016〕122 号）发布，推出了全功能型跨境双向人民币资金池业务等。2017 年，上海深入推进上海自贸区与国际金融中心建设联动，进一步拓展自由贸易账户功能，开始建设人民币全球服务体系。人民币加入特别提款权（SDR）后，境外对人民币的需求上升，同时"一带一路"倡议的实施也需要相应的金融服务，给上海建设人民币全球服务中心提供了更多契机。

3. 深化外汇管理改革

2015 年 12 月，国家外汇管理局上海市分局发布《进一步推进中国（上海）自由贸易试验区外汇管理改革试点实施细则》，放宽货物电子单证审核条件，允许区内融资租赁公司收取外币租金，支持发展外汇市场业务等。截至 2018 年 6 月末，累计办理外汇资本金意愿结汇业务 75.8 亿美元、外债资金意愿结汇业务 6.5 亿美元、境外放款业务 28.8 亿美元、对外担保业务 169.6 亿美元、融资租赁公司收取外币租金业务 6.2 亿美元，跨国公司外汇资金集中运营管理业务结算金额 1.1 万亿美元。

4. 建立跨境融资宏观审慎管理框架

2014 年，外汇管理部门就开始尝试建立跨境融资宏观审慎管理框架，在平潭、北京中关村等地进行改革试点，允许试点范围内的中资企业按照一定比例的净资产自主借用外债而不需要事前审批。2015 年 2 月，《中国人民银行上海总部关于印发〈中国（上海）自由贸易试验区分账核算业务境外融资与跨境资金流动宏观审慎管理实施细则（试行）〉的通知》（银总部发〔2015〕8 号），其核心是企业和金融机构可以自主开展境外融资活动，自主计算境外融资规模，自主权衡境外融资结构，扩大了经济主体从境外融资的规模和渠道。2017 年 1 月，《中国人民银行关于全口径跨境融资宏观审慎管理有关事宜的通知》（银发〔2017〕9 号）指出，宏观审慎监管框架的建立不仅能适应市场进一步开放过程中简化和便利的要求，而且能有效管理跨境资本流动风险。着力推进负面清单管理、简化跨境直接投资外汇登记程序、外债宏观审慎管理的改革试点为跨境资本流动管理积累了丰富的经验。

（三）提高金融市场和金融机构的国际化程度

1. 基本建立面向全球的金融交易平台和金融市场

2013 年 11 月，上海国际能源交易中心正式挂牌成立，开展原油期货品种的研发，完成了原油期货产品设计和配套制度。2018 年 3 月，原油期货国际交易平台正式上线运行。截至 2018 年 6 月末，已有 52 个境外客户参与原油期货，累计成交 4.6 万亿元，日均成交量已超过迪拜商品交易所阿曼原油期货（OQD），成为亚洲市场交易量最大的原油期货合约，仅次于美国西德克萨斯轻质原油期货（WTI）与英国布伦特原油期货（Brent Oil），跻身全球交易量前三。2018 年 5 月，标准仓单交易平台上线，首批推出铜、铝标准仓单交易业务。截至 7 月 20 日，铜、铝标准仓单交易累计成交 10552 张，累计成交量 26.43 万吨，累计成交金额 59.30 亿元。

2014 年 11 月，正式启动股票市场"沪港通"，并于 2018 年 5 月 1 日起将每日额度扩大 4 倍。截至 2018 年 6 月末，沪股通交易金额累计 4.96 万亿元，日均成交金额 58.97 亿元，累计净流入 2810.59 亿元。

此外，中国外汇交易中心以建设"全球人民币及相关产品交易主平台和定价中心"为战略目标，不断建设和完善国际金融资产交易平台。在债券市场，大幅放开境外主体参与投资，取消投资额度限制。2017 年 7 月，债券通"北向通"上线运行。截至 2018 年 6 月末，共有 65 家央行类机构、136 家境外商业银行、46 家非银行类金融机构、421 家集合类投资者、12 家其他类型机构投资者等在内的 680 家境外机构通过直接入市投资渠道进入银行间债券市场，共有 356 家境外机构通过"债券通"进入银行间债券市场。"熊猫债"发行量不断扩大，发行主体已扩展至国际性金融组织、外国中央政府、外国地方政府、境外非金融企业。截至 2018 年 6 月末，我国债券市场"熊猫债"累计发行 148 只，共计 2774.3 亿元。

2. 国际金融机构加快向上海国际金融中心集聚

金砖国家新开发银行等多个总部性金融机构落户。2015 年 7 月，金砖国家新开发银行在上海开业，这是首个总部设于上海的国际金融组织。2016 年 7 月，金砖国家新开发银行在银行间市场发行人民币计价的绿色金融债券，总值 30 亿元，这是首只由总部设在中国的国际金融机构发行的人民币绿色债券。

2016 年 6 月，全球中央对手方协会（CCP12）法人实体落户上海，并于 2017 年 11 月在上海外滩发布首个清算行业国际标准——《CCP12 量化披露实务标准》。截至 2018 年 3 月末，人民币跨境支付系统（CIPS）共有 31 家境内外直接参与者，695 家境内外间接参与者，实际业务范围已延伸到

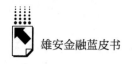

148 个国家和地区。

总体来看，目前浦东新区已集聚了全国近半数的外资法人银行和外资保险机构。全球管理规模排名前十的资产管理公司有 8 家（另有 18 家机构排名前五十，有 23 家机构排名前一百），是全国金融业国际化程度最高的地区。

3. 扩大金融市场和金融服务业对外开放，激发国际金融中心活力

2018 年 7 月，在上海市制定了《上海市贯彻落实国家进一步扩大开放重大举措加快建立开放型经济新体制行动方案》（上海扩大开放 100 条）。其中，金融方面以更大力度开放合作提升上海国际金融中心能级为目标，形成了大幅放宽银行业外资市场准入、放宽证券业外资股比及业务范围限制、进一步扩大保险业对外开放、推进更高层次的金融市场开放、拓展自由贸易账户功能和使用范围、加强国际金融中心精准宣传推介六个方面 32 条具体措施。一大批国际知名的银行、保险、证券，特别是金砖国家新开发银行等多个总部性金融机构落户上海，全球中央对手方协会（CCP12）、上海航运保险协会、中国互联网金融协会、人民币跨境支付系统（CIPS）均落户上海。

（四）对接"走出去"和"一带一路"等国家战略，推动上海国际金融中心建设

上海银行业机构加快"走出去"，到"一带一路"沿线设立分支机构，开展国际化经营，浦发银行先后在新加坡、伦敦设立分行；上海外资银行主动凭借国际网络等先天优势，通过境内外联动，支持"一带一路"建设和中资企业"走出去"。截至 2017 年末，上海外资法人银行联合母行、联行为中资企业客户提供的全球授信余额超 6000 亿元。证券公司利用集团优势，协同境外子公司通过项目并购、发行债券等形式帮助企业"走出去"。2017年以来，上海证券公司累计为 46 个"一带一路"重大项目提供金融服务，规模 548 亿元。中国银联等非银行支付机构加速"走出去"，截至 2017 年末，中国银联跨境受理网络已遍布全球 168 个国家和地区，在"一带一路"

沿线 80% 以上的国家和地区实现银联卡受理。2018 年上半年，俄罗斯、白俄罗斯、乌克兰、阿联酋、摩尔多瓦、马其顿、塞尔维亚 7 个"一带一路"沿线国家开通银联卡退税服务。目前，银联退税服务已延伸到 44 个国家和地区，覆盖了主要退税国家和地区。对"一带一路"的保险支持规模及覆盖面也持续扩大。2018 年上半年，上海出口信用保险公司对"一带一路"建设的支持规模合计 30.6 亿美元。

（五）基本构建与国际规则接轨的金融监管制度体系

1. 不断转变监管方式，支持机构先行先试

上海发布了首张金融业负面清单指引。2017 年 6 月，上海市金融服务办公室和自贸区管委会联合发布《中国（上海）自由贸易试验区金融服务业对外开放负面清单指引（2017 年版）》。这一负面清单指引以《国务院办公厅关于印发自由贸易试验区外商投资准入特别管理措施（负面清单）(2017 年版)》（国办发〔2017〕51 号）为基础，进一步梳理汇总了金融领域有关外资准入的规定，为外资了解进入我国金融领域提供了便利，彰显了上海依托自贸区、不断深化和扩大金融对外开放的鲜明态度，并为我国金融业进一步扩大开放进行积极有益探索。

组建跨境金融服务专业委员会，构建同业展业规范。《跨境金融服务展业三原则同业规范实施机制》明确了展业三原则在跨境金融服务中的落实要求，形成了"政策法规为底线，展业规范同业约束为中线，鼓励最佳展业实现为高线"的跨境金融服务合规文化，由商业银行按照展业三原则自行开展有关业务，解决了长期以来商业银行跨境结算服务环节冗长、服务效率低下的问题，全面支持简化了人民币跨境结算流程。2018 年 4 月，上海市金融学会跨境金融服务专业委员会启动首批《自由贸易账户业务同业操作指引》意见征询，进一步优化自由贸易账户的网银、资金划转等功能。

发挥银行同业公会作用，搭建中外资银行创新试点交流对接机制。2017年 6 月，召开首次中外资银行业创新交流会议，现场共有 8 对中外资银行完成合作签约仪式，发挥双方优势互补，提升创新试验的质效。上海银监局通

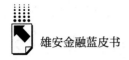

过创新互动机制对此提供配套政策支持。

创新金融监管模式。上海自贸区建立了创新监管互动机制。在原有行政许可的基础上，将金融创新纳入审慎监管的市场准入环节，允许机构针对现行法规未及覆盖及不尽完善的领域进行先行先试。截至 2018 年 7 月中旬，累计开展先行先试项目 38 个，并且非居民跨境并购贷款、参与国际金融组织境内贷款等业务已被推广并纳入常态化监督管理，有力支持了"一带一路"建设、企业"走出去"及金融要素市场的国际化建设。目前，交行、浦发、平安、招行四家银行均已授权区内的分行开展离岸银行业务。率先建立信用卡"刚性扣减"机制，有效阻断"三去一降"企业利用信用卡过度授信、加大自身负债杠杆。

2. 不断提升监管能力，守住金融安全底线

一是建立风险监测机制。建立自由贸易账户监测管理信息系统，对跨境资金流动进行实时监测，提高了反洗钱和反恐怖融资工作的有效性。建立自贸区银行业特色监测报表体系，以"重点跨境业务定期监测 + 新产品动态报备 + 重大事项及时报告"三项基本监测手段为依托，并强化非现场的信息调研，为有关部门和上级领导决策提供有益参考。发布自贸区业务风险评估指导意见，督导银行业机构对标国际高标准，建立健全自贸区业务风险评估和防范机制，提高风险管控的自主意识和能力。

二是优化金融营商环境。率先建立金融法院。2018 年 3 月，中央全面深化改革委员会审议通过《关于设立上海金融法院的方案》；4 月，十三届全国人大常委会第二次会议表决通过《关于在上海设立金融法院的决定（草案）》；8 月 21 日，上海金融法院正式挂牌成立，开始履行法定。

二 上海自贸区金融创新发展 存在的问题及不足

就目前情况而言，上海距离国际顶级金融中心还有一定差距。纵观世界顶级金融中心，如伦敦、纽约、香港、新加坡、东京，在金融服务

业开放、跨境资金使用等方面有许多值得上海学习借鉴的先进做法。总体上，我国有推进自贸区金融开放创新、建设上海国际金融中心的决心和信心，但一系列因素制约了金融开放创新和上海国际金融中心建设的步伐。

（一）金融制度不健全，金融功能不完全匹配

在国际上，一个金融中心的开放程度是评判它是否具有国际地位的一项重要指标。所谓国际金融中心的开放，不仅包括对内开放，而且包含着对外开放。前者的受益主体是海外机构或商业实体；后者的受益主体则是国内机构或商业实体。上海自贸区目前的金融对内对外开放，仍面临着相关金融制度的建立健全，以及如何完善金融安全稳定工作机制等诸多问题。

第一，自贸区的金融改革开放仍处在尝试性开放阶段，大量金融业务细则和风险管理机制需要评估论证，相关的经验需要借鉴和总结。目前，在自贸区的所有先行先试的尝试性开放，都只是在为我国的双边及区域性合作积累经验，为获得更大的国际经贸规则话语权和主导权提供支持。在自贸区对外开放方面，前期的工作主要集中在对国内商业银行离岸业务的风险管理及其制度完善方面进行尝试性开放。需要特别指出的是，当前，规范离岸金融业务的操作流程，构建离岸金融对外业务合规性操作准则，构建有效的金融风险防控机制，有效打击国际市场洗钱行为以及恐怖金融活动等亟待制度完善。这些制度规定不仅需要评估论证，更需要在开放过程中去接受实践的检验。

第二，为保障自贸区金融改革的顺利进行，进一步扩大自贸区对内对外的金融开放，在制度和政策层面上海面临诸多的瓶颈。金融开放是一个综合性的金融改革方案。方案仍然面临着相关的法律及体系等方面的障碍，需要进一步完善金融税收以及区内金融会计标准、加强信用体系建设、构建与协调金融监管模式与制度、完善金融专业服务和中介服务体系、加强金融集聚区的规划建设，以及完善我国金融安全稳定的工作机制。

第三，上海自贸区金融开放的扩大与上海国际金融中心建设的联动，进

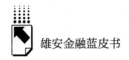

一步加强了金融基础设施建设、构建了良好的金融生态环境。但是，现阶段在一定程度上存在联动发展与现行法律法规不配套，跨部门协调工作机制效率低下等问题。特别是在探索建立离岸金融市场时，不可避免地面临现有法规不完善的限制，以及制度创新所带来的风险。在推进自贸区金融改革，扩大对外开放以及建设国际金融中心的过程中，很多改革举措和制度创新涉及多个部门，尽管各个部门改革积极性很高，但是不同部门改革的重点、次序、节奏不一致，必然会出现改革措施不统一、不配套、不协调的问题。

第四，上海自贸区内金融功能与贸易服务功能不匹配。上海自贸区已经进入了国际贸易中心建设的关键时期，离岸贸易功能、国际购物功能、集成贸易平台功能都受到相关金融功能的制约。以人民币贸易结算试点为例，由于受到人民币国际化进程以及人民币回流机制不健全等因素的影响，区内自由贸易金融服务的便利化程度还难以与国际接轨。反过来说，上海自贸区在贸易结构与贸易资源方面的控制能力不足，造成了上海在资金、保险、黄金、期货等国际金融交易市场规模方面难以扩大，这些国际金融交易平台升级速度缓慢，又影响了上海国际金融中心地位的形成。

第五，上海自贸区金融功能与总部经济发展不相协调，不仅抑制了金融服务能级的提高，而且限制了金融开放的进一步扩大。上海自贸区经过不断的探索创新，总部经济能力有了较为明显的提升。但从其地域分布来看，主要是以地区总部和亚太总部为主，全球性总部占比较低。这也构成了上海国际金融中心建设与扩大自贸区金融开放的瓶颈。解决上海总部经济凝聚力不强的问题，需要加强自贸区金融创新，通过金融创新推动金融交易平台和贸易平台的建立健全，通过转口贸易、离岸贸易和离岸金融的建设倒逼资本账户开放、利率市场化以及完善人民币汇率形成机制。

（二）资本项目可兑换和资金跨境流动的便利化程度仍有待提高

现阶段上海自贸区在境内居民境外融资、双向跨境融资方面取得较大的进展，但仍存在一定的局限性。一是过渡性政策较多，制度碎片化程度较高。监管当局对单一项目的临时性开放政策较多。虽然这样的方式有助于控制风险，但是制度碎片化的问题，也会为将来的制度整合带来一定的困难。二是监管模式和管理结构较为复杂，地区推动存在难度。这些都为上海自贸试验区推动金融创新，助力上海国际金融中心的建设产生了一定程度的制约。三是放开资本流入与限制资本流出的非对称性特征十分明显。

近年来，我国人民币国际化在很多方面不断取得重要的突破。2011～2018 年人民币已经连续八年成为我国第二大跨境收付货币；2016 年 10 月 1 日起，人民币正式加入国际货币基金组织特别提款权（SDR）货币篮子，并且成为全球第三大 SDR 权重货币；人民币的全球使用程度不加增加，截至目前，已经成为全球第六大支付货币；截至 2018 年 4 月末，中国人民银行已先后与 37 个国家和地区的央行或货币当局签署了双边本币互换协议，协议总规模超过 3.36 万亿元，这说明境外的机构和个人持有和使用人民的意愿不断增加。但是我们也要清醒地认识到，以上成绩与我国经济总量及经济发展的需要还有很大的差距，人民币国际化任重道远。

（三）金融营商环境和金融法律法规的国际化程度不够高

早在 2014 年 8 月，《中国（上海）自由贸易试验区条例》（以下简称《试验区条例》）便明确指出，要"培育国际化、市场化和法治化的营商环境"。近年来，尽管上海自贸区已在行政管理、外商企业投资、国际贸易业务、金融环境、税收征管和综合监管、法治保障等多方面改革创新并取得了一定的成果，但仍受困于现有的全国性和国际性立法框架。

在上海自贸区内先行先试、改革创新，进行优化营商环境的立法改革试点，要求突破既有规则，但由于上下位阶法律之间的效力问题又受困于现有的全国性立法框架。《试验区条例》由上海市人大制定并通过，在立法层级上属于地方性法规，应服从于上位即全国性立法。事实上，上海自贸区的启动和运作时间紧迫，不可能坐等上位法规的完善，《试验区条例》已经有部分条款规定突破了现有的全国性立法框架，在市场准入等方面出台了新的过渡性规定。但是，由于上海自贸区制度建设不尽系统、全面，具体配套不足，金融机构在执行新政时往往遇到与境内现行法规冲突的问题。以银行业为例，

目前境内涉及境外客户、境外项目等非居民业务领域的规制缺失或不足，或与国际通行规则有所冲突，导致市场主体在岸探索自贸区非居民业务的时候，缺乏充分法律保障，容易陷入无所适从或无序经营，不利于规范自贸区创新活动与市场环境建设。

（四）金融监管体制机制不能适应金融开放创新

随着上海国际金融中心建设的不断推进，上海自贸区的金融监管体制机制已经不能适应金融开放创新和上海建设国际金融中心的要求。上海国际金融中心建设本身也是一项浩大且复杂的系统工程，需要多部门协同配合。特别是在探索建立离岸金融市场方面，不可避免地面临现有法规不完善的限制，以及制度创新所带来的风险。很多改革举措和制度创新涉及多个部门，尽管各个部门改革积极性很高，但是不同部门改革的重点、次序、节奏不一致，从而会出现改革措施不统一、不配套、不协调的问题。

三 新形势下加强上海自贸区金融开放创新和国际金融中心联动建设的思路与建议

（一）上海国际金融中心建设面临的国际新形势

近年来，经济全球化呈现出新的特点和发展势头：贸易保护主义盛行和逆全球化重新抬头，贸易全球化内涵不断拓展，服务贸易成为全球自由贸易的新引擎，区域化与全球化并行，贸易体制变革趋势多元化。就贸易保护主义来说，作为全球经济体第一大国的美国，从 2008 年到 2016 年，对别的国家采取的贸易保护措施多达 600 多项，位居全球各国首位，仅仅在 2015 年就采取了 90 多项（全球总量 736 项），平均每 4 天推出一项，成为限制贸易自由化的典型国家。

以贸易保护主义和逆全球化为代表的国际新形势，最直接的影响是给世界经济运行带来巨大的不确定性。其可能的影响是：引发贸易摩擦与冲突，增加金融风险；破坏公平的贸易秩序，影响全球价值资源分配；激化社会矛盾，引发政治动荡；恶化国际政治关系和导致经济全球化减速甚至停滞。特别地，中美贸易摩擦不断加剧，2018 年 7 月 6 日，美国宣布自当日起对来自中国的 340 亿美元商品加征 25% 的关税，2018 年 9 月 18 日，美国宣布自 2018 年 9 月 24 日起，对 2000 亿美元来自中国的产品加征 10% 的关税。本轮中美贸易摩擦很可能是一场持久战。这无疑会引发国内投资环境动荡，对出口型中小企业带来冲击，直接阻碍外资来华投资，增加各种风险和不确定等，对中国经济发展和金融对外开放带来极为不利的影响。在此新趋势下，对上海自贸区和国际金融中心的联动建设需要有新的战略定位和思考。

（二）推进上海国际金融中心建设的总体思路

继续扩大金融开放创新，推进上海国际金融中心建设，同时坚持独立自主的渐进式开放模式。不要迫于外部压力而打乱金融开放的正当节奏和顺序，造成不必要的风险和损失。新一轮金融开放要以金融服务业为抓手，逐步推进资本项目开放。但从现阶段的国际国内环境来看，进一步推进资本项目可兑换程度的难度和风险都太大。而鉴于金融开放的历史经验和特点，现阶段可先加大推进金融服务业开放，同时稳妥推进资本账户开放，金融服务业开放的幅度可以更大。只要管住了资金的进出，即使金融服务业开放度很大，也不会产生很大的金融风险。上海自贸区要按照中国人民银行行长易纲宣布的进一步扩大金融业对外开放的时间表和具体措施出台更多细则，率先推动金融服务业对外开放。协调好资本账户开放、汇率制度改革及利率市场化推进的节奏。与此同时，金融开放并非一放了之，需持续完善审慎监管框架，加快推进国内经济结构性改革。

（三）推进上海国际金融中心建设的具体政策建议

1.资本项目可兑换

人民币资本项目开放的最终目标是，实现居民与非居民在境内外可以自由地购买以人民币或东道地货币定值的实物资产和金融资产。2016 年 10 月 1 日，人民币正式加入 IMF 的特别提款权（SDR）货币篮子，这既标志着国际社会对人民币国际地位的认可，又意味着国际社会对人民币提出了更多的要求。按照 IMF 的分类，资本项目包括七大类 40 个子项，目前我国基本可兑换或部分可兑换项目有 36 项，不可兑换项目有 4 项，占比 10%。所以，我国仍需进一步加快资本账户可兑换和开放，提高人民币的自由使用程度。同时，应对过去五年金融开放创新和建设上海国际金融中心的成绩、不足以及下一步工作做全面总结和详细部署，继续探索资本项目改革模式，深化外汇管理体制改革。

2. 人民币国际化

建立上海市与各人民币离岸中心的战略合作关系，使上海成为全球人民币的输送和服务中心。目前，香港、台湾、新加坡、澳门、伦敦、纽约、法兰克福等地的离岸人民币业务发展较快，上海要加强与这些人民币离岸中心的战略合作，争取在上海建立"境外人民币管理中心"，完善人民币现钞全球流通管理模式，畅通人民币投放、回流和清算渠道。

建立上海与"一带一路"重要城市的金融服务合作关系，使上海成为"一带一路"的金融服务中心。利用金砖国家新开发银行落户上海的优势，推动国际金融机构在上海发行人民币债券，提高上海在全球开发性金融中的影响力。

3. 借助"一带一路"建设推动国际金融中心建设

一是要加强上海国际金融中心建设与"一带一路"建设的联动，构建服务于国家"一带一路"建设并发挥桥头堡作用的金融服务支撑平台。二是推进境外资源"引进来"和服务市场主体"走出去"，同时积极开展金融交流培训，为此应该继续支持境外主体在上海金融市场发行债券；吸引沿线外资银行到沪设立分支机构；推进金融市场双向开放和互联互通。目前，上海证券交易所已与德国、巴基斯坦、哈萨克斯坦、俄罗斯、瑞士、卢森堡等国家的多家"一带一路"沿线重点交易所开展了双边业务。三是金融机构主动"走出去"，上海银行业机构要加快"走出去"，到"一带一路"沿线设立分支机构，开展国际化经营，通过境内外联动，支持"一带一路"建设和中资企业"走出去"。四是要持续扩大保险支持规模及覆盖面并继续推进对保险产品和服务的创新；加强与国际金融中心城市合作；积极开展相关金融宣传和培训。只有这样，才能推动上海国际金融中心建设与"一带一路"建设的联动发展。

4. 借鉴其他国际金融中心的先进经验并加强金融合作

纽约、伦敦、香港、新加坡等主要国际金融中心在形成和发展中都在软环境建设上采取了大量行之有效的措施。而上海在国际金融中心建设过程中在金融监管、金融市场、商务环境、司法环境等方面仍存在诸多短板。为实现 2020 年国际金融中心建设目标，上海应在软环境建设上寻求突破，不断加大改革力度，显著提升国际竞争力。

第一，借鉴各国离岸金融中心和世界金融中心经验。许多国家和地区在金融开放（特别是资本账户开放）过程中都建设过离岸金融中心等，例如美国的国际银行设施（IBF）、日本东京离岸市场（JOM）、新加坡 ACU 市场，他们在建设过程中的经验和教训对上海自贸区金融开放创新有着重要的借鉴意义。此外，英国伦敦、中国香港和美国纽约作为世界上最著名的金融中心，其形成过程和制度构架也值得研究和借鉴。

第二，渐进式金融开放更有效。横向比较发达国家金融开放模式（以资本账户开放为代表），不难发现，多数国家采取的是渐近式开放模式，且成功的案例比较多；反之，采取激进式开放模式的国家较少，且教训更多。以美国为例，在 20 世纪 60 年代，美国还有资本管制的相关规定，限制对国外的贷款、投资以及国内居民购买外国证券，资本管制极为严格。到 20 世纪 70 年代，美国的金融自由化步伐才加快，1974 年才废除资本管制措施，实现资本账户开放。日本的资本账户开放更是缓慢，前后历经近 30 年。相对来看，我国的金融开放进程已经比较快。

5. 监测和防范可能的风险

（1）以加强金融监管为重点，牢牢守住不发生系统性金融风险的底线

2017 年 7 月召开的全国金融工作会议指出，防止发生系统性金融风险

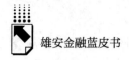
是金融工作的永恒主题，要把防范化解系统性金融风险放在更加重要的位置。上海各金融监管部门要始终"防范金融风险"，以金融综合监管联席会议制度为平台，加强金融监管协调。推进自由贸易账户系统等监测信息系统建设，不断加强日常金融风险的监测评估。强化本外币一体化监管，完善跨境资本流动风险的防控。加强互联网金融风险等的专项整治与处置。在大力推进金融改革创新的同时，维护上海金融的稳定运行。

此外，上海的金融机构众多，互联网金融等新兴金融业态的发展也较快，跨境金融活动频繁，潜在的金融风险不容忽视；金融市场发达，跨市场金融产品与业务日益增多，全国的一些金融风险（如债券违约等）也会在上海得到反映。因此，上海在建设国际金融中心过程中，防范金融风险的任务更加突出，需重点做好健全适应国际金融中心特点的金融监管机制、抓好金融乱象和金融风险整治处理、进一步优化上海金融发展环境等工作，做到长短结合，筑牢防范风险的底线。

（2）加强监管并完善监管手段

一是要以金融综合监管联席会议制度为平台，进一步加强金融风险防范并完善监管手段。二是在中美贸易摩擦和国际金融市场动荡情况下，要强化本外币一体化监管，完善跨境资本流动风险的防控。在大力推进金融改革创新的同时，维护上海国际金融中心的安全稳定运行。三是加强监管协作并不断完善监管手段，应采取金融办与"一行两会"层面的"金融监管联席会议＋合署办公"等多种方式，加强垂直管理的金融监管部门与上海金融管理部门的沟通、联系与协作。

B.17

雄安新区与北上广深城市总体规划目标对比*

一 五地规划目标

	雄安新区	北京	上海	广州	深圳
战略定位	绿色生态宜居新城区、创新驱动发展引领区、协调发展示范区、开放发展先行区	全国政治中心、文化中心、国际交往中心、科技创新中心	创新之城、人文之城、生态之城	美丽宜居花城、活力全球城市	链接世界的新兴全球城市、蓬勃包容的国际创新城市、繁荣公正的活力共享城市、宜居协调的绿色家园城市

* 雄安新区、北京、上海、广州四地规划目标分别来自《河北雄安新区规划纲要》《北京城市总体规划（2016年—2035年）》《上海市城市总体规划（2017—2035年）》《广州市城市总体规划（2017—2035年）》《广州市城市总体规划（2017—2030年）》，总体目标为2035年规划目标。另参考综合开发研究院《雄安新区与北上广深2035年规划指标全解析》。由于深圳市城市总体规划尚未公布，深圳市规划目标来自《深圳市可持续发展规划（2017—2030年）》。http://baijiahao.baidu.com/s? id＝15985859559244943&wfr＝spider&for＝pc，2018年4月24日。

续表

	雄安新区	北京	上海	广州	深圳
总体目标	建设成为高水平社会主义现代化城市,京津冀世界级城市群的重要一极,现代化高质量发展的全国样板	建设成为国际一流的和谐宜居之都。建设成为在政治、文化、社会、生态等方面具有广泛和重要国际影响力的城市,建设成为人民幸福安康的美好家园	建设成为卓越的全球城市,具有世界影响力的社会主义现代化国际大都市	建设成为中国特色社会主义引领型全球城市	建成可持续发展的全球标杆之都,实现社会主义现代化
2020年总体目标		建设国际一流的和谐宜居之都取得重大进展,率先全面建成小康社会,疏解非首都功能取得明显成效,"大城市病"等突出问题得到缓解,首都功能明显增强,初步形成京津冀协同发展、互利共赢的新局面	建成具有全球影响力的科技创新中心基本框架,基本建成国际经济、金融、贸易、航运中心和社会主义现代化国际大都市	高质量高水平全面建成小康社会,成为兼具实力、活力、魅力的美丽宜居花城	
2020年具体目标		中央政务、国际交往环境及配套服务水平得到全面提升。初步建成具有全球影响力的科技创新中心。全国文化中心地位进一步增强,市民素质和城市文明程度显著提高。人民生活水平和质量显著提高,公共服务体系更加健全,基本公共服务均等化水平稳步提升。生态环境质量总体改善,生产方式和生活方式的绿色低碳水平进一步提升	在更高水平上全面建成小康社会,为我国决胜全面建成小康社会贡献上海力量		

续表

	雄安新区	北京	上海	广州	深圳
2035年总体目标	基本建成绿色低碳、信息智能、宜居宜业、具有较强竞争力和影响力、人与自然和谐共生的高水平社会主义现代化城市	初步建成国际一流的和谐宜居之都，"大城市病"治理取得显著成效，首都功能更加优化，城市综合竞争力进入世界前列，京津冀世界级城市群的构架基本形成	基本建成卓越的全球城市，令人向往的创新之城、人文之城、生态之城，具有世界影响力的社会主义现代化国际大都市	建成社会主义现代化先行区，成为经济实力、科技实力、宜居宜业水平达到世界一流水平的活力全球城市	
2035年具体目标	城市功能趋于完善，新区交通网络便捷高效，现代化基础设施系统完备，高端高新产业引领发展，优质公共服务体系基本形成，白洋淀生态环境根本改善，有效承接北京非首都功能，对外开放水平和国际影响能力不断提高，实现城市治理能力和社会管理现代化，"雄安质量"引领全国高质量发展作用明显，成为现代化经济体系的新引擎	成为拥有优质政务保障能力和国际交往环境的大国首都，成为全球创新网络的中坚力量和引领世界创新的新引擎，彰显世界文化自信与多元包容魅力的世界文化名城，成为生活更方便、更舒心、更美好的和谐宜居城市，成为天蓝、水清、森林环绕的生态城市	重要发展指标达到国际领先水平，在我国基本实现社会主义现代化的进程中，始终当好新时代改革开放排头兵、创新发展先行者		

续表

	雄安新区	北京	上海	广州	深圳
2050年总体目标	全面建成高质量高水平的社会主义现代化城市，成为京津冀世界级城市群的重要一极	全面建成更高水平的国际一流的和谐宜居之都，成为富强民主文明和谐美丽的社会主义现代化强国的大国首都，更加具有全球影响力的大国首都典范，建成以首都为核心、生态环境良好、经济可持续发展，文化发达、社会和谐稳定的世界级城市群	全面建成卓越的全球城市，令人向往的创新之城、人文之城、生态之城，具有世界影响力的社会主义现代化国际大都市	全面建成中国特色社会主义引领型全球城市，实现高水平社会主义现代化。成为向世界展示中国特色社会主义制度巨大优越性、富裕文明、安定和谐、令人向往的美丽宜居花城，活力全球城市	建成代表社会主义现代化强国的国家经济竞争力、创新引领型全球城市，成为影响力卓著的全球城市
2050年具体目标	集中承接北京非首都功能成效显著，为解决"大城市病"问题提供中国方案。新区各项经济社会发展指标达到国际领先水平，治理体系和治理能力实现现代化，成为新时代高质量发展的全国样板，彰显中国特色社会主义制度优越性，努力建设人类发展史上的典范城市，为实现中华民族伟大复兴现力量	成为具有广泛和重要国际影响力的全球中心城市。成为世界主要科学中心和创新高地。成为弘扬中华文明和引领时代潮流的世界文脉标志。成为富裕文明、安定和谐、充满活力的美丽家园。全面实现超大城市治理体系和治理能力现代化	各项发展指标全面达到国际领先水平，为我国建成富强民主文明和谐美丽的社会主义现代化强国，实现中华民族伟大复兴的中国梦谱写更美好的上海篇章		

二 五地规划指标及目标值（2035年）*

指标	雄安新区	北京	上海	广州	深圳
全社会研究与试验发展经费支出占地区生产总值的比重(%)	6	稳定在6左右	5.5左右		4.8
基础研究经费占研究与试验发展经费比重(%)	18	18			
万人发明专利拥有量(件)	100	增加			92
科技进步贡献率(%)	80				64
公共教育投入占地区生产总值比重(%)	≥5				
数字经济占城市地区生产总值比重(%)	≥80				
大数据在城市精细化治理和应急管理中的贡献率(%)	≥90				
基础设施智慧化水平(%)	≥90				

* 河北雄安新区、北京、上海、广州四地规划指标及目标值分别来自《河北雄安新区规划纲要》《北京城市总体规划（2016年—2035年）》《上海市城市总体规划（2017—2035年）》（草案）。以《河北雄安新区规划纲要》指标为基准，其他四地择其相似指标对比。由于深圳市总体规划尚未公布，深圳市指标来自《深圳市可持续发展规划（2017—2030年）》，目标值为2030年规划目标。另参考综合开发研究院《雄安新区与北上广深2035年规划指标全解析》http://baijiahao.baidu.com/s? id ＝ 1598585995924443&wfr ＝ spider&for ＝ pc，2018年4月24日。其他地区部分指标与雄安新区相应指标名称不一致的，【】内为相应地区规划指标名称。

续表

指标	雄安新区	北京	上海	广州	深圳
高速宽带标准	高速宽带无线通信全覆盖，千兆入户、万兆入企				99【光纤入户率（%）】
蓝绿空间占比（%）	≥70	75【生态控制区面积占市域面积的比例（%）】	10.5左右【河湖水面率（%）】	10.2【全市河湖水面率（%）】	
森林覆盖率（%）	40	45	23左右		
耕地保护面积占新区总面积比例（%）	18		180【耕地保有量（万亩）】		
永久基本农田保护面积占新区总面积比例（%）	≥10		150【永久基本农田保护任务（万亩）】		
起步区城市绿化覆盖率（%）	≥50				45.5【建成区绿化覆盖率（%）】
起步区人均城市公园面积（平方米）	≥20	17【建成区人均公园绿地面积（平方米）】	≥13.0【人均公园绿地面积（平方米/人）】		
起步区公园300米服务半径覆盖率（%）	100	95【建成区公园绿地500米服务半径覆盖率（%）】		85【公园绿地和开敞空间500米服务半径覆盖率（%）】	
起步区骨干绿道总长度（公里）	300		2000左右【骨干绿道总长度（公里）】	3800【绿道网络（公里）】	
重要水功能区水质达标率（%）	≥95	>95【重要江河湖泊水功能区水质达标率（%）】	100【水（环境）功能区达标率（%）】		

续表

指标	雄安新区	北京	上海	广州	深圳
雨水年径流总量控制率(%)	≥85				
供水保障率(%)	≥97				
污水收集处理率(%)	≥99	>99【城乡污水处理率(%)】		≥96【城市生活污水处理率(%)】	98【城市污水集中处理率(%)】
污水资源化再生利用率(%)	≥99			27【城镇污水处理设施再生水利用率(%)】	90【再生水利用率(%)】
新建民用建筑的绿色建筑达标率(%)	100				
细颗粒物(PM$_{2.5}$)年均浓度(微克/立方米)	大气环境质量得到根本改善	大气环境质量得到根本改善	25左右		15
生活垃圾无害化处理率(%)	100		0【原生垃圾填埋率(%)】		
城市生活垃圾回收资源利用率(%)	>45				90【生活垃圾资源化利用率(%)】
15分钟社区生活圈覆盖率(%)	100	基本实现城乡社区全覆盖【一刻钟社区服务圈覆盖率(%)】	99左右【卫生、养老、教育、文化、体育等社区公共服务设施15分钟步行可达覆盖率(%)】	90【社区公共服务设施15分钟可达覆盖率(%)】	
人均公共文化服务设施建筑面积(平方米)	0.8	0.45	90左右【400平方米以上绿地、广场等公共开放空间5分钟行可达覆盖率(%)】		360【公共文化设施总面积(万平方米)】

续表

指标	雄安新区	北京	上海	广州	深圳
人均公共体育用地面积（平方米）	0.8	0.7			
平均受教育年限（年）	13.5	13.5			≥15【新增劳动力平均受教育年限（年）】
千人医疗卫生机构床位数（张）	7.0	7左右		8	
规划建设区人口密度（人/平方公里）	≤10000				
起步区路网密度（公里/平方公里）	10—15	8【集中建设区道路网密度（公里/平方公里）】	10（中央活动区）、8（主城区、新城）【全路网密度（公里/平方公里）】		
起步区绿色交通出行比例（%）	≥90	80【绿色出行比例（%）】			
起步区公共交通占机动化出行比例（%）	≥80		40左右【公共交通占全方式出行比例（%）】		75【高峰期间公共交通占机动化出行分担率（%）】
起步区公共交通站点服务半径（米）	≤300				
起步区市政道路公交服务覆盖率（%）	100				
人均应急避难场所面积（平方米）	2—3	2.1	≥2.0	≥1.75【人均应急避护面积（平方米）】	

336

B.18
雄安新区建设大事记*

2014 年 2 月　习近平总书记考察北京市，明确提出京津冀协同发展的重大战略。

2014 年 10 月 17 日　习近平总书记对《京津冀协同发展规划总体思路框架》做出重要批示。

2014 年底　习近平总书记在中央经济工作会议上强调，京津冀协同发展的核心问题是疏解北京非首都功能，促进经济社会发展与人口资源环境相适应。

2015 年 4 月 30 日　中央政治局会议审议通过《京津冀协同发展规划纲要》。

2016 年 3 月 24 日　习近平总书记主持召开中共中央政治局常委会会议，听取北京市行政副中心和北京非首都功能疏解集中承载地有关情况的汇报并做重要讲话。

2016 年 5 月 27 日　中共中央政治局会议审议《关于规划建设北京城市副中心和研究设立河北雄安新区的有关情况的汇报》。

2017 年 2 月 23 日　习近平总书记到河北雄安新区考察并主持召开座谈会，提出坚持"世界眼光、国际标准、中国特色、高点定位"。

2017 年 4 月 1 日　中共中央、国务院决定设立河北雄安新区消息发布。

2017 年 6 月 26 日　雄安新区发布"新区启动区城市设计国际咨询建议书征询"公告。

2017 年 6 月　中共河北雄安新区工作委员会、河北雄安新区管理委员

---

*　资料来自中国雄安官网（http：//www.xiongan.gov.cn/），出版时略有改动。

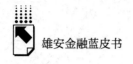
会获批设立。

2017 年 7 月 18 日　中国雄安建设投资集团有限公司成立。

2017 年 9 月 28 日　河北雄安新区管委会发布消息，48 家企业获批入驻雄安新区。

2017 年 10 月　首家总部型金融机构落户雄安新区。

2017 年 10 月 18 日　习近平总书记在十九大报告中指出，以疏解北京非首都功能为"牛鼻子"推动京津冀协同发展，高起点规划、高标准建设雄安新区。

2017 年 11 月 12 日　中共河北雄安新区工委党校成立。

2017 年 12 月 18 日　中央经济工作会议指出，高起点、高质量编制好雄安新区规划。

2018 年 1 月 2 日　京津冀协同发展推进会议讨论审议"河北雄安新区规划框架"等有关文件。

2018 年 1 月 3 日　河北省委召开常委会扩大会议，原则通过《关于推进雄安新区规划建设的实施意见》。

2018 年 2 月 22 日　中共中央政治局常务委员会召开会议，听取河北雄安新区规划编制情况的汇报。中共中央总书记习近平主持会议并发表重要讲话。

2018 年 2 月 25 日　国务院副总理张高丽在京津冀协同发展工作推进会议上强调，深化完善规划，加快改革开放，保持历史耐心，把河北雄安新区建成高质量发展的全国样板。

2018 年 4 月 14 日　中共中央、国务院批复中共河北省委、河北省人民政府，国家发展改革委《关于报请审批〈河北雄安新区规划纲要〉的请示》。

2018 年 4 月 21 日　《河北雄安新区规划纲要》共分为十章，是指导雄安新区规划建设的基本依据。规划期限至 2035 年，并展望 21 世纪中叶发展远景。

2018 年 5 月 14 日　国务院副总理韩正在河北雄安新区调研。韩正强调，要着眼打造北京非首都功能疏解集中承载地，创造"雄安质量"，高标准高质量规划建设雄安新区。

2018 年 6 月 1 日 国务院副总理韩正主持召开京津冀协同发展领导小组会议。韩正表示，推动京津冀协同发展的核心任务、关键环节和重中之重，是有序疏解北京非首都功能。

2019 年 1 月 2 日 《国务院关于河北雄安新区总体规划（2018—2035年）的批复》发布。

2019 年 1 月 16 日 习近平总书记到河北雄安新区考察调研。

2019 年 1 月 16 日至 18 日 习近平总书记在京津冀考察，主持召开京津冀协同发展座谈会并发表重要讲话。

Abstract

Annual Report on the Financial Development of Xiongan New Area (2019) is jointly issued by CITIC Bank and National Academy of Economic Strategy of Chinese Academy of Social Sciences. Centered on the financial supports of Xiongan New Area, the book explores the trend of financial development, scrolls down the construction and financial development of the New Area, and summarizes the experiences of in which ways that finance contributes to the real economy. Suggestions on the decision-making of relevant institutions are also provided, which should be a reference to the development of regional economy.

Annual Report on the Financial Development of Xiongan New Area (2019) covers general report, analysis of local institutional construction and services, explorations on local financial development, case studies and analysis, and lessons from Beijing-Tianjin-Hebei metropolitan area, Shenzhen Special Economic Zone and Shanghai Free Trade Zone. Based on the tasks proposed from the *Planning Outline of Xiongan New Area in Hebei Province*, General report gives an analysis of the financial demands on developing Xiongan New Area. The section explores the match between the existing capital supply and demand, discusses the potential targets of financial supports of the New Area, and puts forward the possibilities of making a breakthrough of policies formulation from land, finance, science and technology. In the analysis of local institutional construction, the report gives a systematic explanations of and suggestions on the green finance mechanism, green-credit policy, financial supervision and capital market of Xiongan New Area. The section on discussing provide financial service explores how finance contributes to the infrastructure, in which the way of investment and financing of infrastructure and utility tunnel in Xiongan New Area, and also points out the problems that should be paid attention to.

Section on the explorations on local financial development review the basis of the financial development, and put forward the trends of financial development and financial opening under SWOT analysis, and also discusses how to build a financial market infrastructure of Xiongan New Area with high standard. Section on case studies and analysis considers the ways of cooperation between conglomerates and New Area, and propose the potential projects on the building of conglomerates in New Area. Section on lessons from other areas and zones gives a comparison of financial resources spatial distributions of Beijing-Tianjin-Hebei region, summarizes the development of financial reform innovation and experiences in Shenzhen Special Economic Zone, analyze the ways of promoting financial innovation in Shanghai Free Trade Zone, which could be of significance and as a reference to the financial development of Xiongan New Area.

Keywords: Xiongan New Area; Financial Innovation; Financial Opening; Financial Supervision

Contents

I General Report

Abstract: Building a Xiongan New Area is a strategic choice of great historical. The intention is to absorb Beijing's noncapital functions, targets at building a national model for boosting high-quality development, and to become a demonstration of innovative development according to China's New Development Principles. Financial development is one and important part of, an indispensable important support for the construction of the New Area. In view of the capital needs in the construction of the New Area, fiscal and financial co-efforts are needed. It is necessary to explore Beijing's transfer payments for the New Area while increasing the transfer payments from the central government. When attracting financial institutions to enter the New Area, the New Area should continue to expand its opening-up and promote business innovation. More importantly, in line with the principle of special affairs, people should further broaden their minds, have the courage to explore and innovate, actively make good use of land, finance, taxation, science and technology, so as to achieve innovation and development in a real sense.

Keywords: Financial Innovation; Transfer Payments; Financial Opening

II   Section on Local Institutional Construction

Abstract: Central Committee of the Party calls for high-standard planning and construction of Xiongan New Area, which targets at becoming a national model of high-quality development, and a model of city with green development in new era. On the basis of developing green finance and green financial mechanism of Xiongan New Area, the section draws lessons from the experience of regional green financial development at home and abroad, emphatically analyses the challenges faced by the green finance of Xiongan New Area, such as the severe ecological environment, the great pressure of industrial reconstructing and the weak foundation of green financial development. Policy suggestions on top-level design improvement, green financial innovation, how to make a breakthrough and how to build a risk control mechanism for the green financial development of Xiongan New Area are also proposed in the book.

Keywords: Green Development; Green Finance; Policy Supports

Abstract: One of the roles of Xiongan New Area is supporting green development, which urgently needs the support of financial markets such as green credit. The experience of international green credit has reference value for the development of green credit in Xiongan New Area. After three stages of start-up, progress, and all-round development, China's green credit business has been continuously improved, the system and mechanism has gradually matured, and

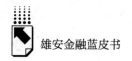
external coordinated systems such as capital market and international cooperation have been formed, which provides a good soil for the development of green credit in Xiongan New Area. Banking financial institutions have begun to support the construction of Xiongan New Area, and relevant financial product innovation is under way. The prospect of green credit in the New Area is broad, but there are still many problems to be solved. From the perspective of institutional mechanism, developing a third-party consultation, rating and certification agencies, establishing and improving a green evaluation system with the characteristics of Xiongan New Area, and establishing a mechanism for green information sharing should be the key points in the development.

Keywords: Green Development; Green Credit; Mechanism Construction

B. 4　The Construction of the Financial Supervision System in Xiongan New Area　　　　　　　　　　*Li Mingxiao* / 065

Abstract: The paper gives a brief introduction to the general situation of the current financial supervision system in Xiongan New Area. Based on the supervision work and data, the paper emphasizes on the current situations of financial development in Xiongan New Area from two aspects: the development of financial institutions and financial supervision work. In view of this, the paper makes a pertinent analysis on the problems existing in financial supervision in Xiongan New Area, such as the constantly updating of what are supervised, the complexity of supervision objects, the obvious inadequacy of government regulation, and the urgent need to strengthen supervision and coordination. In the last, policy suggestions for the construction and development of financial supervision system in Xiongan New Area, such as establishing effective supervision principles, exploring multi-department coordination supervision, speeding up the application of supervision technology, continuously improving financial ecology and actively promoting international supervision cooperation are proposed in the paper.

Keywords: Financial Supervision; Risk Management; FinTech

Abstract: Building Xiongan New Area into a model of high-quality development needs to pay attention to the role of capital market in the distribution of market resources, entrepreneurs training and how to motivate innovation. Based on the analysis of the ecological environment, recent achievements and existing problems in promoting the construction of multi-level capital market system in Xiongan New Area, the paper puts forward the policy suggestions from four aspects, that is, building a multi-level capital market platform system for the project of international stock exchanges facing the world, a policy system centered on the key institution, an innovative enterprise cluster that attract entrepreneurs, and a listing mechanism that promote enterprises to be listed.

Keywords: Capital Market; High-quality Development; International Exchange

Ⅲ　Analysis of Service in New Area

Abstract: In the current situation of increasing risk prevention and control, and stricter policy supervision, the attempts and innovation of investment and financing mode on infrastructure are indispensable to promote the start-up construction of the New Area. From the points of view of the relation between the Management Committee, Xiongan New Area and Xiongan Group, the paper

345

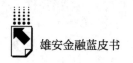
provides an in-depth analysis of the domestic infrastructure investment and financing construction, and puts forward a new infrastructure investment and financing mode that is compatible with the current policy and the characteristics of the construction of Xiongan New Area. According to the latest financial policies and current situation of Xiongan New Area, the paper provides solutions and policy suggestions to promote the cooperation between the Management Committee of the New Area and Xiongan group.

Keywords: Development Finance; Infrastructure; Regional Comprehensive Development and Operation

B. 7　Discussion and Suggestions on Investment and Financing Model of Project on Utility Tunnel in Xiongan New Area

Wei Shupeng / 125

Abstract: Utility tunnel is an important and basic project for the construction and development of Xiongan New Area. Its construction is related to the overall construction and sustainable development of Xiongan New Area. The mode of investment and financing is closely related to the financing channel of utility tunnel, and it is an important guarantee for the progress of the project. With the continuous expansion of domestic demand and scale of utility tunnel construction, how to make a decision and an innovation to move ahead with the utility tunnel has become an important issue. The paper focuses on the application of the PPP and EPC mode in the management of utility tunnel of Xiongan New Area. It is suggested that the relevant laws and regulations of PPP mode should be constantly improved, the support for the special bonds of utility tunnel should be strengthened, and the establishment of special investment funds for utility tunnel project should be encouraged. The specific measures for optimizing the PPP mode and EPC mode are also put forward.

Keywords: Utility Tunnel; Investment and Financing Model; PPP; EPC

Ⅳ Explorations on Local Financial Development

B. 8   The Basis and Trends of Financial Development in Xiongan New

Area   *Chen Jianhua* / 149

Abstract: The construction of Xiongan New Area is of great practical significance for exploring a new mode of optimizing the development of densely populated areas and adjusting and optimizing the urban layout and spatial structure of Beijing, Tianjin and Hebei. Finance is the most important thing in our country. In building a new area with important role, high standards and huge development space, it is a must to make clear the direction of financial development that can guide and run through the New Area. First, the paper scrolls down the relevant theoretical research, and summarizes the experience of Shenzhen Special Economic Zone and Pudong New Area in financial support for the development. Second, the author puts forward five trends of financial development in Xiongan New Area, namely, formulating financial planning, improving regulatory framework, improving institutional system, improving infrastructure and strengthening policy support, which are provided after analyzing the basis of financial development in Xiongan New Area

Keywords: Financial Development; Development Basis; Development Trend

B. 9   SWOT Analysis and Suggestions on the Development of Financial

Industry in Xiongan New Area   *Sha Siying, Zeng Xiangyu* / 160

Abstract: Financial industry is the main driving force to promote social and economic development and social prosperity, and it is also an important methods and pillar industry to realize the great-leap-forward development of Xiongan New

347

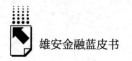

Area. Under the current situation, the advantages, disadvantages, opportunities and challenges are coexisted. By giving a research of the development environment of Xiongan financial industry, the paper puts forward that the target of Xiongan financial development should be to build a center for financial science and technology innovation, for financial infrastructure, for innovation and entrepreneurship, and then make "Xiongan Financial Brand" well-known. This paper puts forward policy suggestions from four aspects: developing green finance, developing financial science and technology, innovating the way of capital supply, and promoting the internationalization of the financial industry of Xiongan.

Keywords: SWOT Analysis; Development Environment; Development Target

B. 10   Thoughts and Suggestions on Financial Opening in Xiongan New Area   *Zhang Yunting* / 174

Abstract: After 40 years of reform and opening up, China's new round of reform and opening up is accelerating, and the opening up of the financial industry enters the stage of implementation. In the early stage of development, Xiongan New Area not only needs to make full use of the advantages of capital, talent and technology to enhance regional competitiveness, but also needs to optimize the investment and market environment by expanding the opening of finance, enhancing the efficiency, vitality and level of financial support system, and realizing the rational and efficient allocation of financial resources. On the basis of summing up the practical experience of financial opening in China's FTA, the paper clarifies the thoughts of financial opening in Xiongan New Area, explores its feasible path for expanding the financial development, puts forward some suggestions on market access of financial institutions, convertibility of capital account, how to promote financial innovation and strengthen financial supervision, and also some suggestions on making a prospect plan for financial opening.

Keywords: Financial Opening; Financial Innovation; Prospect Planning

Abstract: Financial market infrastructure is the key support of a country's financial market, and is also the main carrier of cross-market and cross-regional financial activities. Making financial industry of Xiongan New Area a good development needs to build a financial market infrastructure that meets international standards with regional characteristics. Based on the international experience of the financial market infrastructure construction, the paper clarifies the basic principles of the financial market infrastructure construction, expounds on the practical significance of strengthening the financial market infrastructure construction in China, and puts forward the suggestions on constructing the national financial market infrastructure with high standards, aiming at providing financial services for the New Area, which targets at providing a new momentum and a new strength for the financial development of Xiongan New Area, and also for China's financial reform and economic transformation and upgrading.

Keywords: Financial Market Infrastructure; Financial Risk; Financial Innovation

V   Case Studies and Analysis

Abstract: Xiongan New Area is targeting at building a national model of high-quality development area and a demonstration of innovative development according to China's New Development Principles. The New Area should take a different development road from traditional cities. Innovation-driven development

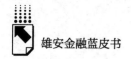
is an inexhaustible driving force for its progress and high-quality development. The establishment of innovation centers by conglomerates in Xiongan New Area contributes to promoting the evolution of regional innovation system and innovative development. The paper provides an analysis of the significance of setting up innovation centers in Xiongan New Area by conglomerates. On the basis of drawing lessons from the relevant experience of innovation centers at home and abroad, the book puts forward the feasible scheme of setting up innovation centers from the aspects of general ideas, the design of five industrial innovation centers in Xiongan New Area, infrastructure, and the construction of medium and long-term system and mechanism, and others.

Keywords: Conglomerate; Innovation Center; Implementing Plan

B. 13 Discussion on the Cooperation between Conglomerates and
　　　　Xiongan New Area: Take CITIC Group as an Example

Su Guoxin / 234

Abstract: In supporting the construction of Xiongan New Area, CITIC Group has gradually formed a cooperation mode of "headquarters cooperation, internal coordination and system connection". Compared with an enterprise developing in Xiongan New Area, this method has its own characteristics with higher level of connection with the development of the New Area, greater policy support, higher efficiency of the development, less difficulty of resource integration, which promotes a steady and deeper development of cooperation between conglomerates and the New Area. CITIC Group adheres to the strategy of "taking the lead in the financial industry, actively developing real industry", and promotes the participation of group headquarters and subsidiaries in supporting the construction of Xiongan New Area by means of high-level connections, mechanism building, institution set-up, credit support, business and project cooperation. It has reached certain of achievement. With the gradual improvement of the planning and construction of Xiongan New Area, CITIC Group would give full play to the advantages of extensive industrial distribution, strong comprehensive strength and obvious synergistic benefits of the Group, and help the construction and development of Xiongan New Area by innovating financial services, promoting supply-side structural reform and industrial transformation and upgrading, promoting scientific and technological innovation and international cooperation.

Keywords: Conglomerates; Cooperation Mode; CITIC Group

VI Experience and Lessons

B. 14   Comparison and Analysis on Spatial Distribution of Financial

Resources in Beijing-Tianjin-Hebei Region

Research Group of Spatial Finance, Center for City and

Competitiveness, Chinese Academy of Social Sciences / 255

Abstract: Spatial distribution of financial resources is of great importance to regional economic development. The unbalanced spatial distribution of financial resources in Beijing, Tianjin and Hebei is relatively obvious, especially in the areas of insurance, securities, futures and funds. From the spatial distribution of bank branches, Beijing, Tianjin and Hebei region presents the trends of geographical agglomeration and market concentration. With other conditions unchanged, measures such as increasing the number of branches of banks in Beijing, Tianjin and Hebei region, decreasing market concentration and entering local market of commercial banks in other cities could provide more financial support for enterprises' scale, investment, innovation and financing, which would effectively promote the real economic development in Beijing, Tianjin and Hebei region.

Keywords: Beijing-Tianjin-Hebei Region; Financial Resources; Spatial Distribution

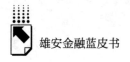
雄安金融蓝皮书

B. 15 Development and Experience of the Financial
Reform Innovation in Shenzhen Special Economic Zone

Zheng Liansheng / 290

Abstract: Shenzhen is the earliest special economic zone in China to implement the reform and opening up, with the greatest impact and the best construction. It is a successful model of China's reform and opening up. Finance is regarded as an important role in the reform and opening up and modernization of Shenzhen. From scratch, Shenzhen's financial industry has made a leap from quantitative change to qualitative change. It has basically built a modern financial system with different types of institutions, perfect service functions, high degree of openness, standardized financial supervision and sustainable development. The development of Shenzhen's financial development has experienced four stages: relying on preferential policies, rapid development, standardized development and high-quality development. Foreign trade finance, financial innovation, financial institutions cluster, development of capital market and regional financial cooperation are important supports for the financial development of Shenzhen. Based on the development of Shenzhen economic and financial society, the achievements of financial reform and innovation in Shenzhen Special Economic Zone benefit from national reform and opening-up strategies. The financial reform innovation focuses on the decisive function of resource allocation in financial market system, the innovation of "the best three" governance system, the guiding function of development plans, the internal integration mechanism of institutions, products and markets, and the new system based on the financial development of Guangdong and Hong Kong.

Keywords: Shenzhen Special Zone; Reform and Opening up; Financial Innovation

Abstract: Financial opening and innovation is an important part of the reform
and innovation of China's free trade pilot area (hereinafter referred to as Shanghai
Free Trade Area). Based on financial opening and innovation, Shanghai FTA has
continuously built a global financial market system, which has made important
contributions to serving the real economy, improving the internationalization of
RMB, improving the better management of financial supervision, and building
Shanghai International Financial Center. At the same time, there are also some
problems in the financial innovation and development of Shanghai FTA, which are
mainly reflected in the imperfect financial system, the mismatch of financial
functions, the improvement of the convertibility of capital account and the
facilitation of cross-border flow of funds, and the insufficient internationalization of
financial business environment and financial laws and regulations. Therefore, on the
premise of recognizing the new international economic situation, we should follow
the domestic financial laws and regulations, understand financial supervision system
and international competitiveness of the financial industry, adhering to the principle
of a steady, orderly and opening development, and promoting the financial opening
innovation of Shanghai Free Trade Zone and the coordinated development of the
construction of Shanghai International Financial Center.

Keywords: Financial Opening; Free Trade Area; International Finance Center

Ⅶ Appendix

权威报告·一手数据·特色资源

皮书数据库
ANNUAL REPORT(YEARBOOK)
DATABASE

当代中国经济与社会发展高端智库平台

所获荣誉

- 2016年，入选"'十三五'国家重点电子出版物出版规划骨干工程"
- 2015年，荣获"搜索中国正能量 点赞2015""创新中国科技创新奖"
- 2013年，荣获"中国出版政府奖·网络出版物奖"提名奖
- 连续多年荣获中国数字出版博览会"数字出版·优秀品牌"奖

成为会员

通过网址www.pishu.com.cn访问皮书数据库网站或下载皮书数据库APP，进行手机号码验证或邮箱验证即可成为皮书数据库会员。

会员福利

- 已注册用户购书后可免费获赠100元皮书数据库充值卡。刮开充值卡涂层获取充值密码，登录并进入"会员中心"—"在线充值"—"充值卡充值"，充值成功即可购买和查看数据库内容。
- 会员福利最终解释权归社会科学文献出版社所有。

社会科学文献出版社 皮书系列
SOCIAL SCIENCES ACADEMIC PRESS (CHINA)
卡号：525169348565
密码：

数据库服务热线：400-008-6695
数据库服务QQ：2475522410
数据库服务邮箱：database@ssap.cn
图书销售热线：010-59367070/7028
图书服务QQ：1265056568
图书服务邮箱：duzhe@ssap.cn

S 基本子库
UB DATABASE

中国社会发展数据库（下设 12 个子库）

全面整合国内外中国社会发展研究成果，汇聚独家统计数据、深度分析报告，涉及社会、人口、政治、教育、法律等 12 个领域，为了解中国社会发展动态、跟踪社会核心热点、分析社会发展趋势提供一站式资源搜索和数据分析与挖掘服务。

中国经济发展数据库（下设 12 个子库）

基于"皮书系列"中涉及中国经济发展的研究资料构建，内容涵盖宏观经济、农业经济、工业经济、产业经济等 12 个重点经济领域，为实时掌控经济运行态势、把握经济发展规律、洞察经济形势、进行经济决策提供参考和依据。

中国行业发展数据库（下设 17 个子库）

以中国国民经济行业分类为依据，覆盖金融业、旅游、医疗卫生、交通运输、能源矿产等 100 多个行业，跟踪分析国民经济相关行业市场运行状况和政策导向，汇集行业发展前沿资讯，为投资、从业及各种经济决策提供理论基础和实践指导。

中国区域发展数据库（下设 6 个子库）

对中国特定区域内的经济、社会、文化等领域现状与发展情况进行深度分析和预测，研究层级至县及县以下行政区，涉及地区、区域经济体、城市、农村等不同维度。为地方经济社会宏观态势研究、发展经验研究、案例分析提供数据服务。

中国文化传媒数据库（下设 18 个子库）

汇聚文化传媒领域专家观点、热点资讯，梳理国内外中国文化发展相关学术研究成果、一手统计数据，涵盖文化产业、新闻传播、电影娱乐、文学艺术、群众文化等 18 个重点研究领域。为文化传媒研究提供相关数据、研究报告和综合分析服务。

世界经济与国际关系数据库（下设 6 个子库）

立足"皮书系列"世界经济、国际关系相关学术资源，整合世界经济、国际政治、世界文化与科技、全球性问题、国际组织与国际法、区域研究 6 大领域研究成果，为世界经济与国际关系研究提供全方位数据分析，为决策和形势研判提供参考。

法律声明

"皮书系列"（含蓝皮书、绿皮书、黄皮书）之品牌由社会科学文献出版社最早使用并持续至今，现已被中国图书市场所熟知。"皮书系列"的相关商标已在中华人民共和国国家工商行政管理总局商标局注册，如 LOGO（▧）、皮书、Pishu、经济蓝皮书、社会蓝皮书等。"皮书系列"图书的注册商标专用权及封面设计、版式设计的著作权均为社会科学文献出版社所有。未经社会科学文献出版社书面授权许可，任何使用与"皮书系列"图书注册商标、封面设计、版式设计相同或者近似的文字、图形或其组合的行为均系侵权行为。

经作者授权，本书的专有出版权及信息网络传播权等为社会科学文献出版社享有。未经社会科学文献出版社书面授权许可，任何就本书内容的复制、发行或以数字形式进行网络传播的行为均系侵权行为。

社会科学文献出版社将通过法律途径追究上述侵权行为的法律责任，维护自身合法权益。

欢迎社会各界人士对侵犯社会科学文献出版社上述权利的侵权行为进行举报。电话：010-59367121，电子邮箱：fawubu@ssap.cn。

社会科学文献出版社